U0822838

国家级重点技工学校推荐教材

船舶焊条电弧焊

主　编　乔伟中
副主编　张　彬

HEUP 哈爾濱工程大學出版社

内容简介

本书重点介绍焊条电弧焊工艺基础、焊条电弧焊接工艺实施以及标准试件曲型空间位置的操作技能。内容包括:焊条电弧焊设备操作、焊条的识别与使用、焊条电弧焊工艺、焊条电弧焊基本操作技术、焊条电弧焊板对接焊接技术、管对接焊条电弧焊技术和管板焊条电弧焊技术。

本书可供职业技术学校、职业培训学校、高职高专及成人高校的焊接技术、机械制造等专业的师生使用,也可供从事与焊接技术相关的工程技术人员、管理人员学习参考。

图书在版编目(CIP)数据

船舶焊条电弧焊/乔伟中主编. —哈尔滨:哈尔滨工程大学出版社,2015.4
ISBN 978-7-5661-1020-6

Ⅰ. ①船… Ⅱ. ①乔… Ⅲ. ①焊条-电弧焊 Ⅳ. ①TG444

中国版本图书馆 CIP 数据核字(2015)第 073931 号

出版发行 哈尔滨工程大学出版社
社　　址 哈尔滨市南岗区东大直街 124 号
邮政编码 150001
发行电话 0451-82519328
传　　真 0451-82519699
经　　销 新华书店
印　　刷 哈尔滨市石桥印务有限公司
开　　本 787mm×1 092mm 1/16
印　　张 13.75
字　　数 357 千字
版　　次 2015 年 4 月第 1 版
印　　次 2015 年 4 月第 1 次印刷
定　　价 30.00 元
http://www.hrbeupress.com
E-mail:heupress@hrbeu.edu.cn

前　言

在船舶建造领域，焊接工时约占船体建造工时的30% ~40%，焊接成本约占船体建造成本的30% ~50%，焊接质量则成为反映船舶建造优劣的重要指标，焊接技术已成为船舶工业的关键工艺技术之一。

本书是结合当前造船发展的要求编写而成。本书内容包括：绪论、焊条电弧焊设备操作、焊条的识别与使用、焊条电弧焊工艺、焊条电弧焊基本操作技术、焊条电弧焊板对接焊接技术、管对接焊条电弧焊技术、管板焊条电弧焊技术。

本书的编写过程中参考了现有的各种船舶焊接类的手册和一些书籍，并引用了相关的图例及表格，同时也得到了同行的大力支持，在此表示衷心的感谢。

由于时间仓促，书中难免存在缺点甚至错误，恳请广大读者不吝指教，以便进一步修改、完善。

编　者

2014年10月

目　　录

绪　论

焊条电弧焊是指利用手工操作，以焊条作为熔化电极的电弧焊方法，是生产中最常用的焊接方法之一。焊条电弧焊虽然劳动强度大、生产效率低，但其使用的设备简单、操作方便灵活，可进行全位置焊接，特别适合于形状复杂结构的焊接，故在焊接生产中仍然占据着重要地位。

【学习目标】

1. 掌握焊条电弧焊的工作原理。
2. 熟悉焊条电弧焊的特点。
3. 掌握电弧焊安全技术。
4. 掌握焊接劳动卫生及防护措施。

【工作任务】

焊接安全技术及职业病的预防措施。

【任务分析】

焊接操作时操作人员经常与易燃易爆介质（如气体或液体）接触，会与焊接过程中产生的有害气体和烟尘以及弧光辐射、热源高温等直接接触，与压力容器、压力管道接触，还会与弧焊电源等用电机具相接触。相关生产规范规定："金属的焊接作业是属于对操作者本人、他人和周围设施的安全有重大危害因素的特种作业，对从事作业的人员，必须进行安全教育和安全技术培训，经考核合格取得操作证者，方准独立作业。"焊接操作的安全技术应贯彻"安全第一、预防为主"的方针，焊工应遵守安全操作规程，并进行有效的劳动保护。

【知识准备】

一、焊条电弧焊的工作原理

焊条电弧焊是用手工操纵焊条进行焊接的电弧焊方法，工作时利用焊条与工件之间稳定燃烧的电弧，使焊条和工件熔化，从而获得牢固的焊接接头，其原理如图 0－1 所示。

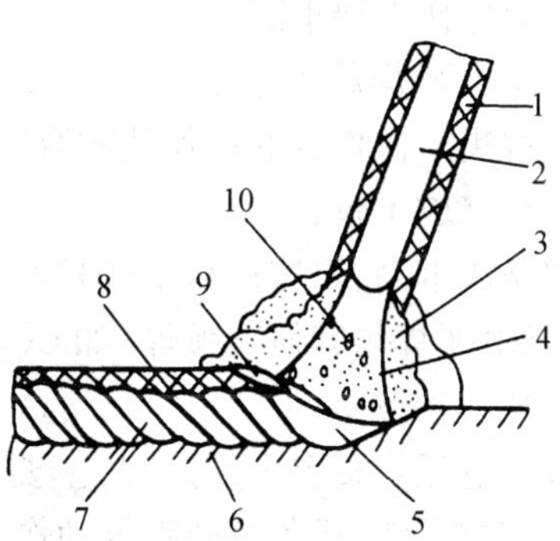

图 0－1　焊条电弧焊工作原理

1—药皮；2—焊芯；3—保护气；4—电弧；5—熔池；6—母材；7—焊缝；8—焊渣；9—熔渣；10—熔滴

焊接时焊条药皮不断分解、熔化，产生气体和液态熔渣（焊条含造气剂、造渣剂）。气体布满电弧和熔池周围，保护焊条端部、电弧、熔池及其附近区域，防止大气对熔化金属的有害污染。电弧高温将焊芯与工件局部熔化，熔化的焊芯以熔滴形式过渡到熔池，成为焊缝的填充金属。

液态熔渣密度较小，在熔池中不断上浮，并覆盖在液体金属表面，起到保护液体金属的作用。此外，药皮熔化产生的气体、熔渣与熔化的焊芯、工件之间发生一系列冶金反应，以保证焊缝金属的性能。随电弧沿焊接方向不断移动，熔池液态金属逐步冷却，结晶形成焊缝，熔渣凝固成渣壳，对高温固态金属继续进行保护。

二、焊条电弧焊的特点

(一)优点

1. 设备简单，维护方便

可根据现场条件及被焊工件性质，选用交流或直流焊机施焊。不论直流或交流焊机，结构都比较简单，成本低，且维护方便，这也是焊条电弧广泛应用的原因之一。

2. 操作灵活，适应性强

焊条电弧焊设备简单、移动方便，焊钳轻便、操作灵活，焊接电缆长度可按要求调整，焊接时不受施焊条件及焊接位置限制，具有良好的可焊到性。

焊条电弧焊焊接过程由操作者手工控制，可适时调整电弧位置、运条姿势及操作手法，并修正焊接参数，以保证跟踪接缝和均匀熔透。因此，对焊接接头的装配精度要求相对降低。

3. 应用范围广泛

焊条电弧焊适用于各空间位置的焊接生产，对于不同的接头形式也有较强的适应能力。焊接生产时，可根据工件材料选择适合的焊条类别，可广泛应用于低碳钢、合金钢及有色金属的焊接，也可对异种材料进行焊接。

对于结构的特殊使用要求，还可利用焊条电弧焊在普通钢材表面堆焊具有耐磨及耐腐蚀等特殊性能的材料，以此改善材料的使用性能。

(二)缺点

1. 焊接生产率低

与其他电弧焊相比，焊条电弧焊许用的焊接电流有限，熔敷速度受到限制，焊接过程中还需要不断更换焊条、清渣，难以实现机械化和自动化，所以生产效率较低。

2. 对操作者要求高

焊条电弧焊属于手工操作，所以产品质量的好坏，除受焊接工艺、施焊设备影响外，较大程度取决于操作者的操作技能及经验，有时焊接质量还会受到操作者情绪的影响。

3. 焊接成本较高

焊条成本高，焊接过程中焊接材料的损耗大，焊接生产率低导致焊接人工费用高。因此，焊条电弧焊与其他电弧焊(如 CO_2气体保护焊、埋弧焊等)相比，焊接成本相对较高。

4. 劳动条件差

焊条电弧焊整个生产过程，主要依靠焊工手工操作控制完成。焊接过程中，焊工不仅要正确完成引弧、运条及收弧等动作，还应随时观察熔池，以有效控制焊缝成形。

焊接生产过程中，焊工始终处于手脑并用、精神高度集中的状态，而且还要受到高温、有毒烟尘及弧光的危害，劳动条件极差。

三、焊接安全隐患及有害因素

(一)焊接安全

1.用电安全

(1)电流对人体的危害

①电击　电流通过人体内部,会破坏心脏、肺部或神经系统功能,通常称为触电。

②电伤　加热工件的火花飞溅落到皮肤上引起的烧伤。

③电磁场生理伤害　在高频电磁场作用下,使人出现头晕、乏力、记忆力衰退、失眠多梦等神经系统的症状。

(2)触电危害的影响因素

①流经人体的电流　电流引起人心室颤动是电击致死的主要原因。电流越大,引起心室颤动所需时间越短,致命危险越大。

根据人能触及的电压,触电可分为两种:

单相触电　人站在地上或其他导体上,身体其他部位接触到一根火线引起触电事故,此种情况下接触的电压为交流 220 V,危害较大。

两相触电　人体同时接触两根火线引起触电事故,此情况下接触的电压为 380 V,危险性更大。

②通电时间　电流通过人体的时间越长,危险性越大。人的心脏每收缩、扩张一次,中间约有 0.1 s 间歇,这段时间心脏对电流最敏感。若触电时间超过 1 s,必然会与心脏最敏感的间隙重合,增加危险。

③通电路径　通过人体的心脏、肺部或中枢神经系统的电流越大,危险性越大,因此人体从左手到右脚的触电事故最危险。

④电流频率　工频交流电是最危险的电源。

⑤人体的健康状况　人的健康状况不同,对触电的敏感程度不同,凡患有心脏病、肺病及神经系统疾病的人,触电伤害的程度都比较严重,一般不允许有这类疾病的人从事焊接作业。

(3)焊接作业用电的特点

目前国内制造的手弧焊机,其空载电压控制在 90 V 以下,工作电压为 25 ~ 40 V,所有焊接电源的输入电压为 220 V/380 V,均为 50 Hz 的工频交流电,因此触电的危险性较大。由于直流、交流焊机的二次侧电压较低,故危险性较小。

(4)焊接操作的触电原因

①直接触电　更换焊条、极性和焊接过程中,焊工的手或身体接触到焊条、焊钳的带电部分,而身体其他部位与地面或工件间并无绝缘防护。当焊工在金属容器、管道、锅炉、船舱或金属结构内部施工,或当人体大量出汗,或在阴雨天、潮湿地方进行焊接作业时,特别容易发生触电事故。

接线、调节焊接电流或移动焊接设备时,容易发生直接触电事故。高空焊接时,接触到低压线路或靠近高压电源线引起直接触电事故。

②间接触电　焊接设备的绝缘烧损、振动或机械损伤,使绝缘损坏部位碰到机壳,而人碰到机壳引起触电;焊机的火线零线接错,导致外壳带电;焊接操作时人体接触绝缘破损的电缆、胶木电闸带电的部分等。

2. 易燃、易爆隐患

爆炸是指物质在瞬间以机械功的形式,释放出大量气体和能量的现象。

(1)可燃气体的爆炸

工业上大量使用的可燃气体,如乙炔、天然气、液化气等,与氧气或空气均匀混合达到一定限度,遇到火源便发生爆炸。此限度称为爆炸极限,常用可燃气体在混合物中所占体积百分比来表示。

(2)可燃液体或可燃液体蒸气的爆炸

在焊接现场或附近放有可燃液体时,可燃液体或可燃液体蒸气达到一定的浓度,遇到电焊火花即会发生爆炸。

(3)可燃粉尘的爆炸

可燃粉尘(铝、镁或纤维素粉尘)悬浮于空气中,达到一定浓度范围,遇到火源也会发生爆炸。

(4)密闭容器的爆炸

对密闭容器或在受压容器上进行焊接时,如不采取适当措施也会产生爆炸。

3. 特殊环境安全隐患

特殊环境是指比正常状态下危险性大,容易发生火灾、爆炸、触电、坠落、中毒、窒息等类事故以及各种其他伤害的环境,包括易燃、易爆、有毒窒息焊接环境,有限空间场所焊接作业环境和高空焊接作业环境等。

特殊环境焊接作业既有焊接作业一般环境的特点,又有焊接作业特殊环境的特征。

(二)焊接危害

焊接种类较多,会产生各种职业性有害因素。同时,焊工劳动条件也有所不同,可能在室外、室内、水下、高空及密闭等环境进行作业。所以焊工在作业过程中,会受到不同程度的危害。

1. 焊工尘肺

电弧焊操作,焊条药皮、焊芯和被焊金属在电弧高温下熔化并蒸发、氧化,产生大量金属氧化物及其他烟尘,呈气熔胶状逸散于空气中。焊工长期吸入高浓度电焊烟尘,可导致烟尘在肺内蓄积,引起焊工尘肺。

2. 臭氧对呼吸道的危害

空气中的氧被电弧发出的紫外线辐射,引起光化学反应,产生臭氧。

臭氧是无色气体,具有特殊腥味。臭氧的氧化能力很强,对眼结膜、呼吸道和肺有强烈的刺激作用。

3. 电光性眼炎

眼部受紫外线过度辐射所引起的角膜结膜炎称为电光性眼炎,其临床表现为轻则眼部有异物感,重则眼部有烧灼感和剧痛,并伴有高度畏光、流泪和睑痉挛。

4. 锰中毒

焊条药皮、焊芯中均含有不同数量的锰,在电弧高温下均会以氧化锰形式进入烟尘。焊工长期吸入含氧化锰较高的烟尘,会引起锰中毒。

5. 氟中毒

低氢焊条药皮中加有萤石,在焊接烟尘中含有氟化物(氟化钾、氟化钠、氟化氢)。焊工长期过量吸入氟化物,会对眼、鼻、呼吸道黏膜产生刺激,引起流泪、鼻塞、咳嗽、气急、胸痛,并导致腰背、四肢关节疼痛，严重时还会引起氟骨症。

【任务实施】

焊接通常要在高温下进行，参加焊接作业的所有人员，应经安全技术培训、考试合格，取得特种作业合格证。操作人员必须经身体检查合格，领取《特殊工种操作证》后，方能独立操作。

一、个人防护用品

焊接过程中会产生气体、烟尘、弧光辐射、高频电磁场、放射物质及噪声等，对人体的呼吸系统、皮肤、眼睛、血象及神经系统存在不良影响，必须采取相应措施预防。

在焊接与切割作业中，必须要按规定穿戴防护用品，以防止有害气体、焊接烟尘及弧光等对人体造成危害，确保劳动过程中的安全和健康。

1. 防护服

焊接用防护工作服，主要起隔热、反射和吸收作用，可以使人体免受焊接热辐射或飞溅物伤害。

2. 防护面罩

焊接防护面罩可避免焊接熔渣、金属飞溅物对人体面部及颈部的烫伤，并借助滤光镜片保护眼睛，常用的有手持式面罩和头盔式面罩等。

3. 焊接防护镜片

焊接弧光的主要成分是紫外线、可见光和红外线，其中紫外线和红外线对人体眼睛危害最大。

防护镜片的作用，可以使操作人员透过可见光观察熔池，并将紫外线和红外线减弱到允许值以下。

4. 护目镜

焊工在气焊、气割中必须戴护目镜。护目镜包括黑玻璃和白玻璃两层，不仅具备滤光能力，还应满足不会因镜框受热而使镜片脱落、接触人体面部部分不能有锐角及接触皮肤部分不能用有毒材料制作等要求。

5. 防尘口罩及防毒面具

在焊接、切割作业时，一旦烟尘浓度高于卫生标准，焊工必须选用合适的防尘口罩或防毒面具。

6. 噪声防护用具

国家标准规定，若噪声超过 85 dB，应采用隔声、消声、减振和阻尼等控制技术。如果采取措施仍不能将噪声降低到允许标准以下时，操作者应采用个人噪声防护用具，如耳塞、耳罩或防噪声头盔。

7. 电焊手套、工作鞋及鞋盖

为了防止焊工四肢触电、灼伤和砸伤，要求焊工在任何情况下，都必须戴好规定的防护手套、绝缘鞋及鞋盖进行操作。

8. 其他

在高层交叉作业现场，为预防高空和外界飞来物的危害，焊工还应戴安全帽；为了防止焊工在登高作业时发生坠落事故，必须使用符合国家标准的安全带。

二、焊接安全防护

(一)安全用电注意事项

焊工必须穿绝缘鞋,戴皮手套。焊工在切断、闭合电闸开关,或接触带电物体时,必须单手进行。因为双手拉合电闸或接触带电物体,如发生触电,会通过人体心脏形成回路,致使触电者迅速死亡。

严格禁止在电焊机启动情况下,接地线及手把线。焊接电缆软线外皮烧损两次以上时,应该及时更换或检修。

在容器内部施焊时,照明电压应采用 12 V。登高作业时,焊工禁止将电缆缠绕在身上或搭在背上。

(二)防火、防爆

焊接场所禁止摆放易燃、易爆品,场地内必须配备消防器材,并保证足够照明和良好通风。焊接场地平地作业点周围 10 m 之内,不应储存油类或其他易燃、易爆物质的储存器皿或管线及氧气瓶。

高空作业下方,应考虑火花、熔渣等的走向和着落点与易燃、易爆物品的距离。达不到要求时,应采取对易燃、易爆物品实施隔离和严密覆盖的措施,特殊情况还要有专人监护并备有必要的消防器材。

对受压容器、密闭容器、各种油桶和管道,或对粘有可燃物质的工件进行焊接时,必须事先进行检查,并经过冲洗除掉有毒、有害、易燃易爆物质,解除容器及管道压力,消除容器密闭状态后,再进行焊接。焊接密闭空心工件时必须留有出气孔。

在存放易燃、易爆物的车间、场所,或在煤气管道、乙炔管道(瓶)附近焊接时,必须征得消防部门同意。操作时采取严密措施,防止火灾发生。

禁止在木板、木砖地面上进行焊接操作,禁止在手把线或接地线裸露的情况下进行焊接,不许将二次回路线乱接、乱搭。

(三)特殊环境焊接的安全技术

1. 容器内施焊

在容器内气焊时,点燃、熄灭焊炬应在容器外部进行,以防止可燃气聚集在容器内发生爆炸。施焊时,外部必须设人监护,或两人轮换工作。同时,还应具备良好的通风设施,采用 12 V 的照明电压。

禁止在已进行涂装或喷涂过塑料的容器内焊接。不应在容器内进行碳弧气刨,严禁用氧气代替压缩空气在容器内进行吹扫。

在运行过的容器或储罐内部焊接时,必须仔细清理内部残余的介质、痕迹。如该介质是易燃、易爆物质,还必须进行严格的化学清理,经检验确认无危险后,方可进行焊接。

打开被焊容器的人孔、手孔及清扫孔后,方可进入容器内进行焊接。

在容器内焊接时,焊工应特别注意加强个人防护。应做到穿戴好工作服、绝缘鞋及皮手套,最好垫上绝缘垫,并要确保焊接电缆、焊钳的绝缘完好。

2. 高空作业焊接

应进行身体检查,发现有不利于高空作业的疾病者,不得从事高空作业。应系好安全带,地面应配人监护。手把线要绑紧在固定地点,不准缠在焊工身上,或搭在背上。

更换焊条时,应将焊条头放在固定的筒或盒内,不准随便向下扔。焊工作业周围,特别是下方应清除易燃、易爆物质。不准在高压线旁工作。特殊情况时应切断电源,在电闸盒上挂牌,并设专人监护。

禁止使用高频引弧器。

高空作业或上下行走时,不准携带带电手把线,除携带必要的小型器具外不应负重过大。雨天、雪天、雾天或刮大风时,禁止高空作业。较高焊接处,当焊工够不到时,一定要重新搭设脚手架,然后进行焊接。

下班前必须检查现场,确保无火源后才能离开,以免引起火灾。

3. 露天或野外施焊

夏季在露天工作时,必须有防雨棚或临时凉棚,应注意风向,注意不要让吹散的铁水及熔渣伤人。

雨天、雪天或雾天时不准露天电焊。在潮湿地带工作时,焊工应站在铺有绝缘物品的地方,并穿好绝缘鞋。

应安设简易屏蔽板以遮挡弧光,以免伤害附近工作人员或行人。

夏天露天气割时,应防止氧气瓶、乙炔瓶直接受到烈日暴晒,以免气体膨胀发生爆炸,冬天如遇瓶阀或减压器冻结时,应用热水解冻,严禁用火烤。

三、职业病的预防和早期诊断

由于特殊的职业环境、生产条件,可能会导致焊工职业病。对于操作者来说,为避免以上疾病,关键在于注意预防,注意安全卫生,并注意早期诊断治疗。

焊工在任何情况下进行电焊操作时,都必须穿戴好个人防护用品。应完善操作现场的通风、除尘及屏蔽设施。如通风条件差,焊工应戴上口罩,或戴通风面罩、设置各种通风设备等。

有上述职业病预兆时,应及时到医院就诊。

国家对焊工这样特殊工种的健康状况非常重视,各个企事业单位都有定期对焊工体检的制度。所以,焊工的这些职业性危害,会得到早期的诊断和治疗。

【思考与练习】

1. 试述焊条电弧焊的工作原理。
2. 焊条电弧焊有哪些特点?
3. 试述焊条电弧焊的适用范围。
4. 试述焊接作业用电的特点。
5. 焊接操作的触电原因包括哪些?
6. 试述焊接危害类型。
7. 试述安全用电注意事项。
8. 试述特殊环境焊接的安全技术。
9. 试述焊接职业病的预防和早期诊断措施。

项目一　焊条电弧焊设备操作

焊接设备为焊接过程提供焊接所需能源，合理配备、规范操作焊接电源及工具，是保证焊接稳定生产的前提，也是正确实施焊接工艺的保证。

任务一　焊接电源的选择及操作

【学习目标】

1. 掌握交、直流弧焊机的工作原理。
2. 熟悉交、直流弧焊机的符号表示方法。
3. 掌握交、直流弧焊机的选择原则及依据。
4. 掌握交、直流弧焊机的安全操作规程。

【工作任务】

焊条电弧焊电源选择及交、直流弧焊机操作。

【任务分析】

金属材料及结构形式不同，需要相应的焊接工艺和设备实施焊接。结合焊接设备的结构特征、性能及安全操作规程，合理配备及正确使用焊接电源，既可保证焊接过程稳定、生产安全、延长设备使用寿命，也是焊接工艺合理实施的基础。

【知识准备】

供给焊接电弧燃烧的电源称为弧焊电源（电焊机），即为电弧提供电能的设备。焊条电弧焊电源应具备下降外特性，一般其额定电流在500 A以下。

一、弧焊电源的主要特性指标

1. 空载电压

当焊机接通电网而输出端没有接负载时，焊接电流为零，此时输出端的电压为空载电压。空载电压高，引弧容易，电弧燃烧稳定。但空载电压高，设备体积大、质量大、消耗材料多，且功率因素低，还会危及焊工的安全。

2. 负载持续率

负载持续率是用来表示焊接设备工作状态的参数，是在选定的工作时间周期内允许焊接设备连续负载的时间。

3. 电源外特性

在稳定状态下，焊接电源输出电压与输出电流之间的关系，称为电源的外特性。焊接电源外特性分为下降特性、平特性及上升特性，下降特性又分为缓降特性和陡降特性，如图1－1所示。

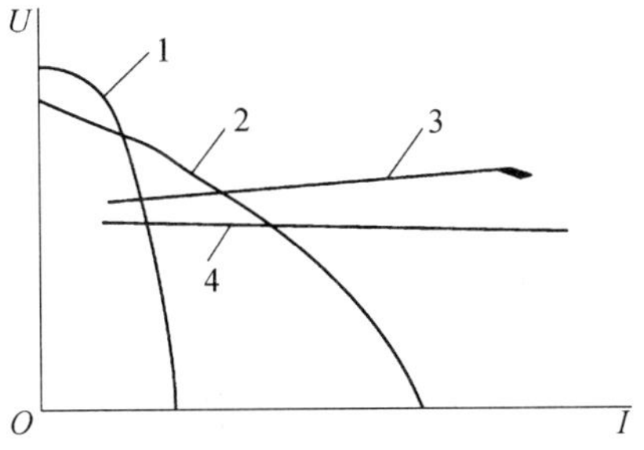

图1－1　电源外特性曲线

1—陡降外特性曲线；2—缓降外特性曲线；3—上升特性曲线；4—平特性曲线

4. 额定焊接电流

额定焊接电流是指在额定负载持续率条件下，允许使用的最大焊接电流。焊接时使用的焊接电流如超过额定焊接电流，则需要更换额定焊接电流较大的弧焊电源或减少焊接工作时间。

5. 电源动特性

焊接电源适应焊接电弧变化的特性称为焊接电源的动特性。

二、焊机的型号

依据 GB/T 10249—2010 电焊机型号编制方法的规定，焊条电弧焊焊机的型号由汉语拼音字母和阿拉伯数字组成。

焊接设备型号编排如下：

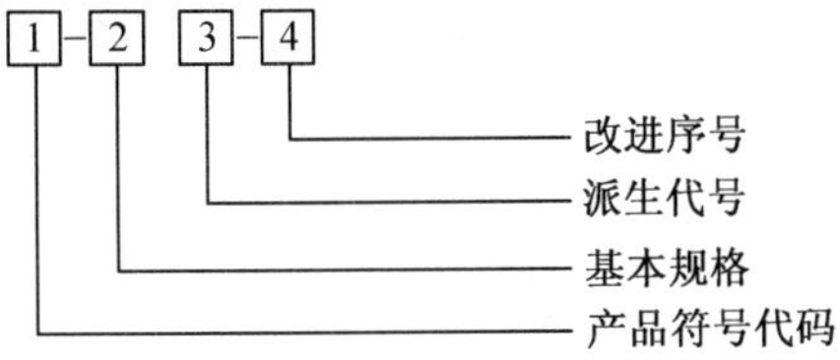

产品符号代码参照表1－1。

基本规格指焊接设备额定的焊接电流，单位为A。

改进序号按产品改进程序用阿拉伯数字连续编写。

型号中3,4项如不用时，可空缺。

表 1－1　焊条电弧焊焊机的符号代码

设备名称	第一字母		第二字母		第三字母		第四字母	
	代表字母	大类名称	代表字母	小类名称	代表字母	附注特征	数字序号	系列序号
电弧焊机	B	交流弧焊机（弧焊变压器）	X	降低特性	L	高空载电压	省略	磁放大器或饱和电抗器式
							1	动铁芯式
							2	串联电抗器式
			P	平特性			3	动圈式
							4	
							5	晶闸管式
							6	变换抽头式
	A	机械驱动的弧焊机（弧焊发电机）	X	下降特性	省略	电动机驱动	省略	直流
					D	单纯弧焊发电机	1	交流发电机整流
			P	平特性	Q	汽油机驱动	2	交流
					C	柴油机驱动		
			D	多特性	T	拖拉机驱动		
					H	汽车驱动		
	Z	直流弧焊机（弧焊整流器）	X	下降特性	省略	一般电源	省略	磁放大器或饱和电抗器式
							1	动铁芯式
					M	脉冲电源	2	
							3	动圈式
			P	平特性	L	高空载电压	4	晶体管式
							5	晶闸管式
							6	变换抽头式
			D	多特性	E	交直流两用	7	逆变式

【任务实施】

一、弧焊电源的选择

（一）弧焊电源选择的基本要求

为了使焊接电弧能够在规定的焊接电流下稳定燃烧，保证焊接生产稳定，焊条电弧焊要求电源具有陡降的外特性、良好的动特性及合适的电流调节范围。

1. 下降的外特性

弧焊电源外特性曲线的形状对电弧及焊接参数的稳定性有重要影响，弧焊电源外特性曲线有很多种，可供不同的焊接方法及工作条件选用。

焊条电弧焊电极尺寸较大、电流密度低，在电弧稳定燃烧时，电弧特性处于 U 形曲线的水平段，所以要求电源外特性曲线与电弧静特性曲线的水平段相交，即应具备下降的外特性。

焊条电弧焊操作时，弧长经常发生变化，必然会引起焊接电流变化，从而导致熔池形状不规则。

如图 1－2 所示，陡降外特性可使弧长波动时引起的焊接电流变量控制到最小，从而保证焊缝形状均匀。

> 小知识：理想的电源外特性
>
> 陡降外特性能降低弧长波动引起的电流变化，保证熔池尺寸的稳定。但其短路电流较小，不利于引弧。焊条电弧焊时，理想的电源外特性是具有陡降带外拖的外特性，如图 1－3 所示。

在正常电弧电压范围内，使用陡降带外拖的外特性电源，弧长变化时焊接电流不变，即焊缝形状不发生变化。当电弧低于拐点电压时，外特性曲线向外倾斜，使焊接电流变大，不仅增大了熔滴的推力，也使短路电流增加，利于引燃焊接电弧。

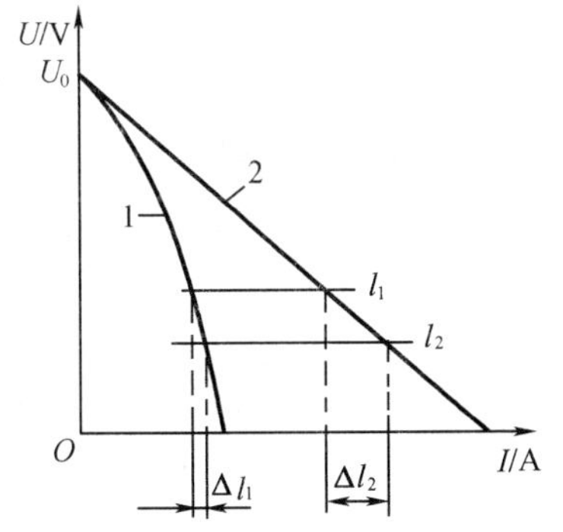

图 1－2　外特性曲线对焊接电流稳定性的影响图

1—陡降外特性曲线；2—缓降外特性曲线

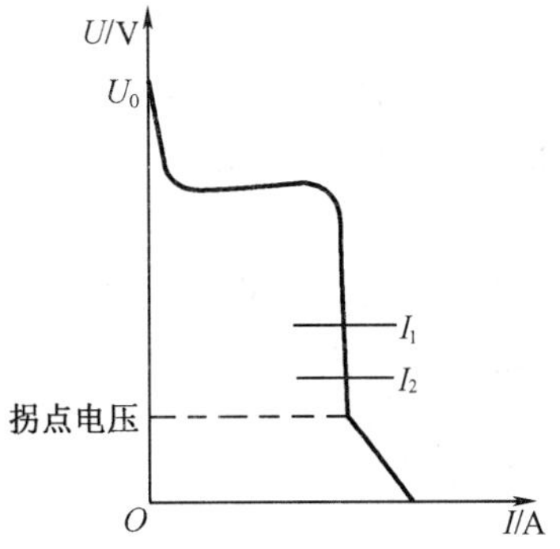

图 1－3　理想的电源外特性图

2. 电源调节特性

焊接电源的调节，是指调节焊接电流，改变电源的外特性。

实际生产中产品形式种类繁多，焊条直径、焊接位置、工件厚度等经常发生变化。为满足不同的焊接工艺要求，要求焊机具备良好的调节特性，以适应不同生产形式需要。

焊接电源的调节特性有以下几种情况：

第一种情况：焊接电流减小，空载电压也降低，如图 1－4(a)所示。很明显，此调节方式并不理想，原因是当焊接电流较小时，空载电压较低，引弧困难、电弧稳定性下降。

第二种情况：焊接电流变化时，空载电压不变，如图 1－4(b)所示。此调节方式是利用改变电源外特性陡降程度实现焊接电流的变化，是比较理想的调节方式，原因是焊接电流较小时，空载电压并不降低，可保证较容易引燃电弧。

第三种情况：焊接电流增大时空载电压减小，而焊接电流减小时空载电压增大，如图 1－4(c)所示。此调节特性是最理想的，原因是当焊接电流较小时，空载电压较高，容易引弧且电弧稳定。当焊接电流较大时，即使空载电压较低，但焊接电流和短路电流都比较大，引弧性能和稳弧性能仍能保证。

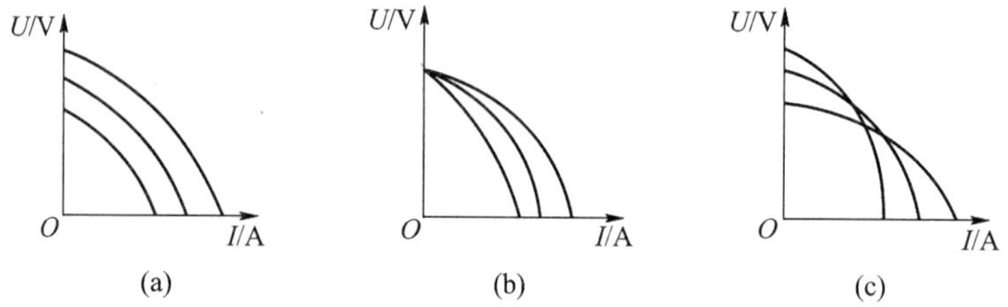

图 1－4　电源外特性调节时的变化曲线

3. 电源的动特性

焊接过程中熔滴过渡时弧长发生频繁的变化，尤其短路过渡时更突出，导致焊接电弧对电源而言是一个可变负载。动负载的存在，会使电弧的燃烧过程处于不稳定状态，这就要求电源具有良好的动态特性，以适应弧长波动而引起的焊接电流和电弧电压的变化。

（二）弧焊电源选择的依据

1. 电流种类及极性

弧焊电源的种类主要根据使用的焊条类型及焊接产品的性能来确定。碱性的低氢钠型焊条必须选用直流弧焊电源，且反接；而酸性焊条则可交、直流使用，选用直流时正、反接均可。重要的产品，应选择碱性焊条施焊，一般结构可使用酸性焊条施焊。

2. 容量选择

焊条电弧焊应根据焊接产品所需的焊接电流范围和实际负载持续率，选择弧焊电源的容量，即弧焊电源的额定焊接电流。

焊接设备工作时会发热，温升过高会将焊接设备的线包绝缘烧毁（一般焊接设备的温度不得超过 60 ℃～80 ℃）。温升与焊接电流大小有关，同时也与焊机使用状态有关。

（1）负载持续率计算

$$\text{负载持续率} = \frac{\text{在选定的工作时间内负载的时间}}{\text{选定的工作时间周期}} \times 100\%$$

标准规定：500 A 以下的焊接设备选定的工作时间周期为 5 min。计算时，每个 5 min 内测出电弧燃烧时间,代入式中即得出焊机负载持续率。

(2)负载持续率与工作电流的关系

表 1 –2 和表 1 –3 为交流弧焊机 BX3 –300 的负载持续率和硅整流弧焊机(额定焊接电流 300 A)的负载持续率及相应的工作电流的对照关系。

表 1 –2 BX3 –300 交流弧焊机负载持续率及工作电流

负载持续率/%	焊接电流/A
100	230
60	300

表 1 –3 硅整流弧焊机(额定焊接电流 300A)负载持续率及工作电流

负载持续率/%	焊接电流/A
100	232
60	300

3. 空载电压

空载电压的选择应结合电弧稳定燃烧、经济性及安全性综合考虑。

二、弧焊电源的操作

焊条电弧焊电源可分为交流弧焊机和直流弧焊机两大类,其中直流弧焊机又分为旋转式直流弧焊发电机(现已淘汰)、弧焊整流器及逆变弧焊机等。

(一)交流弧焊机

交流弧焊机又称弧焊变压器,是一种特殊的变压器,由主变压器及所需的调节部分和指示装置等组成。交流弧焊机可将网路电压的交流电变成适宜于弧焊的低压交流电。

交流弧焊机具有结构简单、易造易修、成本低、效率高,以及不易形成磁偏吹、空载损耗小等优点。但交流弧焊机电流波形为正弦波,输出为交流下降外特性,电弧稳定性较差,功率因数较低。

1. 交流弧焊机的类别

按结构原理,交流弧焊机主要包括动铁芯式、同体式和动圈式等,其中动铁芯式交流焊机应用最为广泛。

(1)动铁芯式交流弧焊机

动铁芯式交流弧焊机(如 BX1 –330)属于动铁芯漏磁式类型,其结构如图 1 –5 所示。两边为固定的主铁芯,中间为可动铁芯。变压器的初级线圈为筒形,绕在一个主铁芯柱上。次级线圈分为两部分,一部分绕在初级线圈外面,另一部分兼作电抗线圈绕在另一个主铁芯柱上。弧焊电源的两侧装有接线板,一侧为初级接线板,供接入网络用。另一侧为次级接线板,供接入焊接回路用。

焊接时,电感线圈的感抗电压降使电焊机获得较低的工作电压,使电焊机具有陡降外特性。引弧时,电焊机能供给较高的电压和较小的电流。电弧稳定燃烧时,电流增大,而电压急剧降低。当焊条与工件短路时,限制了短路电流。

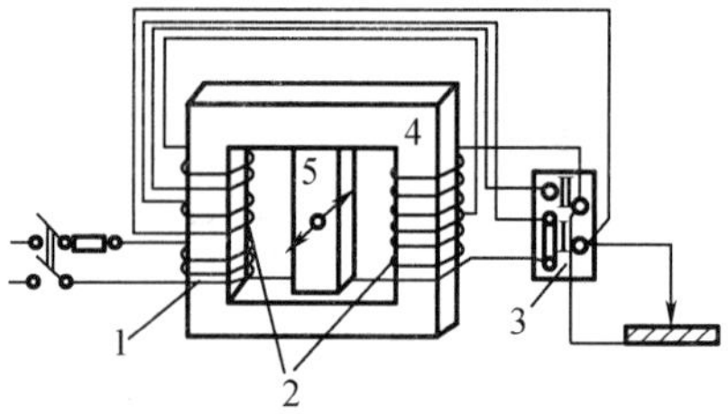

图 1－5　动铁芯式交流弧焊机结构示意图

1—初级线圈；2—次级线圈；3—次级接线板；4—固定铁芯；5—活动铁芯

典型 BX1 交流弧焊机的技术参数见表 1－4。

表 1－4　BX1 系列交流弧焊机主要技术参数

技术数据	BX1－125	BX1－160	BX1－330	BX1－400	BX1－500
电流调节范围/A	62.5～300	40～192	50～450	100～480	125～600
空载电压/V	78	80	60/75	77	80
额定工作电压/V	30	26.4	30	36	40
一次电压/V	380	380	380	380	380
额定负载持续率/%	60	60	65	60	60
频率/HZ	50	50	50	50	50

图 1－6 为 BX1－250 型交流弧焊机实物照片。焊接电流调节分为粗调、细调两挡，电流的粗调，可利用改变次级绕组的匝数实现（图 1－6 中右上方旋钮）；电流的细调则利用移动铁芯改变变压器的漏磁实现，向外移动铁芯（图 1－6 中摇柄），磁阻增大、漏磁减小，电流增大。

（2）同体式交流弧焊机

同体式交流弧焊机也称同体式弧焊变压器（如 BX2－500 型），是将电抗器叠加在平特性变压器上组成，变压器和电抗器共用中间磁扼，其构造原理如图 1－7 所示。

图 1－6　BX1－250 型交流弧焊机

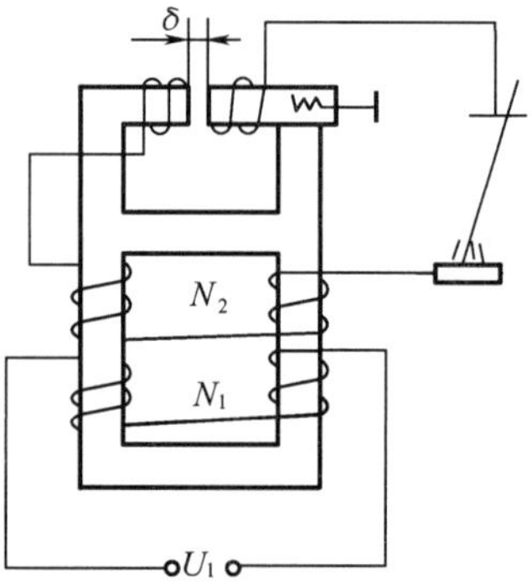

图 1－7　同体式交流弧焊机结构原理图

变压器初级绕组分别绕在变压器侧柱上，次级绕组抗器线圈串联后向电弧供电，电抗器铁芯中间留有可调间隙 δ，以调节焊接电流。

电流调节通过改变电抗器动铁芯位置实现。使 δ 增大，电抗减小，获得大电流输出；反之，δ 减小，获得小焊接电流。

(3) 动圈式交流弧焊机

动圈式交流弧焊机有一个高而窄的口字形铁芯，以保证初、次级线圈之间的距离 δ_{12} 有足够的变化范围。变压器的初、次级线圈分别做成匝数相等的两盘，用夹板夹为一体。初级线圈固定于铁芯底部，次级线圈可用丝杆带动，摇动手柄则上下移动，改变 δ_{12} 的距离，从而调节电流。

动圈式交流弧焊机结构如图 1－8 所示。

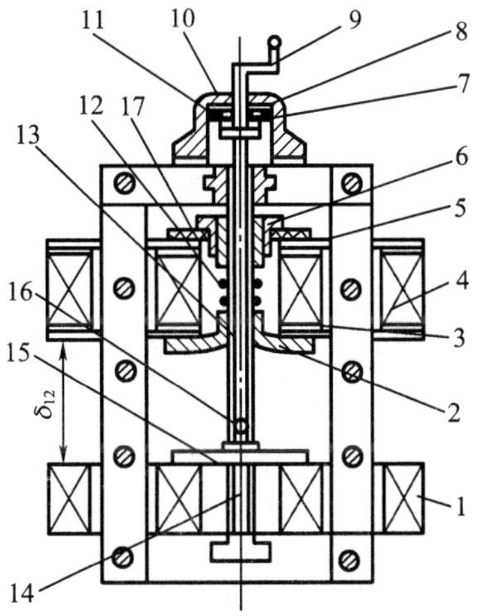

图 1－8　动圈式交流弧焊机结构示意图

1—一次线圈；2—下夹板；3—下衬套；4—二次线圈；5—螺母；6—上衬套；7—弹簧垫圈；8—铜垫圈；9—手柄；10—丝杆固定压板；11—滚珠轴承；12—压力弹簧；13—丝杆；14—螺钉；15—压板；16—滚珠；17—上夹板

由于变压器的初、次级绕组分成两部分安放，使两者之间造成较大的漏磁，焊接时使次级电压迅速下降，从而获得下降的外特性。

图 1－9 为 BX3－400 型交流弧焊机。

2. 交流弧焊机安装

(1) 焊机的接线和安装禁止自行操作，应由正式电工负责。

安装焊机时，应注意网路电压与许用功率是否与焊机的一次电压及功率相适应。断路器是否合格，导线规格、绝缘性能是否合格。一、二次侧接线必须牢固可靠，焊机外壳应牢固接地。

多台焊机安装时（单相交流焊机），应分别安装在三相电网上，尽量使三相平衡。图 1－10 为弧焊变压器外部接线示意图。

图 1-9　BX3-400 型交流弧焊机

图 1-10　弧焊变压器的外部接线示意图

(2)弧焊机应安装在干燥、通风较好的地方避免受潮,并应防止异物进入,应远离易燃、易爆物品。若在室外露天工作,焊机应有遮棚保护,以防雨水浸湿,影响焊机性能。

焊机移动时,禁止受到剧烈震动,特别是弧焊整流器设备更忌震动,以免影响其工作性能。

3. 交流弧焊机安全操作规程

(1)推拉电源闸刀时,应戴干燥的皮手套,禁忌面对闸刀,以免推拉闸刀开关可能发生电弧火花而灼伤面部。

(2)焊机使用的焊接电流和连续工作时间应符合焊机规范要求,以免焊机过载而损坏。

(3)焊机发生故障时,禁止带电进行检查和修理,以防发生触电。

(4)当焊钳和焊件接触时,禁止启动焊机,以免启动电流过大烧毁焊机。暂停工作时,不得将焊钳直接搁置在焊件上。

(5)焊接电缆不准放在焊接电弧的附近或炽热的焊缝金属上,以免高温烧损绝缘层,同时也要避免碰撞、磨损。

(6)一旦焊工触电时,不能直接用手去拉触电者,应先迅速切断电源,再进行抢救。在电击危险性大的环境作业,弧焊机二次侧宜装设熄弧自动断电装置。

4. 交流弧焊机的启动及关闭

(1)焊机启动前准备

①检查电源总开关是否开启。

②检查引出线及各接线点是否良好。

③工作固线是否绝缘良好,焊条的夹钳绝缘是否良好。

④焊机场地是否有易燃、易爆物品,若有应清除。

(2)操作步骤

①将开关旋钮顺时针转离“0”位至所需位置,焊机接通。

②将开关旋钮逆时针转至“0”位,焊机关闭。

5. 交流弧焊机的故障分析（见表 1－5）

表 1－5　弧焊变压器常见故障及解决措施

故障特征	可能产生的原因	解决措施
电流调节时电压不稳定，时有时无，有时电弧不引燃	导电接触不良	（1）焊牢各绕组间的连接处（连接点），并包扎绝缘 （2）去除接触面的锈污，然后重新连接并拧紧螺钉检修完成后，测量焊机的二次空载电压，空载电压应为 60 ~ 65 V
焊机接入电网后，焊机发出"嗡、嗡"响声，但不起弧，无空载电压	（1）二次绕组或电抗器绕组断线 （2）绕组的引出线、连线、接头有断线或掉头	（1）如二次绕组引出线、接头有掉头现象，应将断线或接头重新接好、焊牢，拧紧螺钉 （2）如二次绕组有断线现象，应对焊机进行大修，打开焊机铁心的一端磁轭硅钢片，拆下损坏的绕组重新绕制，新绕组要经浸漆干燥后再组装焊机
动铁式弧焊变压器焊接电流忽大忽小	（1）动、静铁心相对位置频繁变动所致 （2）电路连接处有螺栓松动，焊接时接触电阻时大时小变化	（1）若电路连接处螺栓松动，打开焊机机壳将螺栓拧紧接牢 （2）丝杠与螺母间隙调节，可用正、反摇动调节手柄方法检查，用手感觉间隙大小，如间隙过大不能使用时，应更换新件
弧焊变压器外壳、调节手柄带电	（1）焊机的一次或二次绕组对地绝缘不好 （2）电源的引线碰到焊机的机壳	（1）测量一、二次绕组与机壳或铁心的绝缘电阻 （2）绝缘电阻为零，一次或二次绕组存在接地故障，进行绝缘处理
焊机振动，响声较大	（1）动铁心（或动绕组）在滑道和丝杠中固定不牢 （2）铁心柱的硅钢片部分没有夹紧或没压紧 （3）铁心硅钢片叠装质量不高 （4）焊机外壳距铁心距离过近，工作时铁心对钢板吸引 （5）零件螺钉松动	（1）铁心叠片不齐，应用铜锤或铜块将铁心撞齐，将硅钢片的对缝间隙撞到最小 （2）夹件的紧固螺母拧紧，将绕组内铁心柱用绝缘板、楔形板条塞紧，防止硅钢片松动 （3）调整动铁心的滑道间隙，动铁心丝杠和螺母的配合过松应调整压紧螺母，控制动铁心（或动绕组）既能保证灵活调整，又不过于松动 （4）控制联结件紧固牢靠，调整好外壳与铁心的距离
焊机过热	（1）焊机过载 （2）变压器线圈短路 （3）铁心螺杆绝缘损坏	（1）降低焊接电流，减小焊机连续工作时间 （2）消除短路现象 （3）恢复绝缘

（二）直流弧焊机

1. 直流弧焊机的类别

直流弧焊机又分为旋转式直流弧焊发电机（现已淘汰）、弧焊整流器及逆变弧焊机等。

（1）直流弧焊发电机

直流弧焊发电机由一台异步电动机和一台弧焊发电机组成。直流弧焊发电机体积大、笨重，耗材多、效率低，制造过程中耗能高，加工工艺复杂且噪声大。

（2）弧焊整流器

弧焊整流器是一种直流弧焊电源，与直流弧焊发电机相比，弧焊整流器制造工艺简单、质量轻、节省材料、效率高、空载损耗小、噪声小，使用控制方便。

按主回路控制元件的种类，弧焊整流器可分为硅弧焊整流器、晶闸管弧焊整流器、晶体管弧焊整流器。

①硅整流焊机　硅弧焊整流器有单相和三相之分，单相弧焊整流器获得下降外特性的方法、原理与弧焊变压器相同。硅弧焊整流器按其外特性可分为下降外特性、平特性和垂直陡降特性等。

硅整流焊机由三相降压变压器、饱和电抗器、整流器组、输出电抗器、通风及控制系统等部分组成，如图 1－11 所示。

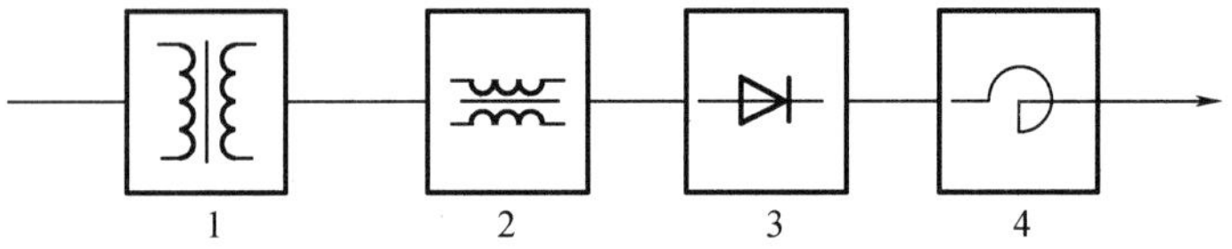

图 1－11　硅整流焊机结构示意图

1—降压变压器；2—外特性调节机构；3—整流器；4—输出电抗器

变压器使电压降至几十伏，外特性调节机构可获得所需外特性形状及调节焊接电流等。整流器为硅二极管组成的整流桥，作用是将交流变直流。输出电抗器为一个铁芯线圈，有滤波、限制电流增长速度、改善动特性的作用。改变电抗器绕组匝数和电抗器铁芯间空隙大小，可改变电感量大小。

工作时磁饱和电抗器相当于一个很大的电感，空载时无焊接电流通过，因此不产生压降，电源能够输出较高的空载电压。焊接时由于磁饱和电抗器通交流电，且电流越大压降越大，从而使电源获得陡降的外特性。

②晶闸管弧焊机　晶闸管弧焊机由电源系统、触发系统、控制系统及反馈系统等几部分组成。

工作时电流负反馈电路和电压反馈电路均由集成运算放大器构成，电流负反馈电路使弧焊机获得陡降外特性。电压反馈电路使弧焊机获得推力、电流外拖、电弧吹力外拖，以及连弧与断弧选择及飞溅控制等功能。此外，由于电路中没有防止振荡的校正环节，故焊机动特性十分优良。

典型晶闸管弧焊机的技术参数见表 1－6 所示。

表 1－6 晶闸管弧焊机主要技术参数

型号	ZX5－250	ZX5－400
额定焊接电流/A	250	400
焊接电流调节范围/A	25～250	40～400
空载电压/V	55	60
工作电压/V	21～30	21～26
额定电压/V	380	380
额定负载持续率/%	60	60
电源相数	3	3
频率/Hz	50	50

图 1－12 为 ZX5－400 焊机实物照片。

(3)逆变式弧焊机

逆变式弧焊机主要由三相全波整流器、逆变器、降压变压器、低压整流器及电抗器组成。

逆变弧焊机电源通常采用三相交流电源供电，380 V 交流电经三相全波整流后变为 600 Hz 高压脉动直流电，经滤波变频后变为几百赫到几十千赫的中频高压交流电，再经中频变压器降压、整流后变成低压直流电。通过系列逆变过程，实现了整机闭环控制，改善了焊接性能。

图 1－13 为 ZX7－450 逆变式弧焊机产物照片。

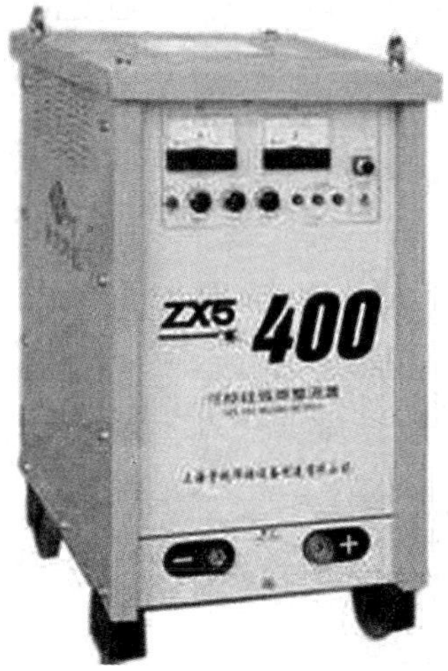

图 1－12 ZX5－400 晶闸管弧焊机

图 1－13 ZX7－450 逆变式弧焊机

2. 整流弧焊机的安装

(1)整流弧焊机应选择合适的地方安装。如海拔不超过 1 000 m，周围介质温度不超过 40 ℃，空气相对湿度不超过 85%，焊机背面距墙壁距离不小于 300 mm。

(2)使用之前，应进行外观检查和绝缘电阻测定。应先用导线将弧焊机的输出回路短接，或将硅整流元件短接，以防止元件因过电压被击穿。如电表指针为零，即该回路短路，可能是碰机壳。如果绝缘电阻较低，可能是绝缘受潮，应设法对绕组进行烘干，使绝缘电阻恢复到正常后方可使用。

(3)弧焊机外壳应可靠接地，不与其他焊机接地线串接而应并接。图 1 – 14 为弧焊整流器的外部接线示意图。

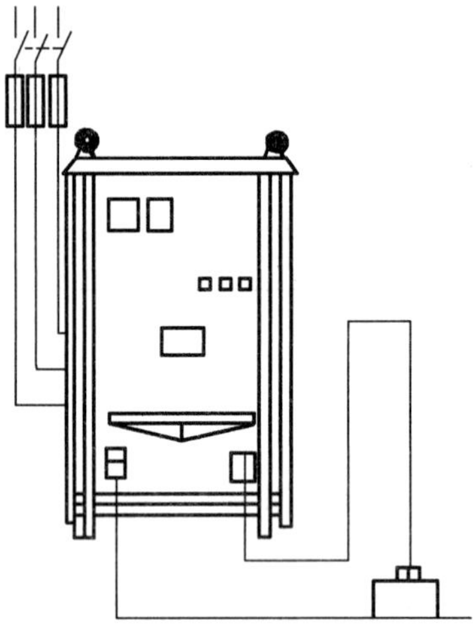

图 1 – 14　弧焊整流器的外部接线示意图

(4)在装运和安装过程中，切忌震动，以免影响工作性能。

(5)整流弧焊机一般都装有风扇，使用前应注意风扇的转向是否正确。

(6)安装晶闸管式弧焊机时，应注意主回路晶闸管元件的电源极性与触发信号极性的配合，使之相序配合。

(7)应注意网路电源功率是否够用，开关、熔断器和电缆选择是否合适。

(8)导线绝缘要可靠，防止触电事故发生，保证人身的安全。

3. 整流弧焊机安全操作规程

正确使用整流弧焊机，不仅可使其在良好的状态下正常工作，而且可以延长其使用寿命。

(1)使用新焊机或长期未用的焊机时，使用前必须进行外观检查和绝缘电阻检查，如不符合使用要求，要保证焊机性质达到要求后方可使用。

(2)焊接前应仔细检查各部分的接线是否正确，电缆接头是否拧紧。

(3)移动弧焊电源时，必须要切断网路电源，切不可在工作时任意移动。

(4)空载时应检查空载电压、风扇运转及其他部分是否正常。

(5)工作过程中不得任意打开外壳顶盖。

(6)应注意整流弧焊机所在位置的环境卫生。

(7)工作时的负载，必须按照相应焊机的负载持续率进行。

(8)使用一台弧焊机，电流较小不够用时，可采用两台陡降外持性相同的电源并联使用。但不同的整流弧焊机并联使用时，应注意电流合理协调分配。

4. 整流弧焊机故障分析(见表 1 – 7)

表 1－7 弧焊整流器常见故障及解决措施

故障特征	可能产生的原因	解除措施
未按动焊机启动开关前,合上电网电源时刀开关发生“放炮”短路故障	(1)焊机输入端子板的三相电线的间隔太小,同时接线线头处理不净存在铜丝毛刺 (2)熔丝容量太小,而焊机的空载电流较大 (3)铁壳开关的相间绝缘损坏	(1)将焊机接电网的三相电源导线的连接接头焊上线鼻,清理干净线头铜丝毛刺,包上绝缘胶布 (2)焊机输入端子板上接电源的螺栓如果距离太近(两相之间低于 80 mm),应更换端子板将三相螺栓之间适当放大 (3)按焊机容量要求更换熔丝 (4)开关相间绝缘不够而又无法修复时,则应更换铁壳开关
焊机启动按钮后,冷却风扇刚转动电源开关严重短路	(1)三相整流桥的硅元件因过载或过压产生阻断层烧穿 (2)三相焊接变压器或三相电抗器的绕组绝缘损坏	(1)三相整流桥的硅元件损坏,应更换硅整流元件 (2)变压器或电抗器绕组绝缘损坏,应将绕组的短路处用绝缘胶带包扎处理
动绕组式硅弧焊整流器,调节机构失灵,手柄无法摇动	(1)转动丝杠与绕组支架的螺母间被卡死 (2)丝杠产生弯曲或扭曲变形 (3)动绕组支架的滑道倾斜、变形、滑动间隙过小或被异物卡死	(1)清除阻碍动绕组移动的异物,检查丝杠、滑道的垂直度或平行度,调整滑道间隙 (2)在丝杠与螺母间及滑道上注入适当的润滑剂,使调节手柄灵活 (3)丝杠弯曲变形,应更换新丝杠,或者对旧丝杠矫直并在车床上修整
空载电压过低	(1)网路电压过低 (2)变压器一次线圈匝间短路 (3)磁力启动器接触不良	(1)调整电压值 (2)消除短路 (3)调整接触良好
焊接电流不稳定	(1)主回路交流接触器短路 (2)开关短路 (3)控制绕组接触不良	(1)消除短路 (2)控制接触良好
焊机外壳带电	(1)电源线碰壳 (2)变压器、电抗器、控制线路碰壳 (3)接地不良或未接地	(1)消除碰壳 (2)控制接地良好

（三）交、直流弧焊机性能（见表1－8）

表1－8　交、直流弧焊机性能对照

项目	直流弧焊机	交流弧焊机
电弧稳定性	高	低
极性可换性	有	无
构造与维修	稍复杂	简单
工作时噪声	很少	较小
供电方式	一般为三相供电	一般为单相供电
触电危险性	较小	较大
功率因数	较高	较低
耗能指数	小	较大
成本	较高	低
重量	较轻	轻

任务二　焊条电弧焊辅助设备和工具使用

【学习目标】

1. 掌握焊条电弧焊辅助设备的特点及应用。
2. 熟悉焊条电弧焊工具类型、特点及应用。
3. 掌握焊条电弧焊辅助设备的操作规程。
4. 掌握焊条电弧焊工具的使用规范。

【工作任务】

焊条电弧焊辅助设备操作规范和工具使用注意事项。

【任务分析】

为保证焊条电弧焊工艺过程的顺利实施，需要配置焊条烘干、坡口加工及清理等辅助设备及工具。结合其性能及安全操作规程，合理操作及使用设备及工具，可完善焊接工艺生产流程，也是焊接工艺合理实施的必要辅助条件。

【知识准备】

一、焊条烘干

未经烘干的湿焊条，不仅药皮强度低，易损伤、粘连、变形甚至起泡，致使工艺性能变坏。此外，焊条潮湿还会导致电弧不稳、飞溅增大，并容易产生气孔、裂纹等缺陷。因此，焊条使用前必须严格烘干。

烘干焊条是指将受湿焊条置于烘干炉中，通过加热使药皮中的水分逐渐排除，使药皮紧固、牢靠地包覆焊芯，保证药皮具有较高的强度和耐吸潮性，以改善焊条工艺性能、提高焊接质量。

二、坡口加工

坡口是指根据设计或工艺需要，在焊件的待焊部位加工并装配成的一定几何形状的沟槽。坡口的作用是保证根部焊透，保证焊接质量和连接强度，也可调整基本金属与填充金属比例。焊条电弧焊坡口的基本形式包括 I 形坡口、V 形坡口、X 形坡口及 U 形坡口等。

坡口多采用机械加工方法。机械加工的坡口尺寸准确，质量好，效率高，容易控制，对母材的力学性能基本没有影响。

板状工件 V 形坡口、X 形坡口一般采用刨床或刨边机，大尺寸工件应采用刨边机；圆形工件，可采用车床加工坡口。加工 U 形坡口时，因坡口形状特殊，需采用成形刀具，刨削或铣削加工。此外，要求较低时可采用氧乙炔切割及碳弧气刨等方法加工坡口。

三、焊条电弧焊焊接回路

为保证焊条电弧焊焊接过程顺利进行，必须构成完整的焊接回路。焊条电弧焊的焊接回路，由弧焊电源、焊钳、焊接电缆、焊条、电弧、工件及地线等组成（如图 1－15 所示）。

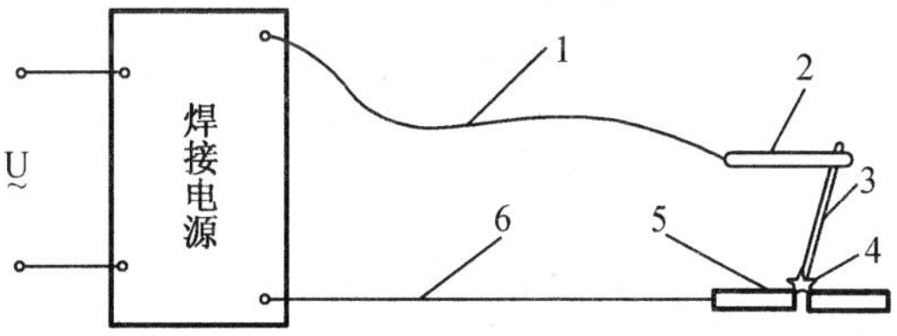

图 1－15　焊条电弧焊焊接回路示意图

1—电缆；2—焊钳；3—焊条；4—电弧；5—工件；6—地线

焊条电弧焊包括电焊钳、焊接电缆、面罩及防护用具等主要工具。此外，焊条电弧焊还包括焊条保温桶、焊缝外观检测尺、角向磨光机、手锤及锉刀等辅助工具，以保证焊接过程的顺利进行。

【任务实施】

一、焊条电弧焊辅助设备操作

焊条电弧焊生产中需配备相应的设备，以辅助完成焊条烘干、坡口加工及清理等工序，保证焊接生产过程顺利实施。

（一）自控远红外焊条烘干箱

ZYH 系列自控远红外焊条烘干箱，采用远红外辐射加热技术。与一般烘箱及热处理箱式电炉相比，具有热损失小、效率高、控温精度高、加热均匀及操作方便等优点，广泛应用于船舶、工程机械、电力、钢结构、化工、石油等生产领域，是焊接生产必备的烘干设备。

图 1－16 为 ZYHC－60、ZYH－30 远红外焊条烘干箱实物照片。

(a) (b)

图 1－16　远红外焊条烘干箱

(a)ZYH－30;(b)ZYHC－60

1. 自控远红外焊条烘干箱特点

(1)程序自动控制,操作简便,温度、时间数字显示。

(2)耐腐蚀,延长使用时间,远红外加热,节约电能。

(3)连续工作方便,储藏温度 500 ℃。

(4)烘干温度:0～450 ℃/ ±10 ℃,最高温度 500 ℃。

(5)ZYH 系列不带焊条储藏箱,ZYHC 系列带焊条储藏箱。

2. 焊条烘干箱(自控远红外)技术参数(表 1－9)

表 1－9　ZYH 系列焊条烘干箱技术参数

型号	输入电压/(V/Hz)	电源相数	额定功率/kW	焊条容量/kg	外形尺寸/mm
ZYH－10	220/50	单相	1.2	10	380×750×650
ZYH－15	220/50		1.2	15	400×750×650
ZYH－20	220/50		1.8	20	400×750×780
ZYH－30	220/50		2.2	30	450×750×900
ZYH－40	220/50		2.8	40	500×750×1 070
ZYH－60	220/50		3.6	60	550×750×1 070
ZYH－100	220/50		5.5	100	600×750×1 170

3. 自控远红外焊条烘干箱操作规程

(1)操作员必须熟悉烘干箱性能,具备独立操作能力。

(2)长期未使用的烘干箱,应检查线路的可靠接地,使用前应通电在低温(60 ℃～80 ℃)恒温几小时后再放入焊条烘烤。

(3)烘干箱应有单独的电源开关并应装在闸箱内,闸箱内外四周不应摆放杂物。

(4)合闸时应戴绝缘手套,应站在侧面以防电击。

(5)放置焊条时必须先切断电源,以确保操作者安全。装取时应轻装轻取,避免乱抛和打击,以免损坏加热器及测量元件。

(6)应注意清除烘箱内的药皮积物,保持箱内清洁。

(7)换电热丝时,必须切断电源,烘干箱工作必须在温度不低于5 ℃的干燥室内进行,烘干箱附近不应装置其他设备。

(8)工作时,操作者必须佩戴专用的手套,以免损坏焊条。

(二)氧乙炔气割装备

利用气体火焰的热能,将金属材料分离的方法称为气体火焰切割法,简称气割,生产中应用最广泛的气割方法是氧乙炔切割。

气割用装备包括氧气瓶、乙炔瓶、减压器、回火防止器、割炬及胶管等。

1. 氧气瓶

(1)氧气瓶构造

氧气瓶是一种储存和运输氧气用的高压容器,它由瓶体、瓶帽、瓶箍及瓶阀等组成,其构造如图1－17所示。

(2)氧乙炔气割装备操作规程

①氧气瓶一般应直立放置,并必须安放稳固,防止倾倒。

②将手轮按逆时针方向旋转则可以开启氧气瓶阀,若按顺时针方向旋转则关闭瓶阀,瓶阀活门的额定开启高度为1.5～3 mm。

③氧气瓶内的氧气不能全部用完,最后要留0.1～0.2 MPa的氧气,以便充氧时鉴别气体的性质和吹除瓶阀口的灰尘,以及避免混进其他气体。

④在瓶阀上安装减压器前,应拧开瓶阀吹掉出气口内杂质,并轻轻关闭阀门。安装减压器时,和阀门连接的螺母,至少要拧上三牙以上,以防止开启时脱落。

⑤开启阀门时,人体要避开阀门喷射方向,缓慢开启。

⑥取瓶帽时,只能用手或扳手旋取,禁止用铁锤等铁器敲击。

⑦氧气瓶在运送时必须戴上瓶帽,并避免互相碰撞。

⑧运输气瓶时禁止与可燃气体气瓶、油料以及其他可燃物同车运输。运输时应使用专用小车,固定牢靠,不许将氧气瓶放在地上滚动,以免发生事故。

⑨夏季使用氧气瓶时,必须把氧气瓶放在阴凉处,避免强烈的阳光照射。冬季不要放在距离火炉或暖气太近的地方,以防氧气受热膨胀,引起爆炸。如果氧气瓶已经冻结,只能用热水或蒸汽解冻。严禁用明火直接加热或敲打,避免瓶阀断裂,发生意外事故。

⑩氧气瓶必须做定期检查,合格后才能继续使用。

2. 乙炔瓶

(1)乙炔瓶构造

乙炔瓶是储存和运输乙炔的压力容器,其构造如图1－18所示。

(2)乙炔瓶安全操作规程

乙炔瓶阀没有旋转手轮,活门开启和关闭是利用方孔套筒扳手进行操作。逆时针方向旋转,瓶阀开启。

乙炔瓶在使用时必须直立放置,因卧置时会使丙酮随乙炔流出,甚至会通过减压器而流入乙炔橡皮气管和焊炬内,引起燃烧和爆炸。

乙炔瓶不应遭受剧烈的震动和撞击,以免瓶内的多孔性填料下沉而形成空洞,影响乙炔的储存,引起乙炔瓶爆炸。

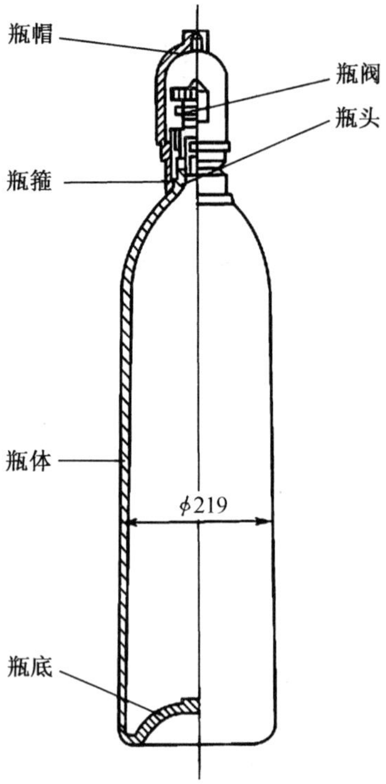

图 1－17　氧气瓶的构造示意图

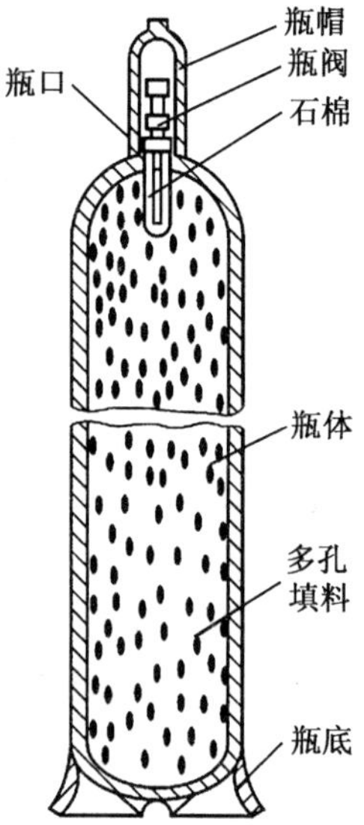

图 1－18　乙炔瓶构造示意图

乙炔减压器与溶解乙炔瓶的瓶阀连接必须可靠，严禁在漏气的情况下使用。否则会形成乙炔与空气的混合气体，一触明火就会发生爆炸事故。

使用压力不能超过 0.15 MPa，输出流速不应超过 1.5～2.5 mL/h，以免导致供气不足、带走丙酮太多。

乙炔瓶内的乙炔不能全部用完，当高压表读数为零，低压表读数为 0.01～0.03 MPa 时，应立即关闭瓶阀。

乙炔瓶体表面的温度不应超过 30 ℃～40 ℃，因为温度高，会降低丙酮对乙炔的溶解度，而使瓶内的乙炔压力急剧增高。

3. 减压器

(1) 减压器工作原理

减压器的作用，是将储存在气瓶内的高压气体减压到所需要的压力，并通过其自动调节始终保持稳定状态。图 1－19 为 QD－1 型氧气减压器工作原理示意图。

(2) 减压器的安全使用

安装减压器之前，应微开氧气瓶阀门吹除污物，然后才能装上减压器，以防灰尘和水分被带入减压器内。在开启气体瓶阀时，瓶阀出气口不得对准操作者或其他人，以防止高压气体突然冲出而伤人。减压器出气口与气体橡皮管接头处必须用铁丝或卡箍拧紧，以免送气后脱开伤人。

应预先将减压器调压螺钉旋松后才能打开氧气瓶阀，开启氧气瓶阀时应缓慢进行，不能用力过猛，以防高压气体损坏减压器及高压表。

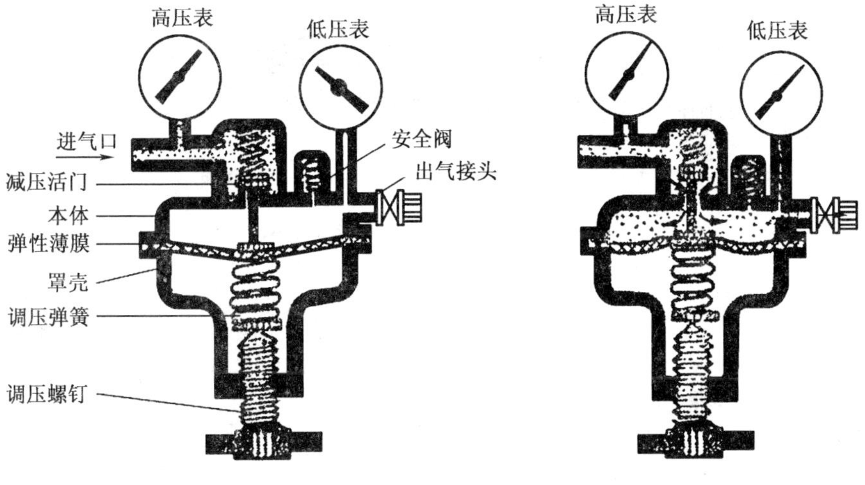

图 1－19　QD－1 型氧气减压器工作原理示意图

开启氧气瓶阀后，及时检查各部位有无漏气现象，压力表工作是否正常。

调节工作压力时，应缓慢旋转调压螺钉，以防高压气体冲坏弹性薄膜装置或使低压表损坏。

减压器上不得沾有油脂，如有油脂，必须擦拭干净后才能使用。

减压器在使用过程中如发现冻结，应用热水或蒸汽解冻，禁止用明火烘烤。

停止工作时，应先松开减压器的调压螺钉，再关闭氧气瓶阀，并把减压器内的气体慢慢放尽，这样可以保护副弹簧和减压活门免受损坏。

减压器必须定期检修，压力表必须定期校验，以确保调压的可靠性和压力表读数的准确性。

氧气压力表和乙炔压力表不得调换使用。

4. 回火防止器

气割过程中，气体火焰进入喷嘴内逆向燃烧的现象通常叫作回火。若逆向燃烧的火焰进入乙炔瓶内，就会发生燃烧爆炸事故，因此乙炔瓶一定要装置回火保险器。

5. 割炬

（1）割炬结构

割炬又称割枪或割把，是完成气割的专用工具，也是气割的主要工具。割炬的作用是向割嘴稳定供送预热用气体及切割氧，并控制气体的压力和流量，调节预热火焰。常用的割炬包括射吸式和等压式两种，射吸式割炬主要用于手工切割，等压式多用于机械切割。图 1－20 为射吸式割炬结构示意图，图 1－21 为等压式手工割炬结构示意图。

我国常用的射吸式割炬有 G01－30 型、G01－100 型及 G01－300 型。切割不同厚度的材料应选择不同型号割枪，G01－30 型割枪可以切割 30 mm 厚度以下的工件，G01－100 型割枪最大可以切割 100 mm 厚度的工件。

（2）割炬的使用规范

①应根据割件的厚度，选用合适的割嘴装于割嘴接头上，并扳紧割嘴螺母。

②装配割嘴时，必须使内嘴和外嘴保持同心，这样才能使切割氧射流位于预热火焰的中心，而不至于发生偏斜。

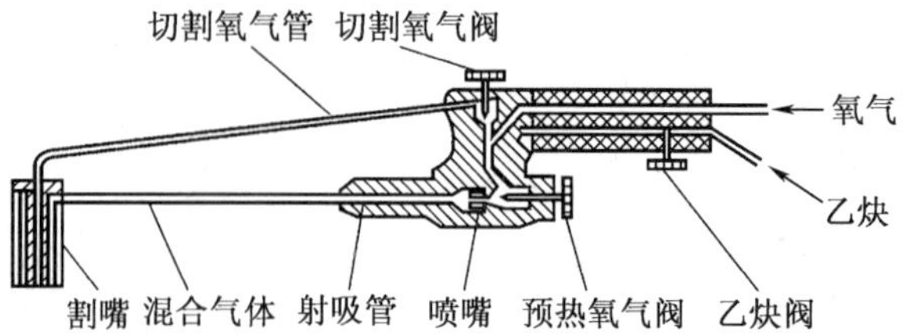

图 1－20　射吸式割炬结构示意图

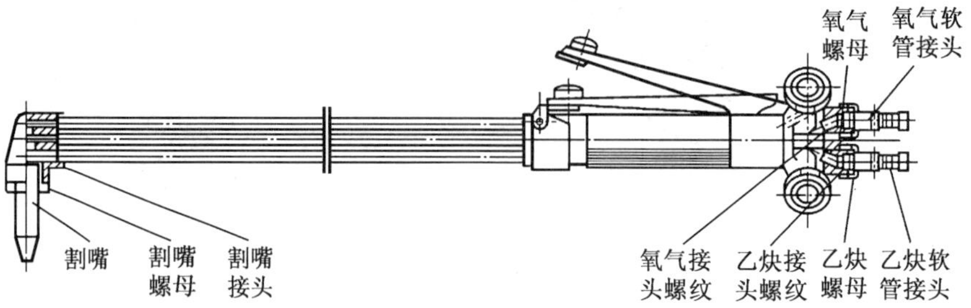

图 1－21　等压式手工割炬结构示意图

③射吸式割炬经射吸情况检查正常后，方可接上乙炔皮管，并用细铁丝扎紧。

④使用等压式割炬时，应保证乙炔有一定的工作压力。

⑤点火后，当开预热氧调节阀调整火焰时，若火焰立即熄灭，表明各气体通道内存有脏物或射吸管喇叭口接触不严，或割嘴外套与内嘴配合不当。

可将射吸管螺母拧紧。无效时，可拆下射吸管，清除各气体通道内的脏物及调整割嘴外套与内套间隙，并拧紧。

⑥火焰调整正常后，割嘴发出有节奏的“叭、叭”声，但火焰并不熄灭。少开切割氧时火焰不灭，能勉强切割，但切割氧开大时，火焰立即熄灭。

产生原因为割嘴芯（六方和圆芯螺钉接头处）漏气。处理方法是拆下割嘴外套，轻轻拧紧嘴芯。如果仍然无效，可再拆下外套，并用石棉绳垫上。

⑦点火后火焰调整正常，但打开切割氧调节阀时，火焰立即熄灭。

产生原因为割嘴头和割炬配合面不严。处理方法是将割嘴拧紧一些。若仍无效，可拆下割嘴，用细砂纸放在手心上轻轻地研磨嘴头配合面，直至配合严密。

⑧割嘴通道应保持清洁、光滑，孔道内的污物应随时用通针清除干净。环形割嘴的外套与内嘴发生偏心和风线不直时，应将外套拆下，用木槌轻轻地朝偏心相反方向敲打内嘴肩部，以矫正内嘴和修正风线，直至调整同心后方可继续使用。

6. 橡皮管及辅助工具

（1）橡皮管及接头

橡皮管是指气割时用的橡皮管，必须能够承受足够的气体压力，并要求质地柔软，质量轻，以便于工作。目前国产橡皮管，是用优质橡胶掺入麻织物或棉织纤维制成的。

根据输送的气体不同，橡皮管可分为氧气皮管和乙炔皮管两种。氧气皮管的工作压力为 1.5 MPa，乙炔皮管的工作压力为 0.3 MPa。根据有关规定，氧气皮管为红色，乙炔皮管为绿色或黑色。

橡皮管接头是指橡皮管与减压器、焊炬以及乙炔发生器和乙炔供给点等的连接接头。

①橡皮管使用氧气皮管的内径通常为 8 mm,乙炔皮管的内径为 10 mm,橡皮管的长度一般不小于 15 m。若操作地点离气源较远,可根据实际情况,将两副橡皮管用管接头连接起来使用,但必须用卡子或细铁丝扎牢。新的橡皮管首次使用时,要先把橡皮管内壁的滑石粉吹干净,以防焊炬的各通道被堵塞。使用橡皮管时,应注意不得沾有油脂,以免加速老化,并应防止火烫和折伤。严重老化的橡皮管应停止使用,及时更换。

乙炔皮管和氧气皮管不得互相代用。

②橡皮管接头使用。为保持接头处的气密性,橡皮管接头的连接嘴上有数条凹槽,这样可以保证橡皮管在使用卡子或铁丝扎牢在连接嘴上时不脱落。接头的螺母可将接头直接旋到减压器和焊炬上去,为了区别氧气皮管接头和乙炔皮管接头,在乙炔皮管接头的螺母表面刻有 1 ~2 条槽。

(2)点火枪

点火枪是指气割(气焊)的点火工具,形式和构造较多,用其点火比较安全、方便。

对于某些着火点较高的可燃气体(如液化石油气),必须用明火点燃。当用火柴点燃时,必须把划着了的火柴,从焊嘴或割嘴的后面送到焊嘴或割嘴上,以免手被烧伤。

(3)护目镜

护目镜的作用主要是保护操作者的眼睛不受火焰亮光的刺激,以便清楚地观察熔池和进行操作,还可以防止飞溅物溅入眼内。

护目镜的颜色和深浅,应根据焊工视力、焊炬大小和被焊材料性质选用。一般宜用 3 号至 7 号的黄绿色镜片。

(4)其他工具

清理焊缝用的工具,如钢丝刷、凿子、手锤及锉刀等。连接和启闭气体通路的工具,如钢丝钳、活扳手、卡子及铁丝等。清理割嘴用的工具,如通针。

7. 半自动切割设备

(1)半自动切割机工作原理

半自动切割机(CG1 -30 型)工作时由电动机驱动切割小车行走取代手工切割,利用变速机构无级调速控制切割速度。切割机构造主要由机身、横移架、升降架、割炬、气体分配器、压力开关、控制板及导轨等组成。图 1 -22 为 CG1 -30 型半自动切割机实物照片。

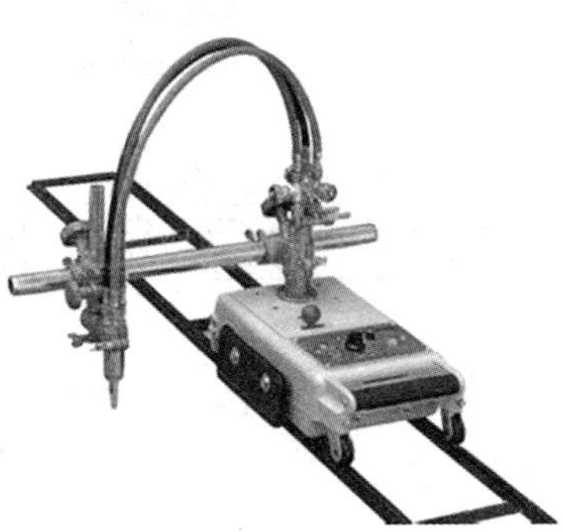

图 1 -22　CG1 -30 型半自动切割机

操作时,可依照规定的轨迹进行切割。利用导轨可进行板材的直线切割和 V 形坡口加工,使用半径架、定位针等附件,利用滚轮绕圆心旋转可以切割圆形工件。

(2)半自动切割设备的维护与保养

气割设备应放在通风、干燥处以避免受潮,室内不应有腐蚀性气体存在。

必须有专人负责使用和维护保养,并定期进行检修。气割设备的减速箱,一般应半年加一次润滑油。

下雨天不得在露天使用设备,以防止电气系统受潮而引起触电事故。

使用前必须做好清理检查工作,机身、割炬及运动部件必须调整好间隙。气割人员休息或长时间离开工作场地时,必须切断电源,以免电机过热烧坏。

(三)碳弧气刨装备

碳弧气刨是利用石墨棒或炭极与工件间产生的电弧将金属局部加热至熔化,并利用压缩空气将其吹掉,实现刨削或切断金属的工艺方法。

1. 碳弧气刨装备构成

(1)气刨电源

碳弧气刨工作时,需利用电弧的高温来熔化金属,即在炭棒和工件之间产生电弧,一般应选用直流弧焊电源。

碳弧气刨所用的炭棒直径比焊条直径粗,使用电流较大。另外,在气刨过程中炭棒本身不熔化,电弧燃烧的时间较长。因此,碳弧气刨时应选用功率较大的焊机,常用焊机的额定电流应在 500 A 以上。碳弧气刨的电源可选用弧焊发电机或弧焊整流器,常用焊机型号有 AXI－500,ZXG－500 等。

(2)气刨枪

气刨枪的作用是夹持炭棒、传导电流和输送压缩空气。常用的有焊钳式气刨枪、扁炭棒气刨枪和圆周送风式气刨枪三种,如图 1－23 所示。

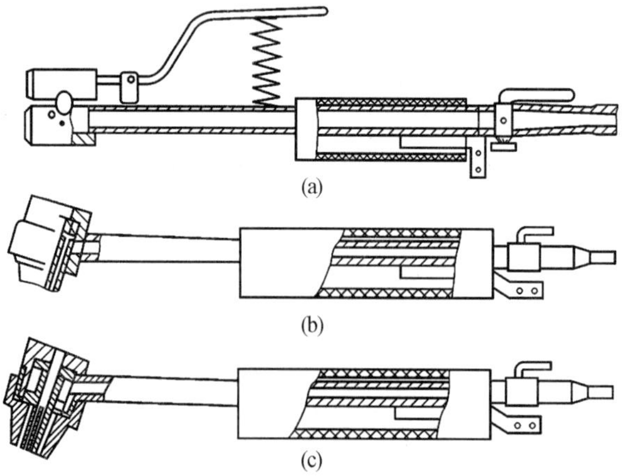

图 1－23　碳弧气刨枪示意图

(a)焊钳式气刨枪;(b)扁炭棒气刨枪;(c)圆周送风式气刨枪

(3)空气导管

碳弧气刨所需的压缩空气,由空气导管输送,碳弧气刨枪需同时接电源导线和压缩空气橡皮管。为防止电源导线发热，便于操作，常采用风电合一的软管，如图 1－24 所示。

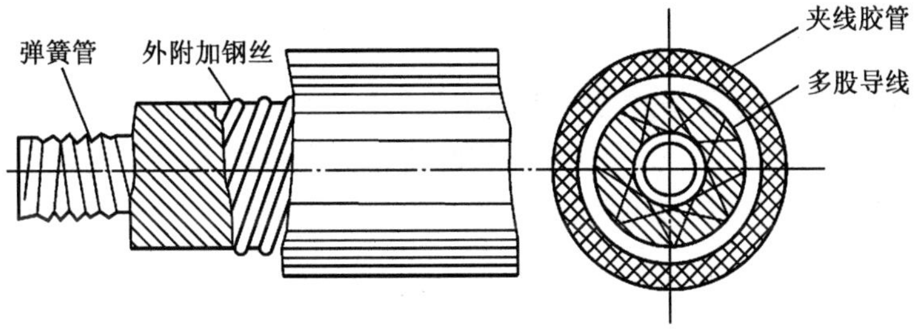

图 1－24 风电合一的碳弧气刨软管示意图

2. 碳弧气刨装备操作

(1) 设备的外部接线

刨削前，应将气刨电源、空气导管、气刨枪和工具等用电缆线进行连接，如图 1－25 所示。

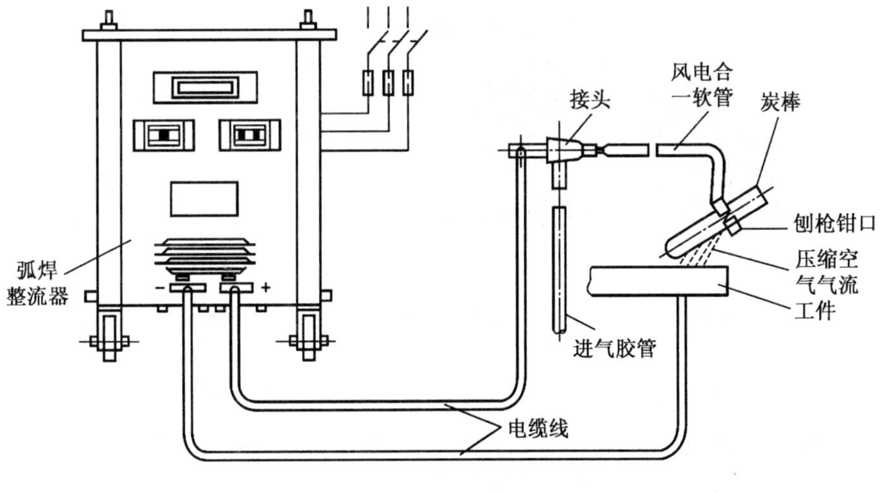

图 1－25 碳弧气刨外部接线图

(2) 碳弧气刨操作规程

①从事碳弧气刨的工人应经过培训合格，操作时应按规定要求穿戴好个人防护用品。

②操作前应检查二次线及各种接线绝缘是否良好，气刨机接零保护是否可靠。检查作业现场是否有可燃物。

③碳刨作业使用的电流较大，应注意防止电机过载和连续使用而发热，损坏电机。

④容器或金属结构内作业时除通风外，还必须有排烟除尘措施，并设专人监护，以防中毒或窒息。受限空间内必须使用 12 V 安全电压的照明。

⑤作业时刨削方向不能对人，露天作业应顺风向操作，雨雪天禁止露天作业。

⑥如需移动电机位置，必须断电后实施；作业时突遇停电，应立即切断电源。

⑦工作完毕后应切断电源，关闭气源、空压机电源开关或管道压缩空气阀门。

二、焊条电弧焊工具使用

(一)焊条电弧焊常用工具

1. 电焊钳

电焊钳的作用为夹持焊条并传导焊接电流,是焊条电弧焊的主要工具,主要是由上下钳口、弯臂、弹簧、直柄、胶木手柄及固定销等组成,如图 1－26 所示。常用的焊钳包括300 A 和 500 A 两种规格,应根据焊接电流选择相应焊钳规格。

图 1－27 为电焊钳构造示意图。

图 1－26　电焊钳示意图

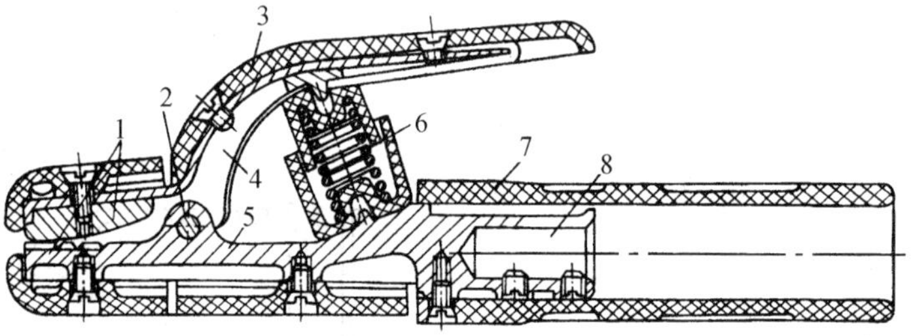

图 1－27　电焊钳构造示意图

1—钳口;2—固定销;3—弯臂罩壳;4—弯臂;5—直柄;6—弹簧;7—胶布手柄;8—焊接电缆固定处

为保证焊接操作顺利进行,焊钳应具备以下性能:在任何斜度均能夹紧焊条,具有可靠的绝缘和良好的隔热性能,电缆的橡胶包皮应伸入到钳柄内部,使导体不外露,起到保护作用。此外,电焊钳还应具备轻便、易于操作性能。

2. 焊接电缆

焊条电弧焊必须配备合适的焊接电缆。焊接电缆的作用是传导焊接电流,电缆应采用橡皮绝缘多股软电缆。

焊接电缆的选择,应根据焊机的容量选取适当的电缆截面,可按表 1－10 所示参考选取。如果焊机距焊接工作点较远,需要较长电缆时,应加大电缆截面积使焊接电缆上的电压降不超过 4 V,以确保引弧容易及电弧燃烧稳定。

表 1－10　焊接电缆选用参考

最大焊接电流/A	200	300	450	600
焊接电缆截面积/mm^2	25	50	70	95

需要注意的是，不允许采用扁铁搭接或其他办法来代替焊接电缆，以避免因接触不良而使回路上的压降过大，造成引弧困难及焊接电弧的不稳定。

焊机及焊接手柄与焊接电缆的接头必须拧紧，表面应保持清洁，以保证其良好的导电性能。因为不良的接触会损耗电能，导致焊机过热将接线板烧毁或使电焊钳过热而无法工作。

3. 面罩及其他防护用具

面罩分为手持式和头盔式两种，其主要作用是保护焊工的眼睛和面部不受电弧光的辐射和灼伤，图 1-28 为手持式面罩实物。面罩上的护目玻璃起到减弱电弧光并过滤红外线、紫外线的作用，护目玻璃有不同色号，目前以黑绿色的居多。

图 1-28　手持式面罩

选择护目玻璃时，应根据焊工的年龄和视力情况，尽量选择颜色较深的护目玻璃以保护视力。护目玻璃外，应加有尺寸相同的普通玻璃，以防金属飞溅沾污护目玻璃。

此外，防护用品还包括焊工工作时需戴的专用电焊手套和护脚（图 1-29），以及清渣时应戴的平光眼镜等。

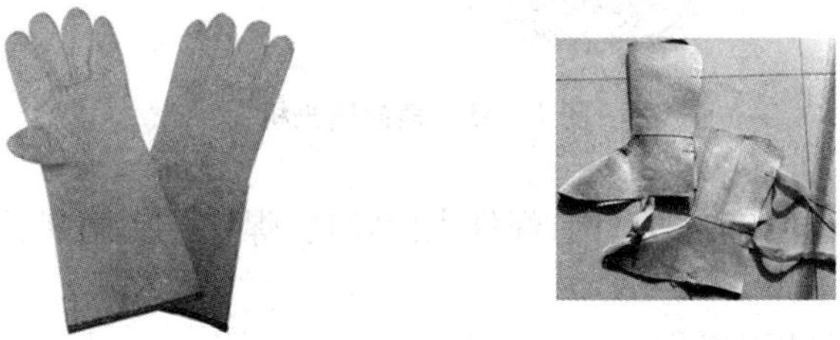

图 1-29　电焊手套和护脚

4. 焊条保温筒

(1) 焊条保温筒结构

焊条保温筒是能保持一定温度的圆形容器，用来盛装烘干后的焊条并防止焊条受潮，如图 1-30 所示。焊条保温筒有立式和卧式两种，可装焊条 2.5～5.0 kg。

焊条烘干后，应立即放入保温筒内，焊工工作时可将其携带至施工现场，随用随取。

(2) 焊条保温筒操作规程

①检查电焊条保温筒盖及桶体有无破损，电源线有无断裂和破损现象，有断裂和破损的保温筒不允许使用。

②用万用表检查或通电一段时间看是否发热，电热丝损坏的保温筒不允许使用，电源线损坏的应及时更换。

图 1－30　焊条保温筒

③将烘好的焊条放入筒后立即上盖。

④到达现场后，首先启动电焊机。将保温筒电源线接到焊机二次线上，并稳固放在施焊场所周围。

⑤施焊过程中焊条随用随取，取出焊条后立即上盖，防止焊条长时间暴露于空气中受潮。

⑥禁止在未通电的保温筒内长时间放置焊条。

5. 角向磨光机

角向磨光机是利用高速旋转的薄片砂轮以及橡胶砂轮、钢丝轮等对金属构件进行磨削、切削、除锈、磨光加工，具有转动平稳、力量大、噪声小及使用方便等特点。图 1－31 为角向磨光机实物照片。

图 1－31　角向磨光机

角向磨光机可用于坡口钝边磨削、焊件表面除锈、焊接接头磨削、层间缺陷的磨削及焊缝表面缺陷的磨削等工作。

（1）角向磨光机的使用规范

①使用前必须认真做检查，整机外壳不得有破损，砂轮防护罩应完好牢固，电缆线和插头不得有损坏。

②接电源前必须首先检查电网电压是否符合要求，并将开关置于断开位置。停电时应关断开关，并切断电源，以防意外。

③使用时打开开关，先通电运行几分钟，检查角向磨光机转动是否灵活。

磨削过程中，禁止砂轮受到撞击，应尽可能使砂轮的旋转平面与焊件表面成 15°～30°的夹角。

使用过程中，如磨光机的转动部件卡住或转速急剧下降甚至突然停止转动，应立即切断电源，送交专职人员处理。

④搬动角向磨光机时应手持机体或手柄，不能提拉电缆线。

⑤角向磨光机的砂轮磨损至接近电动机时应更换砂轮，更换前应切断电源。

(2)角向磨光机的维护与保养

①经常观察电刷的磨损情况,及时更换已磨损的电刷。

②角向磨光机应置于干燥、清洁、无腐蚀性气体的环境中,机壳不能接触有害溶剂。

③每季度至少进行一次全面检查,并测量其绝缘电阻,梅雨季节更应注意。

6. 其他清理工具

(1)敲渣锤

用来清除焊渣的尖锤(图 1－32(a)),可提高清渣效果及速度。

(2)钢丝刷

用来清除工件表面的铁锈及油污等杂质,见图 1－32(b)。

(a)

(b)

图 1－32　敲渣锤及钢丝刷

(3)风铲

风铲(气铲)以压缩空气为动力,使其内部的锤体进行往复运动,并击打铲钎,从而实现铲子凿打作业,如图 1－33 所示。可用于焊接前开坡口、焊接后去焊渣以及平整焊疤。

图 1－33　风铲

(二)焊条电弧焊常用量具操作

1. 钢直尺

钢直尺可用于测量长度尺寸,常用的钢直尺有 150 mm,300 mm,500 mm 和 1 000 mm 等规格。

2. 焊缝检测尺

焊缝检测尺可测量焊缝余高、宽度、咬边深度及坡口角度等数值,其结构如图 1－34 所示。

(1)对接焊缝尺寸的检测

对接接头焊缝尺寸应按相关标准或技术要求测量检查。

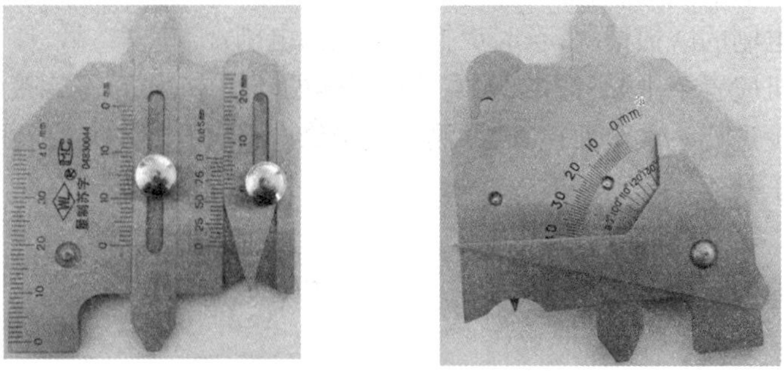

图 1－34　焊缝检测尺

对接接头焊缝尺寸测量时，操作方法比较简单。可直接用直尺或焊接检测尺测量出焊缝的余高和焊缝宽度，图 1－35 为对接焊缝余高和焊缝宽度测量方法示意图，图 1－36 为实测照片。

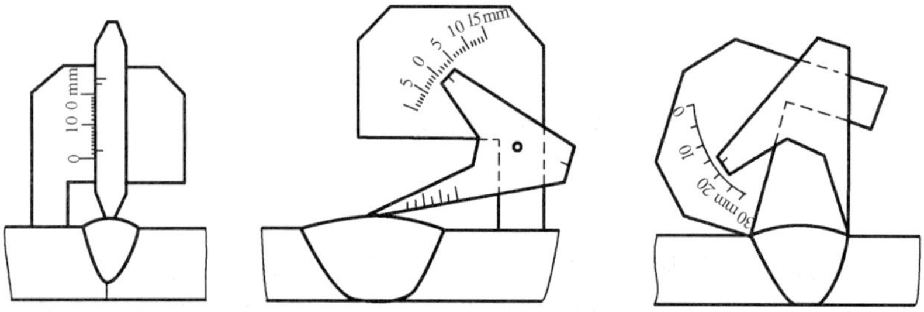

图 1－35　对接焊缝焊缝余高和熔宽测量示意图

(a)细小焊缝余高测量；(b)较宽焊缝余高测量；(c)焊缝熔宽测量

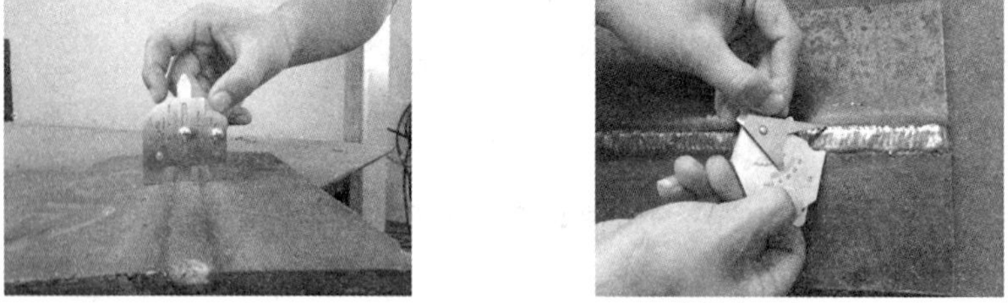

图 1－36　焊缝余高及宽度实测照片

当组焊工件存在错边时，焊缝余高应以表面较高一侧母材为基准进行计算。如组装工件厚度不同，测量余高也应以表面较高一侧母材为基准进行计算，或保证两侧母材间焊缝呈圆滑过渡。

(2)角焊缝尺寸检测

测量角焊缝尺寸，主要是检测焊缝的厚度、焊角尺寸。然后可通过计算，获得焊缝的凸度和凹度。

①焊脚尺寸测量　图 1－37 为角焊缝尺寸示意图。

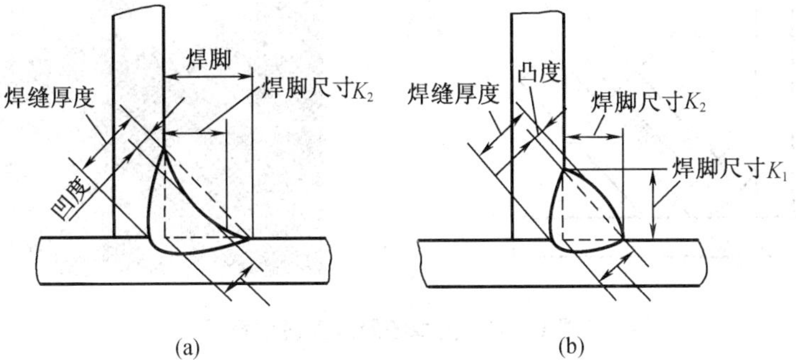

图 1－37　角焊缝尺寸示意图

(a)凹形角焊缝;(b)凸形角焊缝

测量角焊缝相应尺寸时,可以使用焊接检验尺或借助样板。

图 1－38、图 1－39 为焊脚尺寸测量方法示意图及实测照片。

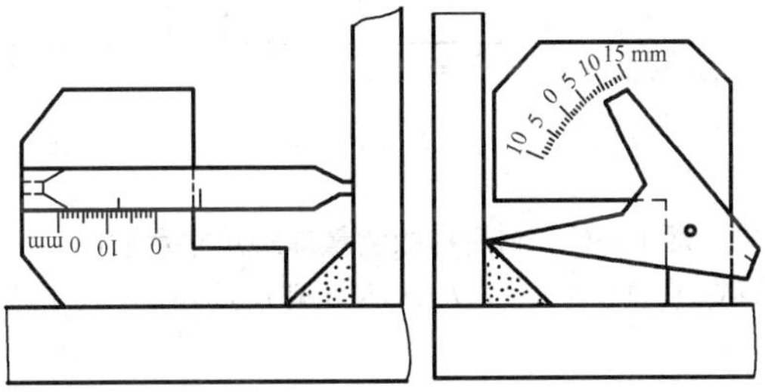

图 1－38　焊接检验尺测量焊脚尺寸示意图

图 1－39　焊脚尺寸实测

②角焊缝厚度测量　图 1－40 为角焊缝厚度测量方法示意图及实测照片。

③利用样板测量焊脚尺寸　如图 1－41 所示。

(3)缺陷深度及角度测量　图 1－42 为缺陷深度及坡口开角检测示意图。

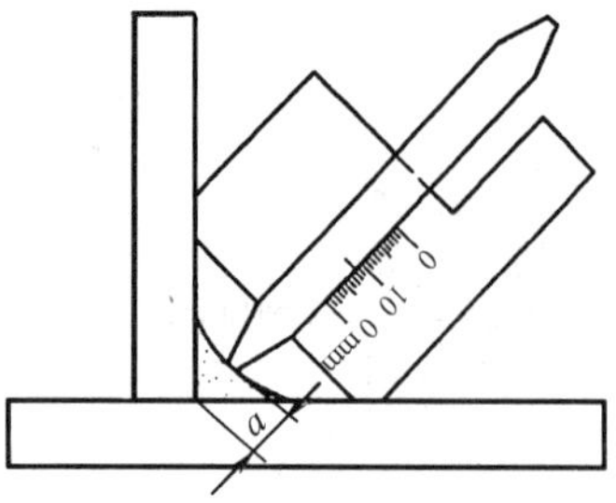

图 1－40　角焊缝厚度测量示意图

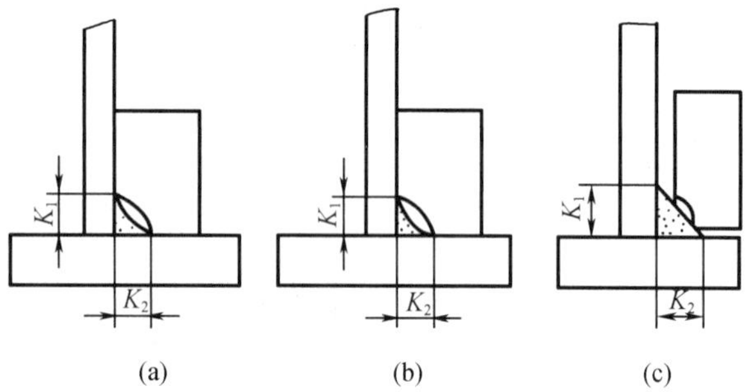

图 1－41　利用样板测量焊脚尺寸示意图

(a) K_1, K_2 符合要求；(b) K_1, K_2 尺寸偏小；(c) K_1, K_2 尺寸偏大

(a)

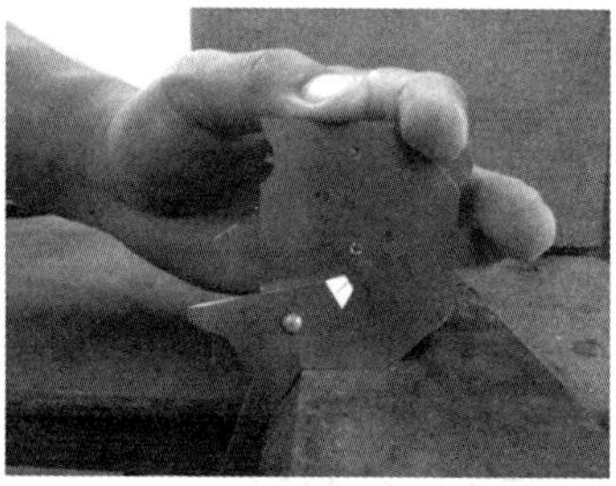

(b)

图 1－42　深度和坡口开角测量示意图

(a)缺陷深度检测；(b)坡口开角检测

【思考与练习】

1. 什么是弧焊电源，弧焊电源包括哪些类型？
2. 试述交流弧焊机的特点及类型。
3. 试述动铁式交流弧焊机的结构特征及工作原理。
4. 试述同体式交流弧焊机的结构特征及工作原理。
5. 试述动圈式交流弧焊机的结构特征及工作原理。

6. 试述弧焊整流器的特点及类型。
7. 说明交、直流弧焊机性能区别。
8. 举例说明电焊机型号的编制方法。
9. 试述弧焊电源的主要特性指标。
10. 选择弧焊电源时有什么基本要求？
11. 选择弧焊电源的依据包括哪些参数？举例说明。
12. 分别说明交流弧焊机安装注意事项、操作规程及典型故障的解决措施。
13. 分别说明直流弧焊机安装注意事项、操作规程及典型故障的解决措施。
14. 自控远红外焊条烘干箱具备哪些特点？
15. 试述氧乙炔气割装备的构成及其基本特征。
16. 说明碳弧气刨装备的构成。
17. 说明焊条电弧焊焊接回路的构成。
18. 试述焊条电弧焊工具类型。
19. 说明自控远红外焊条烘干箱操作规程。
20. 试述氧气瓶、乙炔瓶、减压器及割炬的安全操作规程。
21. 说明碳弧气刨操作规程。
22. 分别说明焊条保温筒、电动角磨机的操作规程。

项目二　焊条的识别与使用

焊条是焊条电弧焊焊接回路中的一部分，是保证焊接质量的物质基础。焊条不仅对焊接区提供保护、参与冶金反应，还通过熔滴过渡对母材进行填充。显然，焊条是整个焊接过程中极为关键的环节。

任务一　焊 条 识 别

【学习目标】

1. 了解焊条的构成及作用。
2. 掌握焊条的工艺性能指标。
3. 掌握焊条的类别。
4. 掌握焊条的表示方法。

【工作任务】

焊条型号的识别。

【任务分析】

焊条是保证焊接质量的物质基础，是焊接工艺实施的关键环节。熟悉焊条的工艺性能指标，掌握焊条的标注方法，为焊接工艺实施及焊接质量控制提供保障，是焊接操作者和焊接工艺人员必须具备的技能。

【知识准备】

一、焊条的构成及作用

焊条电弧焊是一种熔化极焊接手段，焊条是涂有药皮供焊接使用的熔化电极。焊条电弧焊焊接时利用焊条与工件间燃烧的电弧作为焊接能量来源，焊条则是其完成焊接所需的焊材。

正常情况下，焊条引弧端部有倒角，在靠近夹持端印有焊条牌号。为保证顺利引弧，药皮被除去一部分，露出焊芯端头。焊条由焊芯和药皮两部分组成，如图 2－1 所示。

（一）焊芯

焊芯是指焊条中被药皮包敷的金属丝，操作时作为电极产生电弧，熔化后又成为填充金属与局部熔化的母材共同形成焊缝。

焊芯由专用的优质钢条经拔丝、切断等工序后制成。焊芯中主要的常存元素和杂质包

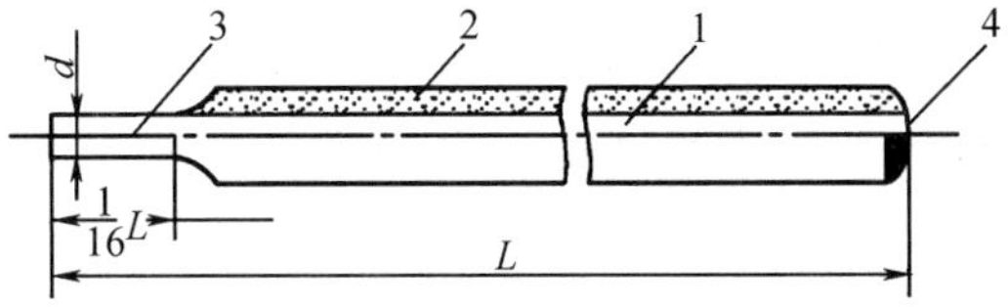

图 2－1　焊条结构示意图

1—焊芯;2—药皮;3—夹持端;4—引弧端

括 C,Mn,Si,S 和 P 等,不锈钢焊芯中还含有 Cr,Ni,Ti,Nb 等元素。

1. 焊芯牌号

不同的焊芯可用牌号区分,焊芯牌号的表示方法为:“H××”+“元素符号”(后有或无数字)+字母。其中“H”表示焊接用钢丝,“××”表示钢丝平均含碳量的万分数。元素符号表示钢丝中含有的合金元素,其后的数字代表合金元素含量的百分数,当合金元素含量小于 1% 时不需要用数字标出。最后的字母则表示钢丝的质量等级,“A”表示优质,其 S,P 的质量分数不超过 0.03%;“E”表示特级优质,其 S,P 的质量分数不超过 0.025%。

2. 焊芯规格

焊芯规格用焊芯直径(焊条直径)表示。生产中应根据被焊工件厚度、坡口形式及工件间距来选择相应的焊条直径。焊芯的直径和长度应按规定生产,焊芯直径主要包括 1.6 mm,2.0 mm,2.5 mm,3.2 mm 及 4.0 mm 等规格。

3. 焊芯化学元素的作用

随焊芯中含碳量增加,焊接时焊缝中气孔、裂纹倾向增大,并伴有较大飞溅,导致焊接稳定性下降。所以低碳钢焊芯的含碳量,应在保证焊缝与母材等强前提下越低越好。

锰是焊芯中有益的合金元素,含量适度时可改善焊缝金属综合的力学性能,并可以脱氧、脱硫。如 Mn 含量过高,则使焊缝金属的塑性和韧性下降。

硅也可脱氧,含量适度时可改善焊缝金属综合力学性能,但焊接时易产生 SiO_2,在焊缝中形成硅酸盐夹杂物,导致焊缝中产生热裂纹。另外,Si 含量过高,会使焊缝金属的塑性和韧性下降。

对于低碳钢焊芯,铬、镍属于杂质,其来源是冶炼原材料中混入。如含量控制在规定范围内,对焊接质量并不会有明显影响。

硫、磷属于有害元素,在焊丝中应严格控制。焊芯钢丝的质量等级越高,对硫、磷控制越严格。

(二)药皮

药皮是指压涂在焊芯表面的涂料层,由较多成分组成。在焊接过程中,药皮起到极为重要的作用。

1. 稳弧作用

焊条药皮中含有较多电离能低的稳弧材料,可保证电弧容易引燃和稳定燃烧。

2. 保护作用

药皮熔化后会产生气体和熔渣,隔离空气以保护焊接区。浮在熔池表面的熔渣冷却后,在焊缝表面形成渣壳,可避免焊缝表面金属氧化并减慢熔池的冷却速度,利于熔池中杂质浮出,并改善焊缝成形。

3. 冶金作用

药皮中的脱氧剂和合金剂可与熔化金属反应,降低有害杂质,保证焊缝金属的力学性能符合要求。另外,在药皮中加入特定合金元素,可得到与母材成分不同的焊缝金属以满足特殊使用要求。

4. 改善焊接工艺性能

通过调整药皮成分,可改变药皮的熔点和凝固温度,使焊条端部形成套筒并产生定向气流,利于熔滴过渡,实现全位置焊接。

二、焊条的工艺性能

焊条的工艺性能是指焊条的操作性能,是衡量焊条质量的重要标志之一。焊条的工艺性能包括焊接电弧的稳定性、焊缝成形性、对各种位置焊接的适应性、脱渣性、飞溅程度、焊条的熔化效率、药皮发红程度以及焊条发尘量等。

1. 焊接电弧的稳定性

焊接电弧的稳定性是指保持电弧持续而稳定燃烧的能力,对焊接过程能否顺利进行和焊缝质量都有显著的影响。

电弧稳定性与许多因素有关。焊条药皮的组成决定了电弧气氛的有效电离电压,是电弧稳定性最主要的影响因素,有效电离电压越低,电弧燃烧就越稳定。如在焊条药皮中加入少量的低电离电位物质,可有效地提高电弧稳定性。

2. 焊缝成形性

对焊缝进行外观检查,最关键的项目之一为焊缝成形质量。优良的焊缝成形,应是表面波纹细致、美观,几何形状规范,焊缝余高适中,焊缝与母材间过渡平滑,无咬边等缺陷。

焊缝成形性与熔渣的物理性能有关,熔渣的熔点与黏度太高或太低,都会使焊缝的成形性变差。熔渣的表面张力对焊缝成形也有影响,熔渣的表面张力越小,对焊缝覆盖就越好。

3. 各种位置焊接的适应性

因焊接产品形式多种多样,实际生产中经常需要进行平焊、横焊、立焊及仰焊等各种空间位置焊接。

虽然焊条种类复杂,但几乎所有的焊条都适用于平焊。但很多焊条进行横焊、立焊或仰焊时有困难,原因是横焊、立焊、仰焊的主要困难为重力作用使熔池金属和熔渣下流,并妨碍熔滴过渡而不易形成正常的焊缝。

4. 脱渣性

脱渣性是指焊渣从焊缝表面脱落的难易程度,脱渣性差会显著降低生产率,尤其是多层焊。另外,施焊时脱渣性差,还易造成夹渣缺陷。

影响脱渣性的因素包括熔渣的膨胀系数、氧化性、疏松度和表面张力等。其中熔渣的膨胀系数是影响脱渣性的主要因素,焊缝金属与熔渣的膨胀系数之差越大,脱渣越容易。低碳钢焊接生产使用钛型焊条时,熔渣与焊缝的膨胀系数相差最大,脱渣性较好。而低氢型焊条熔渣与焊缝金属膨胀系数相差最小,脱渣性较差。

熔渣的疏松度和脆性对角焊缝和深坡口底层焊缝的脱渣有较明显的影响。焊接时因熔渣夹在两个被焊表面之间,若熔渣结构致密、结实,则难以清除。

5. 飞溅

飞溅是指在熔焊过程中液体金属颗粒向周围飞散的现象，飞溅过多会影响焊接过程的稳定性，增加金属的损失并影响焊缝外观成形。

影响飞溅的因素很多，如熔渣黏度过大、焊接电流过大、药皮中水分过多、电弧过长以及焊条偏心等都会造成飞溅增加。此外，使用直流电源施焊时如极性选择不当，飞溅也会增多。比如低氢钠型焊条焊接时正接比反接飞溅大，而交流焊比直流焊时飞溅大。

6. 焊条的熔化速度

焊条熔化速度是指单位时间内焊条熔化的长度。影响焊条熔化速度的因素，主要有焊条药皮的组成、药皮厚度、电弧电压、焊接电流、焊芯成分及直径等，其中焊条药皮成分对焊条的熔化速度影响最明显。在药皮中加入较多的铁粉，不仅可以提高焊条的熔化速度，而且随药皮导电、导热性的提高，焊接时可许用较大的电流，焊接工艺性能也得到改善。

7. 药皮发红

药皮发红是指焊条焊到后半段时，由于焊条药皮温度升高而导致药皮发红、开裂或脱落的现象。药皮发红会使药皮失去保护作用，导致焊条工艺性能恶化，严重影响焊接质量。

8. 焊接发尘量

在电弧高温作用下，焊条端部、熔滴和熔池表面的液体金属及熔渣被强烈蒸发，产生的蒸气排出电弧区外即迅速被氧化或冷却，变成细小颗粒漂浮于空气中，从而形成焊接烟尘。

焊接烟尘污染环境，也影响焊工健康。为了改善焊接工作环境的卫生状况，许多国家先后制定了工业卫生的有关标准，为改善生产条件，国内外都在积极研究降尘减毒措施。

【任务实施】

一、焊条的种类

焊条的分类方法很多，可分别按用途、熔渣的碱度、焊条药皮的主要成分及焊条性能等不同角度进行分类。

（一）按用途分类

1. 非合金钢及细晶粒钢焊条

现行国家标准 GB/T 5117—2012 非合金钢及细晶粒钢焊条，适用于抗拉强度低于570MPa 的非合金钢及细晶粒钢焊条，如："E4303""E5015"及"E5515 - N5 P U H10"焊条。

2. 热强钢焊条

现行国家标准 GB/T 5118—2012 热强钢焊条，如"E6215 - 2C1M H10"焊条。

3. 不锈钢焊条

现行国家标准 GB/T 983—2012 不锈钢焊条，适用于熔敷金属中铬含量大于 11% 的不锈钢焊条，如"E308 - 16"焊条。

4. 堆焊焊条

现行国家标准 GB/T 984—2001 堆焊焊条，适用于焊条电弧焊进行工件表面堆焊，如"EDPCrMo - Al - 03""EDGWC - 1 - 12/30"焊条。

5. 铸铁焊条

现行国家标准 GB/T 10044—2006 铸铁焊条及焊丝，主要用于焊条电弧焊对铸铁件进行修复，如"EZCQ"焊条。

6. 镍及镍合金焊条

现行国家标准 GB/T 13814—2008 镍及镍合金焊条，如 ENi6022 焊条。

7. 铜及铜合金焊条

现行国家标准 GB/T 3670—1995 铜及铜合金焊条，适用于直径 2.5 ~ 6.0 mm 的焊条电弧焊铜及铜合金焊条，如“ECuSi - A”焊条。

8. 铝及铝合金焊条

现行国家标准 GB/T 3669—2001 铝及铝合金焊条，如“E1100”焊条。

此外还包括特殊焊条，主要用于特殊环境及特殊材料的焊接，如水下切割、水下焊接、厚板开坡口及铁锰铝合金焊接等特殊生产领域。

（二）按熔渣碱度分类

根据熔渣的碱度分类，是指按熔渣中酸性氧化物和碱性氧化物的比例进行划分。

1. 酸性焊条

药皮中含有大量的 TiO_2，SiO_2 等酸性氧化物及一定数量的碳酸盐，熔渣氧化性强，施焊后熔渣呈酸性。酸性焊条焊接工艺性良好、电弧稳定，可交、直流两用，焊接时飞溅小、流动性好。另外，酸性焊条焊缝成形美观且脱渣性好，但其氧化性较强，合金元素烧损较多，焊缝金属塑性和韧性较差，如“E4303”焊条。

2. 碱性焊条

药皮中含有大量碱性造渣物（大理石、氟石），焊后熔渣呈碱性。

碱性焊条脱硫效果好，故熔敷金属抗热裂能力较强，其焊缝金属中氧和氢的含量较低且非金属杂质少，所以具有较高的塑性和冲击韧性。但碱性焊条焊接时电弧稳定性较差，一般多采用直流反接，焊接时对铁锈、水分较敏感且焊接过程中烟尘较大。

生产中碱性焊条（如“E5015”）多用于较重要的焊接结构，如承受动载荷或刚性较大的结构。

（三）按药皮主要成分分类

由于药皮配方组成不同，使各种药皮类型焊条的熔渣特性、焊接工艺性能及焊缝金属力学性能存在较大差别，非合金钢及细晶粒钢焊条具体焊条药皮类型参见表 2 - 4 所示。

（四）按焊条性能分类

按性能要求可分为超低氢型、低尘低毒型、立向下、躺焊、打底层、高效铁粉型、防潮型、水下及重力焊条等，主要指根据特殊使用性能要求而专门制造的焊条。

二、焊条的型号和牌号

焊条型号是国家标准中对焊条规定的编号，而焊条牌号是焊条制造厂家对产品出厂的每种焊条标志的特定编号。焊条型号内容所规定的质量标准，是焊条生产、使用、管理及新产品研究、开发所必须遵照执行的，而焊条牌号则不同，会出现同一型号焊条有不同生产厂家的若干牌号现象。为使用方便，在实际生产中已经趋向按焊条型号统一管理。

（一）焊条型号

焊条型号的编号，可用来区别各种焊条熔敷金属的力学性能、药皮类型、焊接位置、焊接电流类型、熔敷金属的化学成分及焊后状态等。标有型号的焊条，其技术要求、性能指标及检验方法均按国家标准规定进行。

1. 非合金钢及细晶粒钢焊条

根据国家标准 GB/T 5117—2012 规定，其型号基本表示方法为“E × × × ×”。

其中“E”表示焊条，前两位数字表示熔敷金属抗拉强度的最小值，单位为 MPa，具体规定见表 2－1 所示。

表 2－1　熔敷金属抗拉强度代号

抗拉强度代号	最小抗拉强度值/MPa
43	430
50	490
55	550
57	570

“E”后面的第三和第四两位数字，表示药皮类型、焊接位置和电流类型，具体见表 2－2 所示。

表 2－2　药皮类型、焊接位置和电流类型代号

代号	药皮类型	焊接位置	电流类型
03	钛型	全位置[a]	交流和直流正、反接
10	纤维素	全位置	直流反接
11	纤维素	全位置	交流和直流反接
12	金红石	全位置[a]	交流和直流正接
13	金红石	全位置[a]	交流和直流正、反接
14	金红石＋铁粉	全位置[a]	交流和直流正、反接
15	碱性	全位置[a]	直流反接
16	碱性	全位置[a]	交流和直流反接
18	碱性＋铁粉	全位置[a]	交流和直流反接
19	钛铁矿	全位置[a]	交流和直流正、反接
20	氧化铁	PA，PB	交流和直流正接
24	金红石＋铁粉	PA，PB	交流和直流正、反接
27	氧化铁＋铁粉	PA，PB	交流和直流正、反接
28	碱性＋铁粉	PA，PB，PC	交流和直流反接
40	不做规定	由制造商确定	
45	碱性	全位置	直流反接
48	碱性	全位置	交流和直流反接

注：PA 为平焊、PB 为平角焊、PC 为横焊。

a 此处“全位置”并不一定包含向下立焊，由制造商确定。

数字后为熔敷金属的化学成分分类代号，可为“无标记”或短线“－”后的字母、数字或字母和数字的组合，具体参见国家标准 GB/T5117—2012。

熔敷金属的化学成分分类代号之后为焊后状态代号，其中“无标记”和“P”表示热处理状态，“AP”表示焊态和焊后热处理两种状态均可。

除以上强制分类代号外，根据供需双方协商，可在型号后依次附加可选代号。

字母“U”表示在规定试验温度下，冲击吸收功可达到 47J 以上。

“H×”为扩散氢代号，其中“×”为15，10或5，分别表示每100 g熔敷金属中扩散氢含量的最大值(mL)。

如：

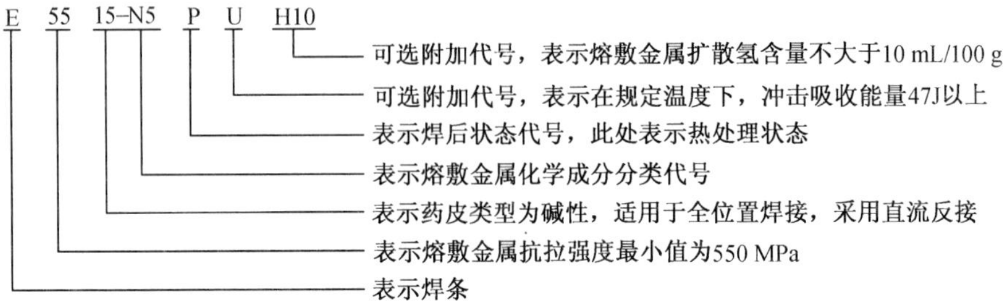

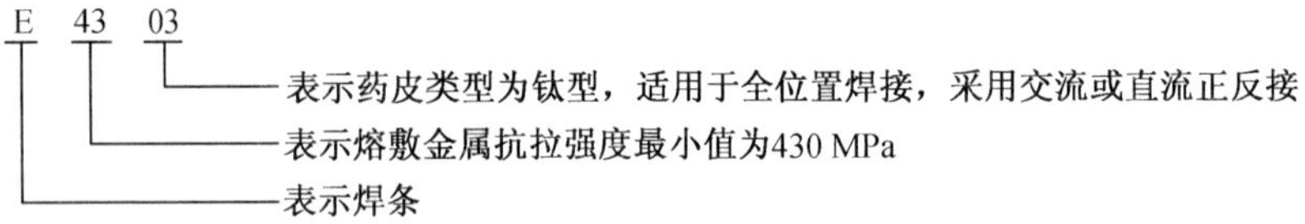

2. 热强钢焊条

根据国家标准GB/T 5118—2012规定，其型号基本表示方法为“E××××”，和非合金钢及细晶粒钢焊条型号表示方法基本相同。

如：

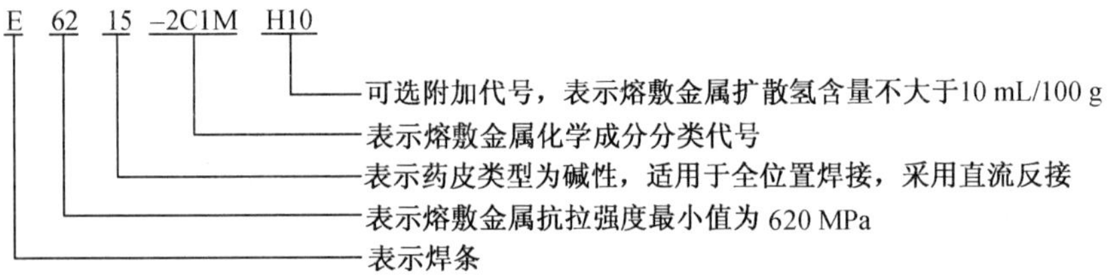

3. 不锈钢焊条

根据国家标准GB/T 983—2012规定，焊条型号由四部分组成。

第一部分字母“E”表示焊条。

第二部分“E”后面数字表示熔敷金属化学成分分类代号。数字后的字母“L”表示含碳量较低，字母“H”表示含碳量较高。如有特殊要求的化学成分，将该化学元素符号放在数字后面。

第三部分“-”后的第一位数字表示焊接位置，见表2-3所示。

表2-3　焊接位置代号

代号	焊接位置
-1	PA，PB，PD，PF
-2	PA，PB
-4	PA，PB，PD，PF，PG

PA为平焊、PB为平角焊、PD为仰角焊、PF为向上立焊、PG为向下立焊

第四部分为最后一位数字,表示焊条药皮类型和适用的电流类型,见表 2－4 所示。

表 2－4　药皮类型代号

代号	药皮类型	电流类型
5	碱性	直流
6	金红石	交流和直流[a]
7	钛酸型	交流和直流[b]

[a]46 型采用直流焊接,[b]47 型采用直流焊接。

如:

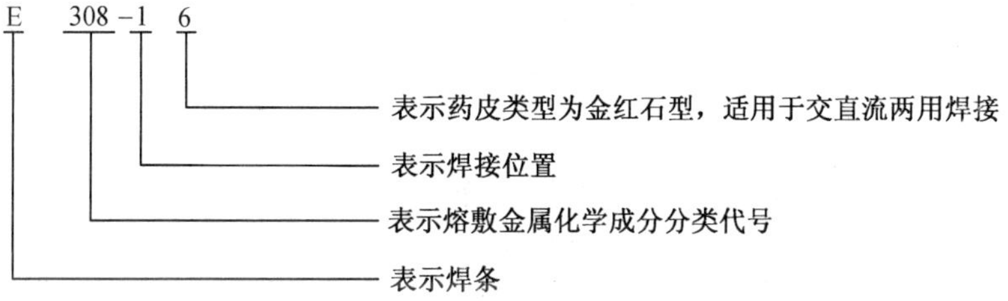

4. 堆焊焊条

根据国家标准 GB/T 984—2001 规定。

堆焊焊条型号编制方法为:首字母“E”表示焊条,型号第二位“D”表示堆焊焊条。型号中第三位至倒数第三位表示焊条特点,用拼音字母或化学元素符号表示堆焊焊条的型号分类。堆焊焊条型号中最后两位数字表示焊条药皮类型及焊接电流种类,用“－”与前面符号分开。如在同一基本型号内又分为几个类型时,可用字母 A,B,C 等标志。如再细分可加注下角数字 1,2,3,…,如 A_1, A_2,A_3,…,之后再用“－”与前面条符号分开。

如:

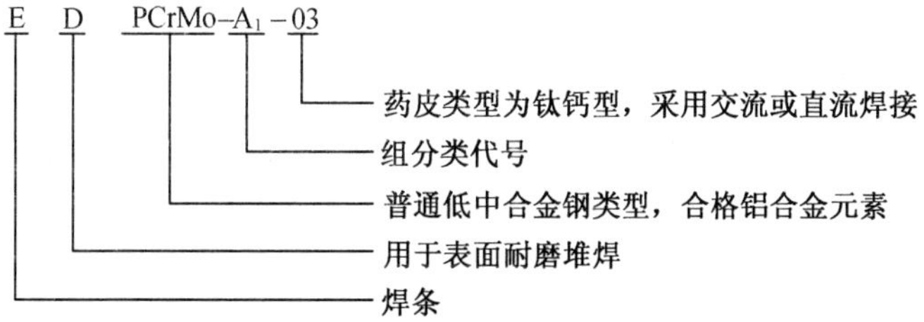

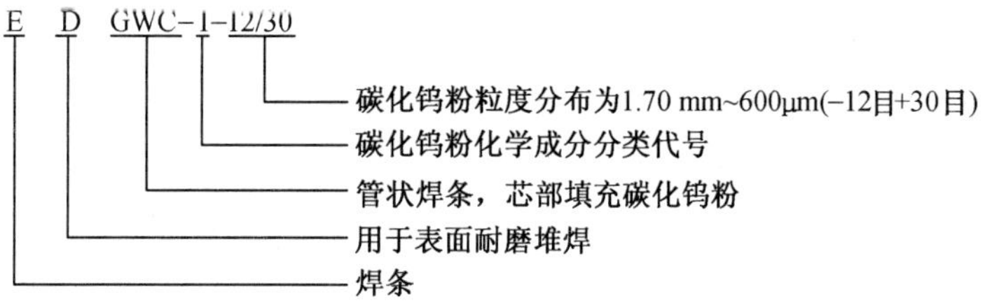

5. 铸铁焊条

根据国家标准 GB/T 10044—2006 规定，铸铁焊条型号主要根据熔敷金属的化学成分及用途划分。

其中字母“E”表示焊条，字母“Z”表示焊条用于铸铁焊接，在字母“EZ”后用熔敷金属主要化学元素符号或金属类型代号表示，如再细分时用数字表示，具体分类见表 2－5。

表 2－5　铸铁焊条型号分类

类别	名称	型号
铁基焊条	灰口铸铁焊条	EZC
	球墨铸铁焊条	EZCQ
镍基焊条	纯镍铸铁焊条	EZNi
	镍铁铸铁焊条	EZNiFe
	镍铜铸铁焊条	EZNiCu
	镍铁铜铸铁焊条	EZNiFeCu
其他焊条	纯铁及碳钢焊条	EZFe
	高钒焊条	EZV

如：

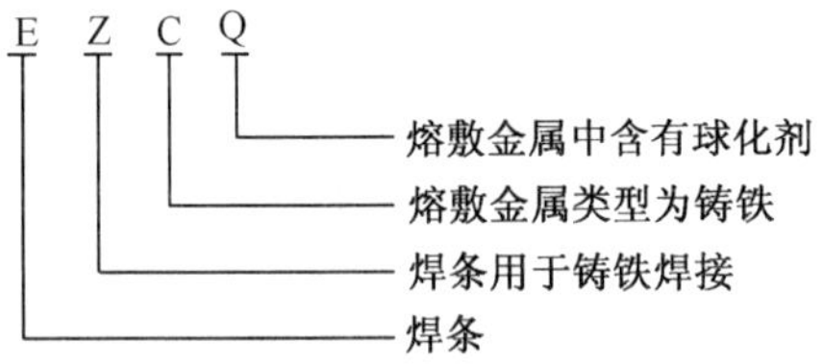

6. 镍及镍合金焊条

根据国家标准 GB/T 13814—2008 规定，按熔敷金属合金体系镍及镍合金焊条分为镍、镍铜、镍铬、镍铬铁、镍钼、镍铬钼和镍铬钴钼 7 类。

镍及镍合金焊条型号由三部分组成。

第一部分字母“E”表示焊条，“E”后面的元素符号“Ni”表示镍及镍合金焊条。

第二部分为四位数字，表示焊条型号。

第三部分为可选部分，表示化学成分代号。

如：

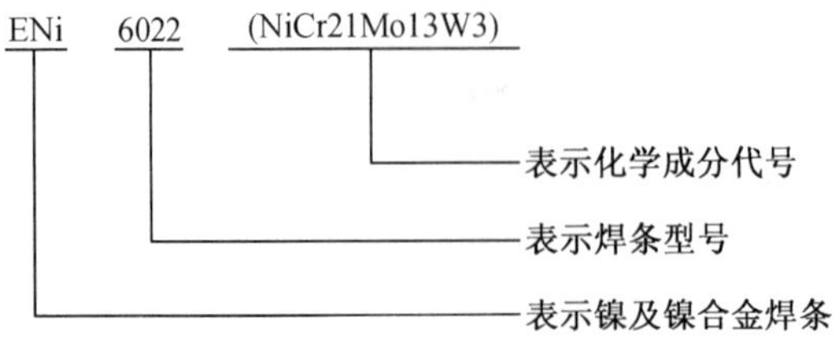

7. 铜及铜合金焊条

根据国家标准 GB/T 3670—1995 规定，铜及铜合金焊条的型号根据熔敷金属的化学成分划分。

字母“E”表示焊条，“E”后面的字母直接用元素符号表示型号分类，同一分类中有不同化学要求时，用字母或数字表示，并用“-”与前面的元素符号分开。

8. 铝及铝合金焊条

根据国家标准 GB/T 3669—2001 规定，铝及铝合金焊条型号根据焊接接头力学性能及焊芯的化学成分划分。

如：

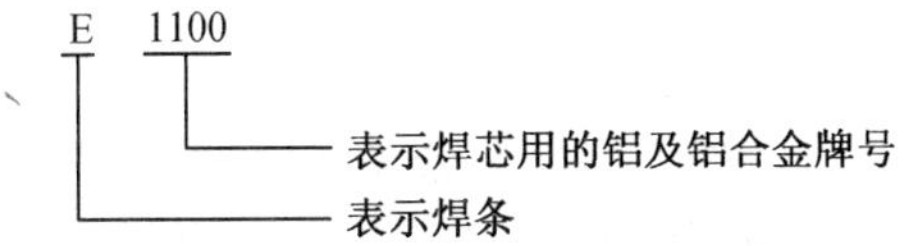

（二）焊条牌号

焊条牌号中没有区别焊接位置的编号，但某些焊条增加了特殊性能符号，如超低氢、高韧性打底焊等。为管理方便，国家权威部门规定了统一牌号的编制原则，即焊条牌号由代表焊条用途的字母及后缀三位数字组成。

焊条牌号表示方法：“符号（或汉字）×××”。其中符号（或汉字）表示焊条的类型，而前两位数字表示各大类中的若干小类，最后一位数字表示药皮的类型及焊接电源种类。

前两位数字的表示方法在不同的焊条类别中代表的意义并不相同。如在结构钢焊条牌号中表示焊缝金属抗拉强度的最小值，在钼及铬钼耐钢焊条牌号中表示化学成分类别，而在低温钢条牌号中则表示焊条的工作温度等级。

如 J422 焊条。“J”表示碳钢焊条，“42”表示焊缝金属抗拉强度不低于 420 MPa，最后一位数字“2”表示药皮类型为钛钙型，可使用直流或交流电源。

W607 焊条。“W”表示低温钢焊条，“60”表示工作温度为 -60℃，“7”表示药皮类型为低氢钠型，采用直流反接电源。

任务二　焊条的使用

【学习目标】

1. 了解对焊条的基本要求。
2. 掌握焊条使用的基本原则。
3. 掌握船舶焊接材料的基本要求。
4. 掌握船舶用焊条的试验方法及要求。
5. 掌握焊条的存储及烘干规范。

【工作任务】

焊条的使用。

【任务分析】

正确使用焊条是焊条电弧焊焊接工艺合理实施的重要环节。依照 CCS 规范要求，正确对焊条实施试验、合理进行储存及焊前烘干，是保证船舶焊接生产质量的必备要素。

【知识准备】

一、对焊条的基本要求

GB/T25775—2010 焊接材料供货技术条件(产品类型、尺寸、公差和标志)中规定：

焊条药皮应均匀、紧密地包覆在焊芯周围，以保证焊接时熔化均匀。

药皮表面应光滑平整，无裂纹和其他影响焊接操作的表面缺陷。

焊条药皮应具有足够的强度，不应在正常搬运或使用过程中损坏。

焊接夹持端应至少 15 mm，焊条引弧端允许涂引弧剂。

二、焊条选用的基本原则

焊接材料是整个焊接结构生产中最重要的一部分，其性能、成分对焊缝金属起着重要作用，焊材的合理选择是保证产品质量的关键。

焊条的选用须在确保焊接结构安全、正常使用的前提下，在对被焊材料的化学成分、力学性能、板厚、接头形式、焊接结构特点、受力状态、使用条件对焊缝性能的要求、焊接施工条件和技术经济效益等因素综合考查后，有针对性地选用焊条，必要时还需进行焊接性试验。

(一)同种钢材焊接

1. 焊缝金属力学性能和化学成分

对于普通结构钢，通常要求焊缝金属与母材等强度，应选用熔敷金属抗拉强度等于或稍高于母材的焊条。对于合金结构钢，有时还要求合金成分与母材相同或接近。在焊接结构刚性大、接头应力大、焊缝易产生裂纹的不利情况下，应考虑选用比母材强度低的焊条。当母材中碳、硫、磷等元素的含量偏高时，焊缝中容易产生裂纹，应选用抗裂性能好的碱性低氢型焊条。

2. 焊接构件使用性能和工作条件

对于承受动载荷和冲击载荷的工件，除满足强度要求外，主要应保证焊缝金属具有较高的冲击韧性和塑性，可选用塑性、韧性指标较高的低氢型焊条。接触腐蚀介质的工件，应根据介质的性质及腐蚀特征选用不锈钢类焊条或其他耐腐蚀焊条。在高温、低温、耐磨或其他特殊条件下工作的结构，应选用相应的耐热钢、低温钢、堆焊或其他特殊用途焊条。

3. 焊接结构特点及受力条件

对结构形状复杂、刚性大的厚大焊接件，由于焊接过程中会产生很大的内应力，易使焊缝产生裂纹，应选用抗裂性能好的碱性低氢焊条。对受力不大、焊接部位难以清理干净的结构，应选用对铁锈、氧化皮以及油污不敏感的酸性焊条。对受条件限制不能翻转的结构，应选用适于全位置焊接的焊条。

4. 施工条件和经济效益

在满足产品使用性能要求的情况下，应选用工艺性好的酸性焊条。在狭小或通风条件差的场合，应选用酸性焊条或低尘焊条。对焊接工作量大的结构，有条件时应尽量采用高效率焊条，如铁粉焊条、高效率重力焊条等，或选用底层焊条、立向下焊条之类的专用焊条，以提高焊接生产率。

（二）异种钢焊接

1. 强度级别不同的碳钢＋低合金钢（或低合金钢＋低合金高强钢）

一般要求焊缝金属或接头的强度，不低于两种被焊金属的最低强度。选用的焊条熔敷金属强度，应能保证接头的强度，不低于强度较低侧母材的强度。同时，焊缝金属的塑性和冲击韧性，应不低于强度较高而塑性较低侧母材的性能。因此，可按两者中强度级别较低的钢材选用焊条。

需要注意的是，为防止焊接裂纹，应按强度级别较高、焊接性较差的钢种确定焊接工艺，包括焊接规范、预热温度及焊后热处理等。

2. 低合金钢＋奥氏体不锈钢

应按照对熔敷金属化学成分限定的数值选用焊条，一般选用铬和镍含量较高、塑性和抗裂性较好的焊条，以避免因产生淬硬组织而导致出现裂纹，但应按焊接性较差的不锈钢确定焊接工艺。

3. 不锈复合钢板

应考虑对基层、复层、过渡层的焊接要求选用三种不同性能的焊条。对基层（碳钢或低合金钢）的焊接，选用相应强度等级的结构钢焊条。复层直接与腐蚀介质接触，应选用相应成分的奥氏体不锈钢焊条。过渡层（复层与基层交界面）焊接最为关键，必须考虑基体材料的稀释作用，应选用铬和镍含量较高、塑性和抗裂性好的奥氏体钢焊条。

三、船舶焊接材料的要求

（一）船舶焊接材料力学性能规定

焊接材料应根据其不同用途，分别按有关规定进行认可试验和年度试验。结构钢焊接材料按其屈服强度可以分为 9 个等级，各个等级又按其缺口冲击韧性可进一步划分为若干个级别。冲击韧性以数字 1～5 表示，高强度焊接材料以字母 Y 表示。

若焊接材料的屈服强度大于或等于 400 N/mm^2，则在字母 Y 后接以数字 40 至 69。含镍低合金钢焊接材料则以其钢中镍合金的含量分为 0.5 Ni，1.5 Ni，3.5 Ni，5 Ni 和 9 Ni 共 5 个级别。

对于每一等级的结构钢焊接材料，凡符合较高韧性级别要求者，可以认为该材料也符合较低级别的要求。

结构钢焊接材料的力学性能应符合相关要求。对于屈服强度大于或等于 420 N/mm^2 的焊接材料，若弯曲试验不能符合要求，而在弯曲试样标距长度 L_0 内的伸长率符合熔敷金属试验的伸长率要求时，可认为试验合格。

（二）焊条标注的要求

符合力学性能及测氢试验要求的焊条，在其级别符号后加缀“H15”“H10”或“H5”，以表示其为符合测氢要求的低氢焊条。不同级别焊条的扩散氢含量至少应符合规范要求。

具有深熔特性的结构钢焊条,在其级别符号后加缀"DP"以示区别。

凡利用自动重力式工具或类似的焊接工具所进行焊接的焊条,应根据制造厂推荐的工具和方法,参照普通手工焊条的要求进行各项试验。

四、焊条的破坏

生产中生产环境经常变化,焊条必然会受到很多因素对其质量造成影响。

(一)损伤

一般情况下焊条具有抗外界破坏能力,但如保管不当很容易遭受损坏。焊条是一种陶质产品,不具备钢芯的耐冲击性能。所以焊条运输时,应避免摔伤,用纸盒包装的焊条不能用挂钩搬运。重要焊条,如有特殊烘干要求的碱性焊条,更应小心轻放。

(二)吸潮

小知识:简单识别受潮的方法

从不同位置取出几根焊条,用两手拇指和食指之间将焊条支撑轻轻摇动,如果焊条受潮,声音发钝。焊接时如焊条含水量过高,可以看到焊条表面有水蒸气散出,当焊条燃烧多半时,焊条尾部有裂纹现象出现。

如焊条涂料中含有较多水分,会使产品质量严重下降(如焊缝中出现气孔)。

焊条在空气中能吸收水分,在相对湿度为90%的环境中,焊条涂料吸收水分很快,焊条存放时间过长时也很容易受潮。

【任务实施】

一、船舶用焊条

(一)对焊接材料的原则要求

1. 对船舶焊接材料的规定

包括焊条、焊丝、焊剂和保护气体,应符合《材料与焊接规范》规定,并应经 CCS 认可。

2. 对焊接材料储运的规定

焊接材料的储存、运输、焊前处理(包括焊条和焊剂烘干、焊丝除锈、气体干燥)和使用应符合焊接材料制造厂使用说明书的要求。

3. 焊接材料工厂认可

(1)焊接材料应由 CCS 认可的工厂进行制造,其制造焊接材料所用的金属材料亦应由 CCS 认可的制造厂提供。

(2)焊接材料制造厂应具有良好的生产条件、成熟的制造工艺和完善的质量管理体系。

(3)船舶和海上设施及产品制造厂,应采用 CCS 认可的焊接材料。

4. 焊接材料认可试验

各种焊接材料,应按有关规定进行认可试验。必要时,CCS 验船师可根据实际情况增加认可试验的项目。

焊接材料认可试验的试样、试验要求及复试条件,应符合有关规定。认可试验时,试样的制备和试验均应在 CCS 验船师在场时进行。试件焊后建议进行无损检测。除熔敷金属的纵向拉伸试样外,试样焊后不得进行任何热处理。低氢焊接材料熔敷金属纵向拉伸试样,不得进行脱氢热处理。

焊接材料制造厂应向 CCS 验船师提交焊接材料的试验报告,试验报告应包括下列内容:

(1)试验日期、环境条件、焊接材料预处理状态。

(2)焊接材料认可等级、牌号、型号、尺寸。

(3)试板材料(牌号)、等级、力学性能、化学成分(包括细化晶粒元素)。

(4)焊接位置。

(5)焊接采用的电流、电压、焊接速度和设备型号、保护气体成分。

各级钢焊接材料认可试验用的试板可根据规定选取,也可选取韧性级别低于规定要求的材料。结构钢焊接材料熔敷金属试验用试板可以选用任何级别结构钢。

试板边缘一般应采用机加工或等离子切割的方法加工。钢材还可采用氧乙炔及其他合适的自动切割方法加工。当采用热加工方法时,应清除在坡口处的氧化物。

试验时所用的焊接电流、电弧电压和焊接速度等,应按焊接材料制造厂所推荐的参数进行。

若一种焊接材料对交、直流电均适用时,则焊制试件时应采用交流电。

5. 焊接材料认可保持

(1)经认可的焊接材料应每年进行 1 次年度检查和试验,以继续保持该焊接材料的认可。

(2)焊接材料制造厂若对已认可的焊接材料做制造工艺上的改动,应通知 CCS。CCS 将根据变动的情况,确定认可是否继续保持或重新做认可试验。

在下列情况下,CCS 将通知焊接材料制造厂,撤销对其产品的认可。

(1)年度检查和试验不合格者。

(2)无特殊理由而未进行年度检查和试验者。

(3)抽样检查表明产品质量比认可时有明显下降以至不合格者。

6. 焊接材料标志和说明书

凡经 CCS 认可的焊接材料,应在每盒或每包上明显地标上 CCS 认可的标志。

对已认可的焊接材料,应在每一包装盒中附上 1 份使用说明书,说明书应包括制造厂对该焊接材料所推荐的储存、焙烘和使用的参数

(二)船舶用焊条的试验规定

所有焊条均应进行熔敷金属试验。

焊条应按制造厂推荐的该类焊条的使用位置,如平焊、横焊、立焊(垂直上行焊或垂直下行焊)及仰焊位置,进行各种位置的对接焊试验。若焊条同时满足平焊和垂直上行焊要求,则可认为其已满足横焊要求。

全位置焊条应进行平、立和仰 3 种位置的对接焊试验。具有角焊性能的普通焊条,还应加做平角焊位置的角接焊试验。对仅作角焊用的焊条除进行熔敷金属试验外,还应按焊条制造厂推荐的焊接位置(平、立和仰焊位置)进行角接焊试验。

对扩散氢有要求的焊条(如低氢或超低氢焊条等),在满足相应级别的力学性能要求

后，还应进行测氢试验。

1. 熔敷金属试验

熔敷金属试验一般应焊制2个试件，一个以直径4 mm的焊条焊制，另一个以制造厂生产的同型号焊条中最大直径的焊条焊制。若制造厂生产的该型号焊条只有一种规格，则仅需以该规格焊条焊制1个试件。

每一熔敷金属试验的试件应制备2块试板和1块垫板。试板的厚度为20 mm，宽度不小于100 mm，长度约300 mm，开10°的斜角。垫板的厚度为10 mm，宽度为30 mm，且与试板等长。

按常规工艺以单道焊或多道焊的方法在平焊位置焊接。多道焊时，每一焊道的焊接方向应在试件端部改变，每一焊道的厚度应为2～4 mm，每焊完一道后，除去焊渣，将试板置于静止的空气中待焊缝冷却到250 ℃以下，但不必低于100 ℃（温度在焊缝中心线的上表面处测量），然后再焊下一焊道。

从试件上截取1个纵向拉伸试样和1组3个V形缺口冲击试样，进行拉伸和冲击试验。

纵向拉伸试样的轴线应尽可能位于试件焊缝的中心线上，并在试件厚度的中间处。V形缺口冲击试样的轴线应位于试件厚度的中间，且与焊缝中心线垂直，V形缺口应位于焊缝中心线上，并与试板表面相垂直。

应对每一试件进行熔敷金属化学成分分析，分析报告应提交CCS。报告中应包括所有重要的合金元素的含量。

2. 对接焊试验

为使焊后试件平直，试件可在焊前预置反变形。每一焊接位置焊制1个对接焊试件，各焊接位置所用的焊条应符合相关规定。

（1）平焊

第1道用直径4 mm的焊条，其余各道（最后两层除外）用直径5 mm的焊条，最后两层用制造厂申请认可的同型号焊条中最大直径的焊条。

（2）横焊

第1道用直径4 mm或5 mm的焊条，其余各道均用直径5 mm的焊条。

（3）立向上焊和仰焊

第一道用直径3.2 mm的焊条，其余各道用直径4 mm（如制造厂推荐时，可用直径5 mm）的焊条。

（4）立向下焊

采用制造厂推荐的焊条规格。若同一型号焊条直径只有1种或2种规格，则以上各种焊接位置中，第1道用较小直径的焊条，其余各道用较大直径焊条。

若焊条仅用于平焊位置对接焊，还应焊制1个平焊位置的对接焊试件。试件第1道用直径4 mm焊条，第2道用直径5 mm或6 mm的焊条，其余各道以制造厂生产的同牌号焊条中最大直径的焊条焊制。

每一对接焊试件应制备2块试板，试板的厚度为15～20 mm，宽度不小于100 mm，长度应足够提供截取规定数量和尺寸的试样。试板边缘开30°斜角。

焊接的道间温度应不高于250 ℃，也不必低于100 ℃（温度在焊缝中心线的上表面处测量）。所有对接焊试件均应清根，然后用直径4 mm或该型号中直径较小的焊条，按原焊接位置进行封底焊。

截取 1 个横向拉伸试样、2 个弯曲试样和 1 组 3 个冲击试样，进行拉伸、正反弯曲和冲击试验。

3. 角接焊试验

每一焊接位置应焊制 1 个角接焊试件。试件的一侧焊缝应以该型号焊条中直径最大的焊条焊接，另一侧应以同一型号中直径最小的焊条焊制。焊脚尺寸通常根据试验时所用焊条的直径和焊接电流确定。

每一角接焊试件应制备 2 块试板，如图 2－2 所示。试板的厚度为 20 mm，宽度为 150 mm，长度应能保证充分焊完直径最大焊条的全部长度。

按图 2－3 所示，截取 3 个长度为 25 mm 的断面宏观检查试样。检验焊缝的熔合情况，是否存在裂纹、过多的气孔和夹渣等缺陷。

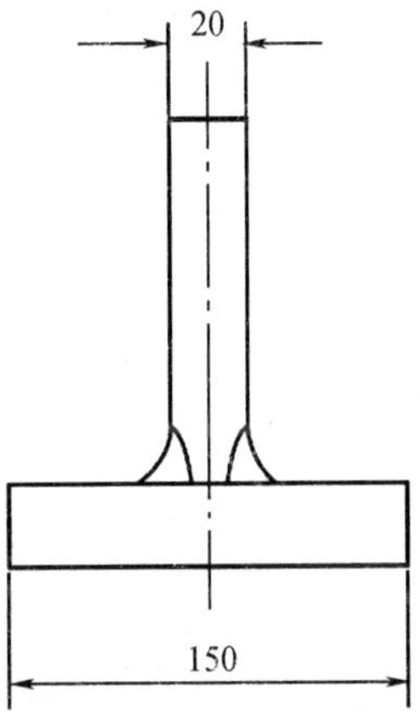

图 2－2　焊接材料角接焊试验工件图

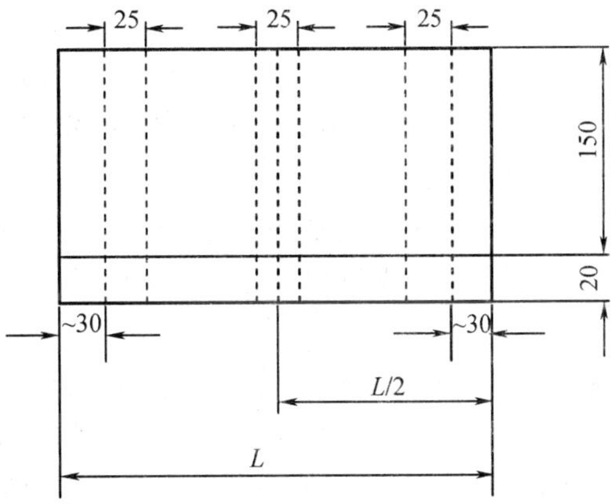

图 2－3　焊接材料角接焊试验断面位置示意图

将此 3 个断面宏观检查试样的端面磨光，按图 2－4 所示做硬度测试，以测定焊接接头的硬度。

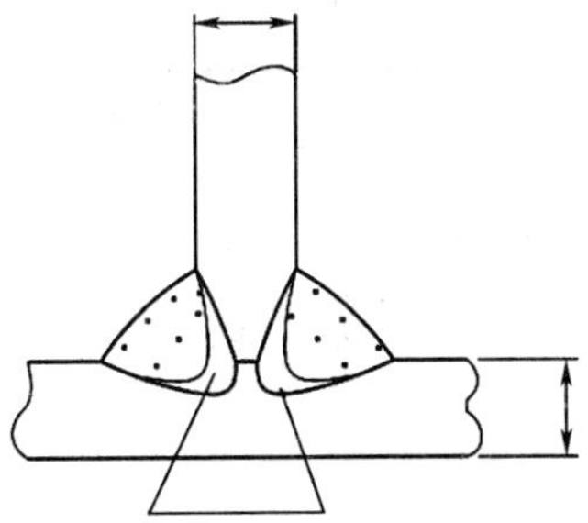

图 2－4　焊接材料角接焊试验硬度测试点示意图

· —硬度测试点

在余下的两个分段中，取一个分段将一侧的角焊缝凿槽或刨尽，另一个分段将另一侧的角焊缝凿槽或刨尽，然后进行角焊缝破断试验。其断面应熔合良好，无裂纹和疏松等缺陷。

4. 测氢试验

制备 4 块任何等级的结构钢钢板作测氢试验的试板。试板厚度为 12 mm,宽度为 25 mm,长度为 125 mm。焊前,试板应予以清洁并称重,质量精确到 0.1 g。

焊条应按制造厂推荐的焙烘方法进行焙烘,使焊条充分干燥。施焊的焊条直径为 4 mm,焊接电流约为 150 A,以短弧在试板宽度为 25 mm 的表面上堆焊一道长约 100 mm 的焊道(约用去 150 mm 焊条长度)。

每一试样焊完后应在 30 s 内脱渣完毕,然后将试样浸入温度为 20 ℃的清水中冷却,过 30 s 后将试样清洗干净、擦干,并放入一个适宜于用甘油置换法收集氢气的装置中。

4 个试样应由一个操作人员,在 30 min 内焊毕并置入收集氢气的装置中。

试样应在温度为 45 ℃的甘油中浸放 48 h,然后取出,再分别在酒精和水中清洗干净,待干燥后称重(精确到 0.1 g),以确定熔敷金属的质量。测定被收集的氢气的体积,精度应达到 0.05 cm^3,然后将测得的体积换算成标准状态(0 ℃,101.325 kPa)下的体积。

上述氢含量的测定方法也可用 ISO3690 规定的水银测定法代替。

4 个试件测得的每 100 g 熔敷金属的扩散氢平均含量,应符合规范规定。

5. 深熔对接焊试验

深熔对接焊的试件应制备 2 块试板。试板的厚度为焊条直径的 2 倍另加 2 mm,板宽不小于 100 mm,长度根据试样尺寸与数量而定。试板对接接头边缘不开坡口,但应加工成直角边。

试板应装配齐平,定位后装配间隙不大于 0.25 mm。试件应采用制造厂生产的最大直径的焊条,并按制造厂推荐的电流与工艺方法在平焊位置进行双面单道对接焊(不清根)。

每一试件应按图 2-5 所示截取 2 个横向拉伸试样、2 个弯曲试样和 1 组 3 个冲击试样(缺口位于焊缝中心)进行拉伸、弯曲和冲击试验。

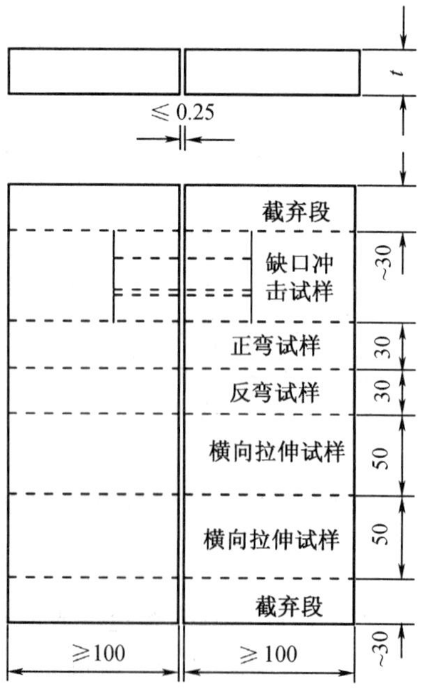

图 2-5 深熔对接焊试验试样截取位置示意图

在截取试样时，应检查对接焊缝的焊透情况。试件两端的截弃段（约 30mm）应按规定加工成断面宏观检查试样，试样的断面应显示为焊缝完全熔合且全部焊透。

6. 深熔角接焊试验

深熔角接焊的试件应制备 2 块试板。试板厚度约为 12.5 mm，宽度约为 100 mm，长度约为 180 mm。立板的接头边缘应加工成直角边。

试件按 T 形装配，装配间隙应不大于 0.25 mm，如图 2-6 所示。试件的一侧用直径 4 mm的焊条，另一侧用制造厂生产的最大直径的焊条，按制造厂推荐的焊接电流，在试件的每一侧分别焊制一道长度不小于 160 mm 的焊道。

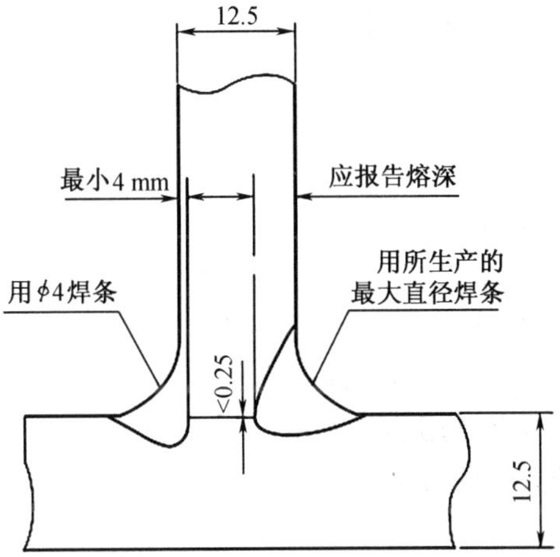

图 2-6　深熔角接焊试验装配示意图

从试件两端各截下长约 35 mm 的一段作为宏观断面检查试样，以检查焊缝熔合情况。

采用直径为 4 mm 焊条焊接的一侧焊缝，其熔深应不小于 4 mm；采用最大直径焊条焊接的另一侧焊缝，其熔深应记入报告。

二、焊条的存储及烘干

焊接过程中焊条参与了整个焊接过程，焊条的合理保管直接影响焊接质量，特别是在野外工作。实际生产中，焊工、保管员和技术人员都应该严格执行焊条存储及保管规则。

一般情况下焊条应用塑料袋和纸盒包装。为防止吸潮，在焊条使用前，不能随意拆开，尽量做到现用现拆，剩余的焊条应再密封起来。

（一）焊条的存储

各类焊条必须分类、分牌号堆放，避免混乱。

焊条必须存放在较干燥的仓库内，应将室温控制在 10 ℃以下，相对湿度小于 60%。

焊条存储时，必须在离地面 300 mm、离墙壁 300 mm 以外存放，以免受潮。

一般焊条一次出库量不得超过两天的用量。

（二）焊条烘干

酸性焊条对水分不敏感，所以应根据受潮的具体情况，可采取 100°～150°、保温 1 h 的烘干规范。存储时间短且包装良好，一般使用前可不烘干。碱性低氢型焊条在使用前必须烘干,以降低焊条的含氢量,防止气孔及裂纹等缺陷产生。一般烘干温度为 350 ℃,保温 2 h,实际生产中也可按焊条说明书要求进行烘干。

烘干焊条时,每层焊条不应堆放过厚(一般 1 ~3 层),以免焊条烘干时受热不均,潮气不易排除。

需要注意的是,不可将焊条在高温炉中突然放入或突然冷却,以避免药皮干裂。烘干后的焊条应及时放入温度为 50 ℃ ~100 ℃的保温筒内,随用随取。

【思考与练习】

1. 说明焊芯牌号的表征方法。
2. 焊条焊芯中有哪些化学元素,各起什么作用?
3. 试述焊条药皮的作用。
4. 焊条有哪些工艺性能指标?
5. 按用途可将焊条如何分类?
6. 焊条型号的编号有何特点?
7. 举例说明非合金钢及细晶粒钢焊条型号的含义。
8. 举例说明焊条牌号的标注方法。
9. GB/T 25775—2010 对焊接材料有哪些基本要求?
10. 试述同种钢材焊接焊条选用的基本原则。
11. 船舶规范中对焊条有哪些要求?
12. 试述焊条的破坏形式。
13. 船舶用焊条应进行哪些试验?
14. 分别说明焊条的存储及烘干规范。

项目三　焊条电弧焊工艺

焊条电弧焊属于手工操作的典型焊接方法之一。其产品质量的优劣，受到焊接操作技能的直接影响。除此之外，合理的焊接工艺是决定质量及生产率的关键因素。

任务一　焊条电弧焊焊接工艺制订

【学习目标】

1. 了解焊条电弧焊工艺知识。
2. 掌握焊接工艺卡的内容要求。
3. 掌握焊前准备包括的内容及要求。
4. 掌握焊接工艺参数选择原则。

【工作任务】

船舶焊接工艺的制订。

【任务分析】

焊接工艺是指焊接过程中的一整套技术规定，包括焊接方法、焊前准备、焊接材料、焊接设备、焊接顺序、焊接操作、工艺参数以及预热、焊后热处理等。焊接工艺主要根据被焊工件的材质、牌号、化学成分、焊件结构类型以及焊接性能要求来确定。

焊接工艺是焊接质量优劣的重要保证，焊接工艺的合理制订在生产工序中尤为关键。

【知识准备】

一、焊条电弧焊工艺知识

（一）焊接接头

用焊接的方法连接的接头称为焊接接头，由焊缝、熔合区、热影响区及母材构成，如图3－1所示。

焊接的接头形式有多种，其中最主要的有对接接头、角接接头、搭接接头及T形接头，如图3－2所示。

1. 对接接头

对接接头是广泛使用的接头形式之一，是指两焊件表面构成大于或等于135°，小于或

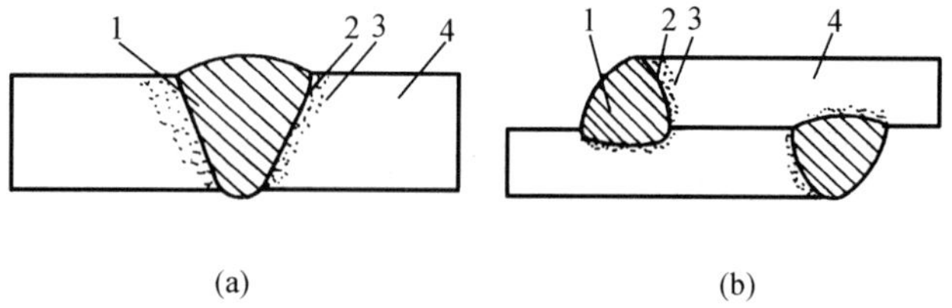

图 3－1　焊接接头示意

(a)对接接头断面图;(b)搭接接头断面图

1—焊缝;2—熔合区;3—热影响区;4—母材

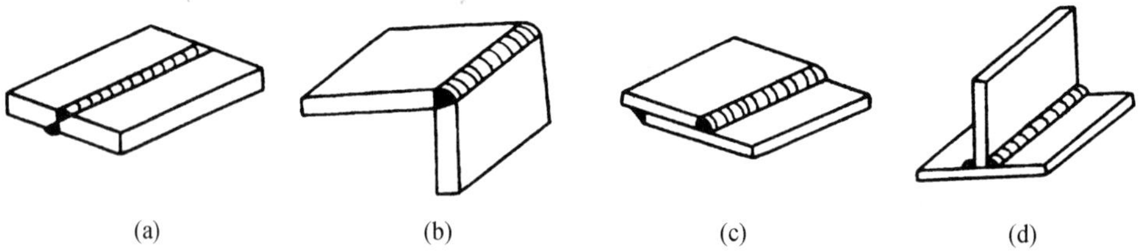

图 3－2　焊接接头的基本形式

(a)对接接头;(b)角接接头;(c)搭接接头;(d)T 形接头

等于 180°夹角的接头,如图 3－2(a)。

对接接头外形变化比其他形式接头小,故应力集中较小,而且易于降低和消除。因此,对接接头是最好的接头形式,不但静载可靠,而且疲劳强度也较高。

2. 角接接头

两焊件端面间构成大于 30°、小于 135°夹角的接头称为角接接头,如图 3－2(b)。角接接头的焊缝承载能力很差,多用于不重要结构或箱形构件。

3. 搭接接头

搭接接头是指两工件部分重叠构成进行焊接所形成的接头,如图 3－2(c)。搭接接头应力分布极不均匀,疲劳强度较低。一般用于 12 mm 以下钢板焊接,其重叠部分为 3 ~ 5 倍板厚,采用双面焊接。

4. T 形接头

一焊件之端面和另一焊件之表面构成直角或近似直角的接头称为 T 形接头,如图 3－2(d)。T 形接头可承受各种方向的力和力矩,应用较为普遍。

T 形接头向母材金属过渡较急剧,接头在外力作用下力线扭曲很大,造成应力分布极不均匀,在角焊缝的根部和过渡处,容易产生很大的应力集中。

(二)焊接位置

焊接时,焊件接缝所处的空间位置称为焊接位置。

图 3－3 为板对接焊接位置示意图(摘自中国船级社《材料与焊接规范》2012),图 3－4 为管对接焊接位置示意图(摘自中国船级社《材料与焊接规范》2012),图 3－5 为 T 形焊缝

焊接位置示意图(摘自中国船级社《材料与焊接规范》2012),图 3－6 为管板焊接位置示意图(摘自中国船级社《材料与焊接规范》2012)。

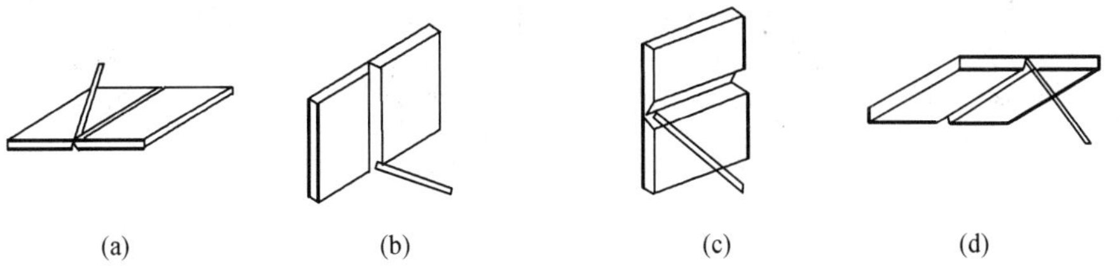

图 3－3　板对接焊接位置示意图

(a)平焊;(b)立焊;(c)横焊;(d)仰焊

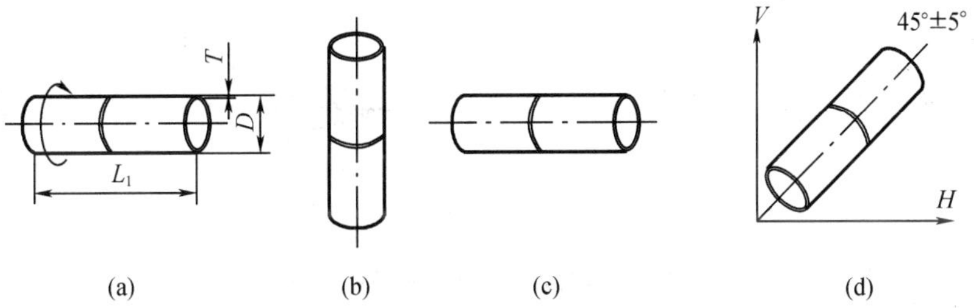

图 3－4　管对接焊接位置示意图

(a)水平滚动焊;(b)垂直固定焊;(c)水平固定焊;(d)倾斜 45°固定焊

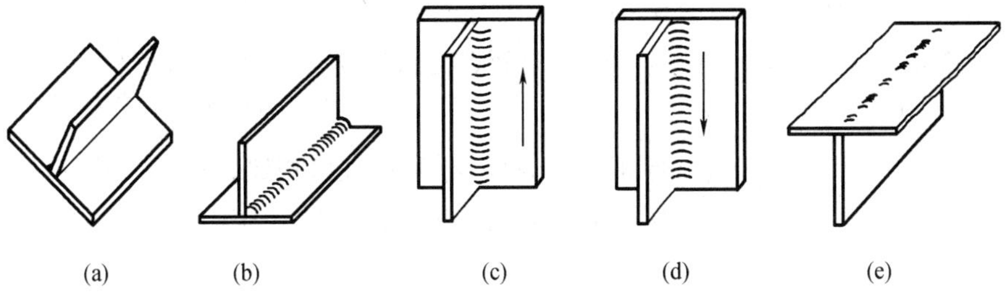

图 3－5　T 形焊缝焊接位置示意图

(a)船形角焊;(b)平角焊;(c)立向上角焊;(d)立向下角焊;(e)仰角焊

(三)坡口形式

焊条电弧焊焊接接头的基本形式包括 I 形坡口、V 形坡口、X 形坡口及 U 形坡口等,如图 3－7 所示。

1. I 形坡口

I 形坡口用于较薄钢板的对接焊接,焊接厚度在 5～6 mm 以下的钢板可以开 I 形坡口,如图 3－7(a)所示。

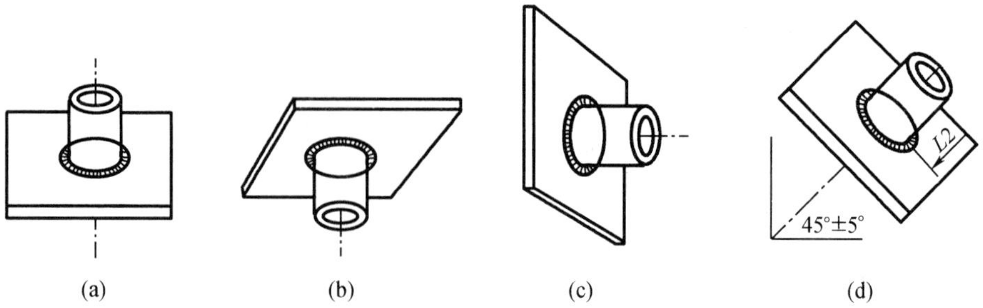

图 3－6　管板焊接位置示意图

(a)垂直固定平焊;(b)垂直固定仰焊;(c)水平固定焊;(d)倾斜 45°固定焊

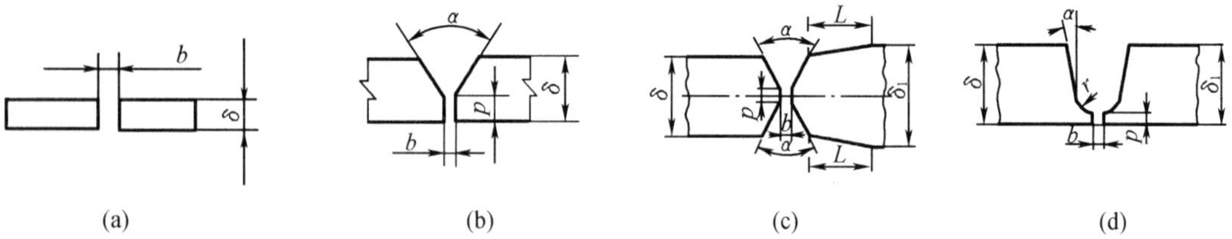

图 3－7　焊接坡口的基本形式示意图

(a)I 形坡口;(b)V 形坡口;(c)X 形坡口;(d)U 形坡口

2. V 形坡口

V 形坡口形状简单,加工方便,是最常用的坡口形式,如图 3－7(b)所示。

V 形坡口焊条电弧焊常用于 6～40 mm 工件的焊接,12 mm 以下可采用单面焊双面成型的方法;12 mm 以上一般可开单面坡口,双面焊接,背面施焊前用气刨清根。

3. X 形坡口

X 形坡口常用于 12～60 mm 厚钢板的焊接,与 V 形坡口相比,在厚度相同情况下,焊缝金属量可以减少约 1/2,如图 3－7(c)所示。由于采用双面焊,焊后的残余变形较小。

4. U 形坡口

U 形坡口用于厚板焊接,如图 3－7(d)所示。对于大厚度钢板,在焊件厚度相同条件下,U 形坡口的焊缝填充金属要比 V 形、X 形坡口少,而且焊缝变形也小。

但是 U 形坡口的加工困难,一般用于重要的焊接结构。

以上四种坡口为基本的坡口形式,实际中可根据具体结构确定。如用于平焊的带钝边的 V 形坡口和不带钝边的 V 形坡口、单边钝边 V 形坡口和单边 V 形坡口,U 形坡口有带钝边的 U 形坡口和不带钝边的 U 形坡口、单边钝边 U 形坡口和单边 U 形坡口,用于 T 字形接头的单边 V 形坡口、K 形坡口、双 U 形坡口,用于角接接头的单边 V 形坡口、K 形坡口等。

二、焊接工艺卡

焊接工艺是控制接头焊接质量的关键因素,因此必须按焊接方法、焊件材料的种类、板厚和接头形式分别编制焊接工艺。生产中常用焊接工艺细则卡来表明焊接工艺的内容，焊接工艺细则卡是指导工人进行焊接生产的主要技术依据。

焊接工艺细则卡的编制依据是相应的焊接工艺评定试验结果，典型焊接工艺细则卡主要包括以下内容：

1. 焊缝所采用的焊接方法、焊接设备、焊接材料以及焊接工艺装备。

2. 选定合理的焊接工艺参数。焊条电弧焊应包括焊条的直径、焊接电流、电弧电压、焊接速度、运条方式、焊缝的焊接顺序、焊接方向以及多层焊的熔敷顺序等。

3. 焊接热参数的选择。例如，焊前预热、中间加热、焊后保温及焊后热处理的工艺参数(加热温度、保温时间及对冷却的要求等)。

4. 焊接检查方法、检查比例等。

【任务实施】

一、焊接工艺编制

(一)焊前准备

焊前准备是一项极为重要的工作，是保证产品质量的前提，生产中必须给予足够重视。焊前准备工作主要包括坡口的选择及加工、工件清理、焊条烘干、工件装配定位、焊前预热，以及焊接设备、工具及施焊环境的检查。

1. 坡口选择

焊条电弧焊坡口形式的选择取决于焊接接头形式、工件厚度及技术要求等。坡口的选择原则是在保证焊透的前提下，综合考虑加工难易程度、焊接生产率及焊后工件的变形等因素。

(1)坡口形式的选取原则

①尽量减少熔敷金属的填充量。

②焊接厚板时，尽量选用对称坡口，以减少焊接变形。

③满足焊件的装配要求，便于焊接操作。

④应尽量保证熔透(焊透)和避免产生根部裂纹。

⑤坡口加工方便，有利于焊接操作。

(2)对坡口钝边和间隙的要求

钝边和间隙尺寸必须合理配合，应根据焊缝位置、焊件厚度、坡口形式及操作方法选择。

(3)船舶结构坡口形式

船舶结构焊接坡口形式的选择，应符合《船体结构焊接坡口形式及尺寸》中的要求，具体选择方法参见表3-1、表3-2所示。

表 3－1　焊条电弧焊(或 CO_2 气体保护半自动焊)板材对接接头坡口形式、尺寸及代号(mm)

规格	坡口形式	坡口代号	适用范围
$\delta \leqslant 24$ $b = 1^{+2}_{-1}$ $\delta_1 - \delta < 4$ $\alpha = 55° \pm 5°$	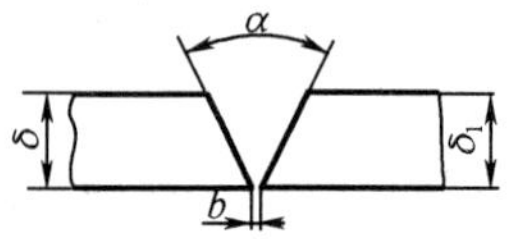	V－1	用于小合拢、中合拢、大合拢现场切割的接缝，如外板
$\delta < 24$ $\delta_1 - \delta > 4$ $b = 1^{+2}_{-1}$ $L = 4(\delta_1 - \delta)$ $\alpha = 55° \pm 5°$	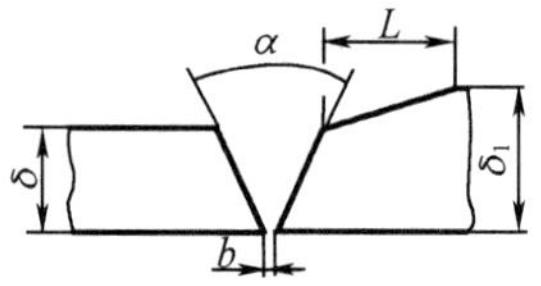	V－2	
$\delta < 24$ $b = 1^{+2}_{-1}$ $P_1 = \delta_1 - \delta < 4$ $\alpha = 55° \pm 5°$	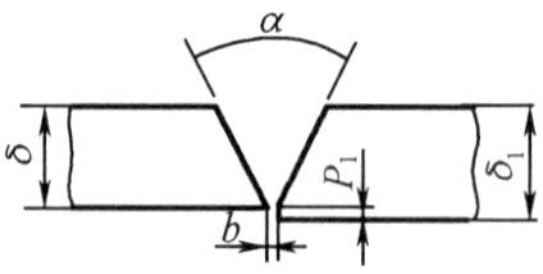	V－3	
$\delta < 24$ $b = 1^{+2}_{-1}$ $\delta_1 - \delta > 4$ $L = 4(\delta_1 - \delta)$ $\alpha = 55° \pm 5°$	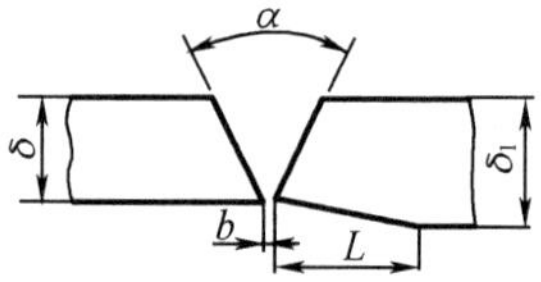	V－4	
$\delta \leqslant 24$ $b = 1^{+2}_{-1}$ $P_1 = 0^{+2}_{-0}$ $\alpha_1 = 45° \pm 5°$ $\alpha_2 = 10°^{0}_{-2°}$	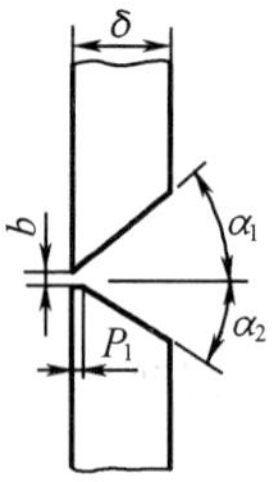	V－5	用于中合拢、总组大合拢外场加工的接缝，如舷部与底部等接缝
$\delta \leqslant 24$ $b = 1^{+2}_{-1}$ $P_1 = \delta_1 - \delta < 4$ $\alpha_1 = 45° \pm 5°$ $\alpha_2 = 10°^{0}_{-2°}$	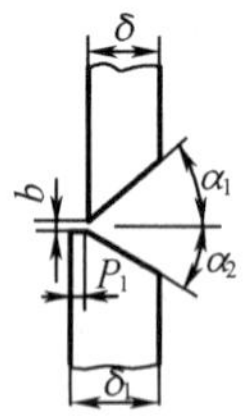	V－6	用于大合拢外场加工的接缝，如舷部与底部等接缝
$\delta < 24$ $\delta_1 - \delta > 4$ $L = (\delta_1 - \delta)$ $b = 1^{+2}_{-1}$ $\alpha_1 = 45° \pm 5°$ $\alpha_2 = 10°^{0}_{-2°}$	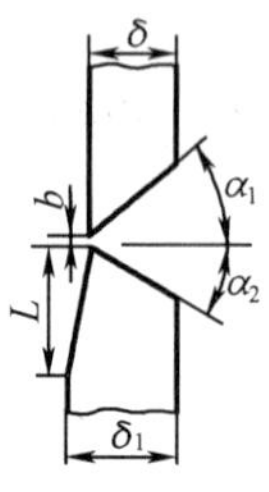	V－7	

表 3-1(续)

规格	坡口形式	坡口代号	适用范围
$\delta \leqslant 10$ $\delta_1 - \delta < 4$ $b = 5 \pm 1$ $\alpha = 40^\circ \pm 5^\circ$	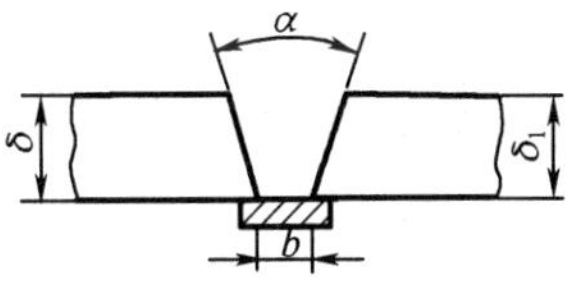	V-8	用于反面无法施焊的接缝,如艏、艉部外板等
$\delta = 11 \sim 20$ $\delta_1 - \delta < 4$ $b = 7 \pm 1$ $\alpha = 40^\circ \pm 5^\circ$			
$\delta > 20$ $\delta_1 - \delta < 4$ $b = 9 \pm 1$ $\alpha = 40^\circ \pm 5^\circ$			
$\delta < 10$ $\delta_1 - \delta > 4$ $L = 4(\delta_1 - \delta)$ $b = 5 \pm 1$ $\alpha = 40^\circ \pm 5^\circ$	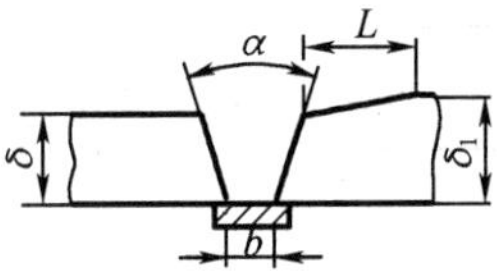	V-9	
$\delta = 11 \sim 20$ $\delta_1 - \delta > 4$ $L = 4(\delta_1 - \delta)$ $b = 7 \pm 1$ $\alpha = 40^\circ \pm 5^\circ$			
$\delta > 20$ $\delta_1 - \delta > 4$ $L = 4(\delta_1 - \delta)$ $b = 9 \pm 1$ $\alpha = 40^\circ \pm 5^\circ$			
$\delta = 6 \sim 13$ $\delta_1 - \delta < 4$ $b = 2^{+1}_{-2}$ $P = 2$ $\alpha = 55^\circ \pm 5^\circ$	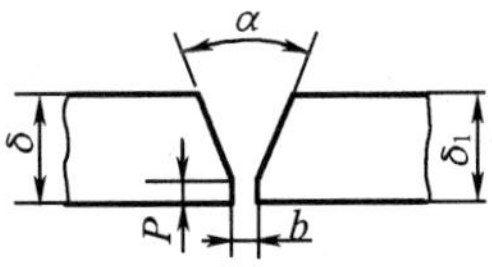	Y-1	用于小合拢、中合拢的接缝,如外板、内底板、甲板板、平台板、隔舱板、纵骨等
$\delta = 14 \sim 24$ $\delta_1 - \delta < 4$ $b = 2^{+1}_{-2}$ $P = \frac{1}{4}\delta \pm 2$ $\alpha = 55^\circ \pm 5^\circ$			

表 3－1(续)

<table>
<tr><th>规格</th><th>坡口形式</th><th>坡口代号</th><th>适用范围</th></tr>
<tr><td>$\delta=6\sim13$
$\delta_1-\delta>4$
$L=4(\delta_1-\delta)$
$b=2^{+1}_{-2}$
$P=2$
$\alpha=55^\circ\pm5^\circ$</td><td rowspan="2">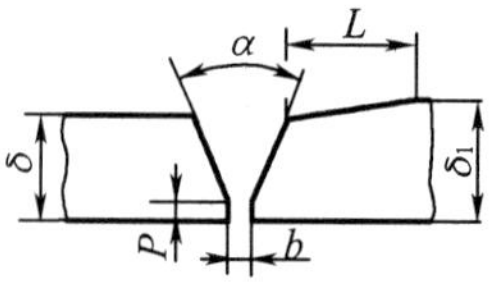</td><td rowspan="2">Y－2</td><td rowspan="2">用于小合拢、中合拢的接缝，如外板、内底板、甲板板、平台板、隔舱板、纵骨等</td></tr>
<tr><td>$\delta=14\sim24$
$\delta_1-\delta>4$
$b=2^{+1}_{-2}$
$P=\frac{1}{4}\delta\pm2$
$L=4(\delta_1-\delta)$
$\alpha=55^\circ\pm5^\circ$</td></tr>
<tr><td>$\delta=6\sim13$
$\delta_1-\delta<4$
$b=2\pm1$
$P=2$
$P_1=P+(\delta_1-\delta)$
$\alpha=55^\circ\pm5^\circ$</td><td rowspan="2">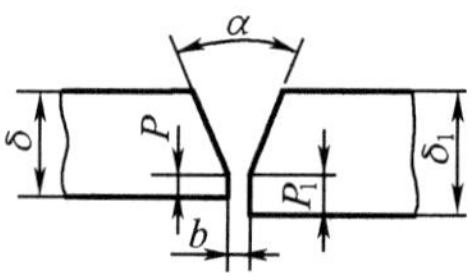</td><td rowspan="2">Y－3</td><td rowspan="4">用于小合拢、中合拢的接缝，如外板、内底板、甲板板、平台板、隔舱板、纵骨等</td></tr>
<tr><td>$\delta=14\sim24$
$\delta_1-\delta<4$
$b=2\pm1$
$P=\frac{1}{4}\delta\pm2$
$P_1=P+(\delta_1-\delta)$
$\alpha=55^\circ\pm5^\circ$</td></tr>
<tr><td>$\delta=6\sim13$
$\delta_1-\delta\geqslant4$
$L=4(\delta_1-\delta)$
$b=2^{+1}_{-2}$
$P=2$
$\alpha=55^\circ\pm5^\circ$</td><td rowspan="2">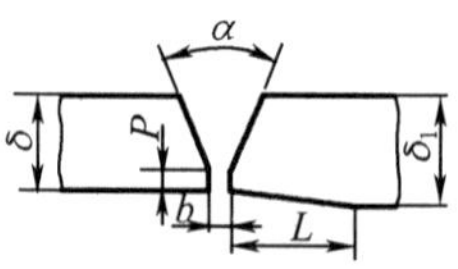</td><td rowspan="2">Y－4</td></tr>
<tr><td>$\delta=14\sim24$
$\delta_1-\delta\geqslant4$
$L=4(\delta_1-\delta)$
$b=2^{+1}_{-2}$
$P=\frac{1}{4}\delta\pm2$
$\alpha=55^\circ\pm5^\circ$</td></tr>
</table>

表 3－1(续)

<table>
<tr><th>规格</th><th>坡口形式</th><th>坡口代号</th><th>适用范围</th></tr>
<tr><td>$\delta=8\sim13$
$b=2^{+1}_{-2}$
$P=2$
$\alpha=45^{\circ}\pm5^{\circ}$
$\alpha_1=10^{\circ}{}^{0}_{-2^{\circ}}$</td><td rowspan="2">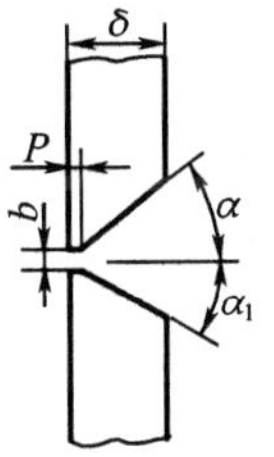</td><td rowspan="2">Y－5</td><td rowspan="2">用于小合拢、中合拢的接缝，如外板、内底板、甲板板、平台板、隔舱板、纵骨等</td></tr>
<tr><td>$\delta=14\sim24$
$b=2^{+1}_{-2}$
$P=\frac{1}{4}\delta\pm2$
$\alpha=45^{\circ}\pm5^{\circ}$
$\alpha_1=10^{\circ}{}^{0}_{-2^{\circ}}$</td></tr>
<tr><td>$\delta=6\sim13$
$\delta_1-\delta<4$
$b=2^{+1}_{-2}$
$P=2$
$P_1=(\delta_1-\delta)+P$
$\alpha=45^{\circ}\pm5^{\circ}$
$\alpha_1=10^{\circ}{}^{0}_{-2^{\circ}}$</td><td rowspan="2">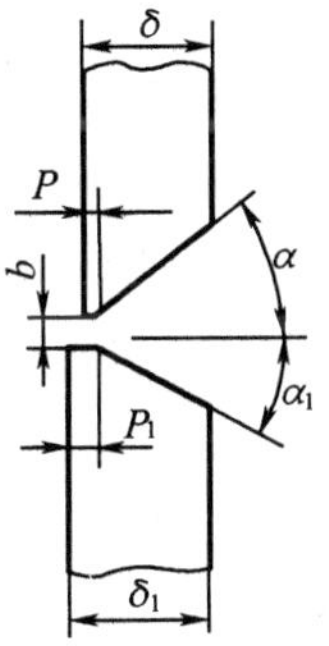</td><td rowspan="2">Y－6</td><td rowspan="2">用于中合拢、大合拢的接缝，如舷部及底部无余量接缝等</td></tr>
<tr><td>$\delta=14\sim24$
$b=2^{+1}_{-2}$
$P=\frac{1}{4}\delta\pm2$
$P_1=(\delta_1-\delta)+P$
$\alpha=45^{\circ}\pm5^{\circ}$
$\alpha_1=10^{\circ}{}^{0}_{-2^{\circ}}$</td></tr>
<tr><td>$\delta=6\sim13$
$\delta_1-\delta\geqslant4$
$L=4(\delta_1-\delta)$
$b=2^{+1}_{-2}$
$P=2$
$\alpha=45^{\circ}\pm5^{\circ}$
$\alpha_1=10^{\circ}{}^{0}_{-2^{\circ}}$</td><td rowspan="2">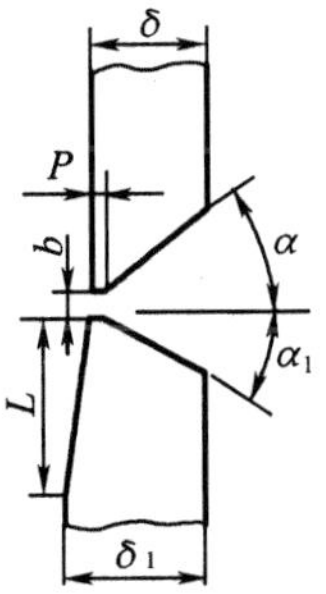</td><td rowspan="2">Y－7</td><td rowspan="2">用于中合拢、总组合拢、大合拢的接缝，如舷部及底部无余量接缝等</td></tr>
<tr><td>$\delta=14\sim24$
$\delta_1-\delta\geqslant4$
$L=4(\delta_1-\delta)$
$b=2^{+1}_{-2}$
$P=\frac{1}{4}\delta\pm2$
$\alpha=45^{\circ}\pm5^{\circ}$
$\alpha_1=10^{\circ}{}^{0}_{-2^{\circ}}$</td></tr>
</table>

表 3 - 1(续)

规格	坡口形式	坡口代号	适用范围
$\delta>20$ $\delta_1-\delta<4$ $b=2^{+1}_{-2}$ $P=1\pm1$ $\alpha=55°\pm5°$	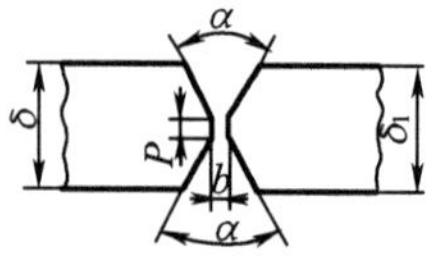	X - 1	用于小合拢、中合拢较厚板的接缝,如外板、内底板、甲板板、主副机座板等
$\delta>20$ $\delta_1-\delta\geqslant4$ $L=4(\delta_1-\delta)$ $b=2^{+1}_{-2}$ $P=1\pm1$ $\alpha=55°\pm5°$	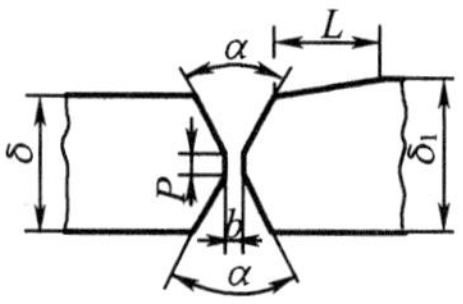	X - 2	
$\delta>20$ $\delta_1-\delta<8$ $b=2^{+1}_{-2}$ $P=1\pm1$ $\alpha=55°\pm5°$	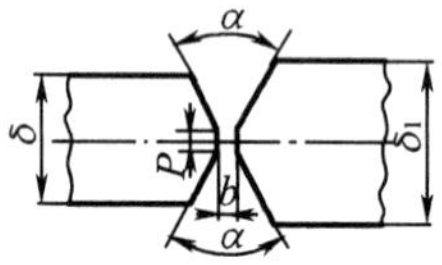	X - 3	用于纵桁材接缝
$\delta>20$ $\delta_1-\delta>8$ $L=2(\delta_1-\delta)$ $b=2^{+1}_{-2}$ $P=1\pm1$ $\alpha=55°\pm5$	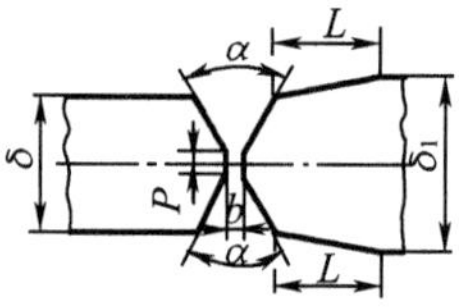	X - 4	
$\delta>20$ $h=\frac{1}{3}\delta$ $b=2^{+1}_{-2}$ $P=1\pm1$ $\alpha=55°\pm5°$	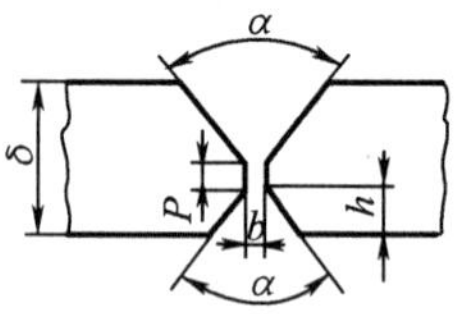	X - 5	用于艏、艉部中合拢接缝,如外板、主机座纵桁、艉柱外板等接缝
$\delta>20$ $\delta_1-\delta\geqslant4$ $L=4(\delta_1-\delta)$ $b=2^{+1}_{-2}$ $P=1\pm1$ $h=\frac{1}{3}P$ $\alpha=55°\pm5°$	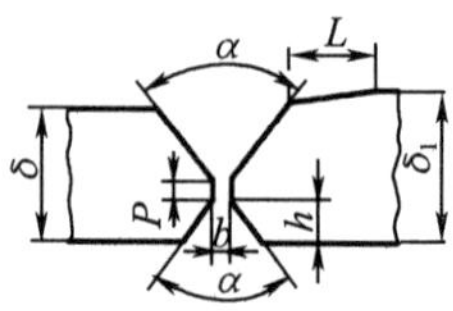	X - 6	

表 3-1(续)

规格	坡口形式	坡口代号	适用范围
$\delta > 20$ $\delta_1 - \delta < 4$ $b = 2^{+1}_{-2}$ $r = 5^{+1}_{0}$ $P = 2 \pm 1$ $\alpha = 10° \pm 2°$	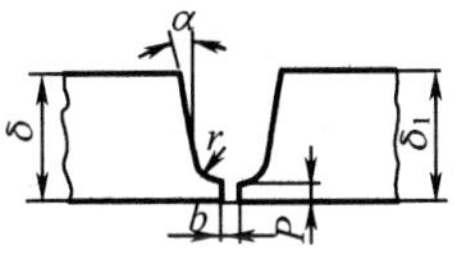	U-1	用于厚板的接缝
$\delta > 20$ $\delta_1 - \delta \geqslant 4$ $L = 4(\delta_1 - \delta)$ $r = 5^{+1}_{0}$ $b = 2^{+1}_{-2}$ $P = 2 \pm 1$ $\alpha = 10° \pm 2°$	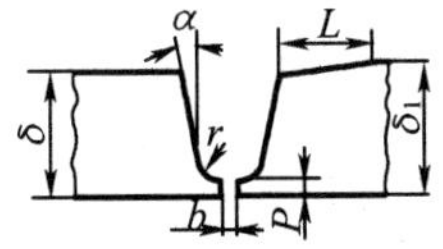	U-2	
$\delta > 30$ $r = 5^{+1}_{0}$ $b = 2^{+1}_{-2}$ $P = 2 \pm 1$ $\alpha = 10° \pm 2°$	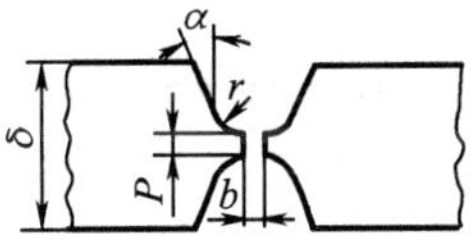	U-3	

表 3-2　混合焊板对接接头坡口形式、尺寸及代号(mm)

规格	坡口形式	坡口代号	适用范围
$\delta > 6$ $b = 2^{+1}_{-2}$ $\alpha = 55° \pm 5°$	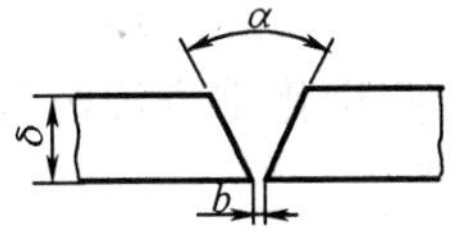	V-11	用于中合拢外场加工的拼板端接缝，如外板、甲板板
$\delta > 6$ $\delta_1 - \delta < 4$ $b = 2^{+1}_{-2}$ $P = \delta_1 - \delta$ $\alpha = 55° \pm 5°$	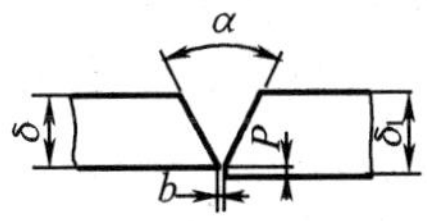	V-12	
$\delta > 6$ $\delta_1 - \delta > 4$ $L = 4(\delta_1 - \delta)$ $b = 2^{+1}_{-2}$ $\alpha = 55° \pm 5°$	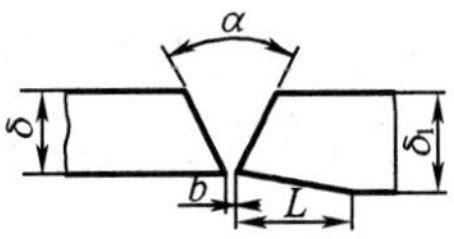	V-13	

表 3－2(续)

规格	坡口形式	坡口代号	适用范围
$\delta > 22$ $\delta_1 - \delta < 4$ $b = 2^{+1}_{-2}$ $P = 4 \pm 1$ $h = 10 \pm 1$ $\alpha = 90°^{0}_{-10°}$ $\alpha_1 = 55° \pm 5°$	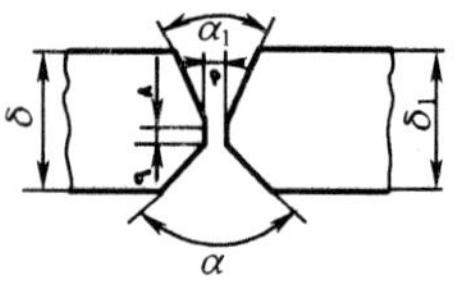	X－7	用于中合拢的内底板接缝，大合拢的甲板板、内底板、平台板的接缝
$\delta > 22$ $\delta_1 - \delta > 4$ $L = 4(\delta_1 - \delta)$ $b = 2^{+1}_{-2}$ $P = 4 \pm 1$ $h = 10 \pm 1$ $\alpha = 90°^{0}_{-10°}$ $\alpha_2 = 55° \pm 5°$	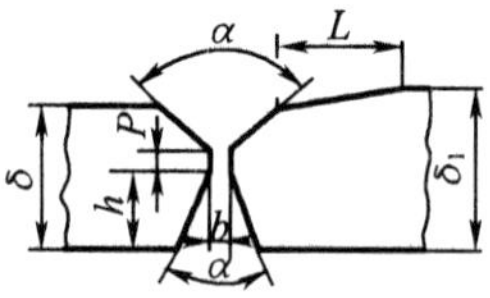	X－8	

注：混合焊是指焊条电弧焊或 CO_2 气体半自动焊打底，埋弧自动焊盖面。

2. 工件清理

焊接前应对工件坡口及距坡口两侧一定范围内进行清理，主要是针对工件表面的油、漆及锈等污物，原因是这些杂质在高温作用下会参与焊接冶金反应，产生气孔及裂纹，导致焊接质量下降。

工件清理时应根据工件成分及具体条件选择合适的方法。实际应用中应根据相应要求，选用钢丝刷、砂轮等机械方法清理，或者使用化学方法清理。必要时，对工件表面的油污及氧化皮，还可用氧乙炔火焰进行烘烤清理。

3. 焊条烘干

焊条烘干应采用专用的烘箱，尽量按使用要求确定烘干数量，并做到随用随取，焊条烘干次数不宜过多。一般情况下，焊条的重复烘干不得超过三次。

4. 焊接设备及工具检查

不同材料焊接时对设备的要求不同，此外焊接电缆构成了焊接回路。为使焊接电弧稳定燃烧，确保焊接工艺的合理实施，焊接前应严格检查设备及工具的选择是否合理。

5. 工件的装配

定位焊点是整个焊缝的一部分，因其冷却速度大于正常焊接过程，更容易出现焊接缺陷，所以对其要求更为严格。焊接时，应按与焊缝完全相同的工艺进行定位焊，重要工件定位焊时禁止带应力对口。

6. 焊前预热

预热是指焊前对被焊工件整体或局部进行适当加热的工艺措施。焊前预热可以降低接头焊后冷却速度，避免产生淬硬组织，减小焊接应力及变形。对于刚性不大的低碳钢和强度级别较低的低合金高强钢，一般不必预热。但对刚性大或焊接性较差的结构，焊前需要预热。

焊前预热温度的确定，应根据母材化学成分、工件厚度、焊接接头拘束程度、施焊环境及产品技术标准等条件综合考虑。预热温度可用表面温度计测量，对于重要的结构则应采用经过裂纹试验确定不产生裂纹的最低预热温度。预热温度越高，防止裂纹的效果越好，但超过必需的预热温度，会使熔合区附近的金属晶粒粗大，降低焊接接头质量，劳动条件更加恶化。

（二）焊接工艺参数选择

焊接工艺参数是指焊接时为保证焊接质量而选定的诸物理量，包括焊接电流、电弧电压、焊接速度及热输入等的总称。

1. 焊条直径

焊条直径是指焊芯直径，其大小直接决定了生产效率。焊条直径的选择，应根据工件厚度、焊接位置、接头形式以及焊接层次等综合进行考虑。

厚度较大的工件、搭接和 T 形接头的焊缝应选用直径较大的焊条。坡口角度较小的工件为保证底层熔透，应采用较细直径的焊条。焊接位置不同，选用的焊条直径也不同。通常平焊应选用较粗的焊条，立焊、仰焊及横焊应选用较细的焊条。对于特殊钢材，需要较小焊接工艺参数，焊接时可选用小直径焊条。

2. 焊接电流

焊接电流是焊条电弧焊的主要工艺参数，焊接电流的选择直接影响到焊接质量和焊接生产率。焊接电流增加，焊缝熔深增加，焊条熔化速度加快，焊接效率提高。但焊接电流过大时，焊接飞溅和烟尘大，焊条尾部易发红，部分药皮失效或成块脱落。此外，焊接电流过大还会造成咬边、焊瘤、烧穿等缺陷，加大工件变形量，并使焊接接头热影响区晶粒粗大。如焊接电流过小，则会造成引弧困难，焊条粘连在工件上，电弧不能稳定燃烧。另外，焊接电流过小生产率下降，还会产生未焊透、未熔合、气孔及夹渣等焊接缺陷。

焊接电流的选择，应结合焊条类型、焊条直径、工件厚度、接头形式、焊缝位置及焊接层次等因素综合考虑，同时还应考虑母材的物理性能。

（1）焊条直径

焊条直径越粗，熔化焊条所需的热量越大，焊接电流越大。

（2）焊接位置

平焊位置施焊可选择偏大些的焊接电流，其余的位置焊接，为易于控制焊缝成形，焊接电流比平焊位置小 10% ~20% 左右。

（3）焊接层次

通常焊接打底层时，为保证背面焊道的质量，使用的焊接电流较小。填充层焊接时，为提高效率，保证良好熔合，可使用较大的电流。盖面层焊接时，为防止咬边和保证焊道成形美观，应使用略小些电流。

3. 电弧电压

电弧电压由电弧长度来决定，电弧长电弧电压高，反之则低。

焊接过程中电弧过长，会出现电弧燃烧不稳定、飞溅大、熔深浅并产生咬边、气孔等缺陷。若电弧太短，焊条则容易粘到工件上。一般情况下，电弧长度应控制在焊条直径的

0.5~1 倍之间,对应的电弧电压在 16~25 V 之间。

为防止气孔产生及保证电弧的稳定性,碱性焊条应尽可能选择短弧焊,即电弧长度不超过焊条的直径,控制到焊条直径的 1/2 较为理想,而酸性焊条的电弧长度应约等于焊条直径。

4. 焊接速度

焊条电弧焊的焊接速度是指焊接过程中焊条沿焊接方向移动的速度,即单位时间内完成的焊缝长度。

焊接速度过快会造成焊缝变窄、凸凹不平,且容易产生未熔合等焊接缺陷。焊接速度过慢,会使焊缝变宽,余高增加,功效降低,同时焊接速度过慢还会使热影响区晶粒粗大、焊接变形量增大。

5. 焊缝层数

工件较厚,一般需要开坡口并采用多层焊。焊接时层数多则显微组织较细,热影响区较窄。此外,前一条焊道对后续焊道起预热作用,而后续焊道对前一条焊道起退火(后热)作用,接头的塑性和韧性得以改善。焊缝层数少,每层焊缝厚度增大,晶粒粗化,使焊接接头的力学性能下降。

6. 后热与焊后热处理

焊后立即对工件整体(或局部)进行加热或保温,使其缓冷的工艺措施称为后热。后热的目的是避免形成淬硬组织,可使扩散氢逸出焊缝表面,防止裂纹形成。

焊后为改善焊接接头的显微组织和性能,或为消除焊接残余应力而进行的热处理称为焊后热处理。焊后热处理的主要作用是消除工件的焊接残余应力,降低焊接区的硬度,稳定组织及改善力学性能、高温性能等。

是否进行后热和焊热处理,其温度如何选择,主要是根据工件的化学成分、技术要求及构件形式来确定。

7. 焊接线能量

实际生产中经常需要调节 I,U,V 三个参数,I,U 是通过调节焊丝给送速度和电源外特性来实现的,V 是由手工控制的。将 I,U,V 三者综合起来考虑,引入一个综合物理量——焊接线能量。

焊接线能量 E 的含义是单位长度焊接接头吸收电弧的能(热)量。

焊接线能量的大小影响着焊接质量,太大的焊接线能量可能产生烧穿、咬边等缺陷,太小的焊接线能量可能产生未焊透、未熔合等缺陷。在焊接低合金高强度钢时,焊接线能量还对焊接接头的性能起着很大的影响。过大的焊接线能量,使热影响区宽大,粗晶区的晶粒更粗大,导致塑性、韧性急降;过小的焊接线能量,使焊件冷却速度快,钢的淬硬倾向大,热影响区易产生淬硬组织,塑性、韧性也下降,易引起冷裂纹。强度等级越高的钢,对焊接线能量越敏感。

$$E = \text{总能量}/\text{焊缝长度} = IUt/l = IU/V$$

式中 E——焊接线能量,J/cm;

I——焊接电流,A;

U——电弧电压,V;

V——焊接速度,cm/s;

l——焊缝长度,cm;

t——焊接 l 焊缝长度所需时间,s。

二、船舶焊条电弧焊工艺规程

（一）适用范围

本工艺规程涉及船体焊条电弧焊焊前准备、人员、工艺要求和过程，适用于采用低碳钢、低合金钢制造的船体构件的焊接。对于特殊钢材、结构刚性较大以及有特殊要求时，均应另行制订焊接工艺规程。

（二）焊前准备

1. 焊条选配及使用

（1）焊条的选配

选用的焊条应具有相应的船检证书，且具有良好的工艺性和操作性能，级别应与船体结构用钢材级别相匹配（具体参见中国船级社《材料与焊接规范》2012 年）。

对于船体结构规定选用碱性低氢型焊条的部位，尽可能采用交直流两用碱性低氢型焊条。

（2）焊条的使用

焊前应了解被焊工件的施工要求及钢材牌号，依此确定焊条规格及电源极性。领用的焊条，应按要求经过焙烘、保温后保存。每次领出碱性焊条使用不能超过 4 h，高强度钢用焊条须用保温筒加热保温。

2. 坡口加工、清理

构件的坡口加工、装配次序及装配间隙应符合认可的工艺规程要求，应避免强制装配，以减少构件的内应力。

焊接区两侧各宽 20 mm 内的表面应清除水、锈、气割氧化物及油污等杂物，并保持清洁和干燥，清理位置见图 3－8 所示部位。

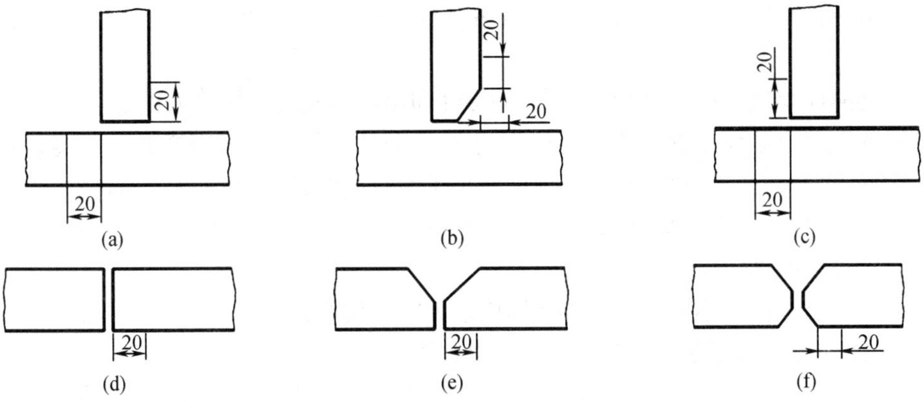

图 3－8　焊前清理位置（尺寸单位：mm）

（a）（b）（c）T 形接头；（d）I 形坡口对接；（e）Y 形坡口对接；（f）双 Y 形坡口对接

涂有底漆的钢材，如在焊接之前未能将底漆清除干净，则必须证明该底漆对焊缝质量无不良的影响。碳刨加工时，应符合清根要求。

3. 定位焊

（1）定位焊用的焊条应与正式焊缝的焊条相同。

(2)定位焊高度不得超过正式焊缝高度,焊后熔渣应立即去除。

(3)定位焊数量,应在保证要求的前提下尽可能减少。一般强度钢定位焊长度应大于30 mm,高强度钢定位焊长度必须大于50 mm。

焊接50 mm以下的定位焊缝时,应进行(100 ±25) ℃预热;

(4)构件单面开坡口时,定位焊应施焊于坡口的反面(即无坡口的一面)。角钢定位焊应施焊于角钢的内缘。T形材采用单面施焊时,其定位焊应施焊于不焊一侧。一侧连续焊、一侧间断焊时,定位焊应施焊于间断焊一侧。

4. 对环境、人员的要求

当焊接必须在潮湿、雨天、多风或寒冷的露天场地进行时,应对焊接作业区域提供适当的遮蔽和防护措施。

当周围温度低于 -5 ℃、施焊一般强度钢的船体主要结构和环境温度低于0 ℃、施焊一般强度的E级钢及高强度钢时,应用氧-乙炔火焰或远红外加热器进行预热,预热温度应≥80 ℃左右。

参加焊条电弧焊焊接的焊工,必须经过专业培训和考试,并经过船级社或有关的检验部门认可合格后持证上岗。

(三)工艺要求及过程

施焊规范和要求应严格遵照有关工艺文件的规定,不得随意更改。

1. 薄板焊接,焊前应采取一定的预防变形的工艺措施。

2. 对接焊缝打底焊采用的焊条,应根据板厚和施焊工艺位置来决定其直径。第1,2道打底焊缝宜采用 $\phi3.2$,$\phi4$ 焊条,打底焊缝不宜过薄。

多层焊时,必须清除前一道焊缝的焊渣和金属飞溅。修补结束后才可施焊下一层,每层焊道的始末端应交错30~50 mm。

高强度钢及高拘束管节点多层焊时,应考虑在焊缝最表面一层,施以小直径、低线能量的退火焊道以提高抗低周疲劳强度。进行盖面焊之前,应清除焊缝两边的马脚,修补后再进行盖面焊。

3. 对接缝应焊透,其反面封底焊前应将焊缝和沟槽清根至无缺陷为止。

焊缝末端收口处应填满弧坑,以防止产生弧坑裂纹。采用双面间断或单面连续焊的构件,其端部应进行双面连续加强焊,其长度不小于型材高度,且不小于150 mm。

在去除临时焊缝、定位焊缝、缺陷、焊疤和清根时,均不得损伤母材。

4. 焊接顺序的确定

应考虑起始焊接时不能对其他焊缝形成过大的刚性约束。

每条焊缝焊接时,尽量保持其一端能自由收缩。

焊缝长度≤1 000 mm时,一般采用连续直通焊;焊缝长度 >1 000 mm时,可采用分中逐步退焊或分段逐步退焊等方法进行。

(四)焊接规范参数

焊接规范参数参见表3-3和表3-4所示。

表 3-3 对接焊缝焊接规范参数参考范围

焊接接头类型	坡口形式	工件厚度/mm	焊条直径/mm	焊接电流/A
平对接焊缝	I 形坡口	3	3.2	90 ~ 120
		4 ~ 5		100 ~ 130
			4	160 ~ 200
			5	200 ~ 260
	V 形坡口	5 ~ 6	3.2	100 ~ 130
			4	160 ~ 210
			5	200 ~ 260
		≥6	4	160 ~ 210
			5	220 ~ 280
	X 形坡口	≥12	4	160 ~ 210
			5	220 ~ 280
立对接焊缝	I 形坡口	2 ~ 3	2	40 ~ 50
		3 ~ 4	3.2	80 ~ 110
	V 形坡口	5 ~ 6		90 ~ 120
		≥7		90 ~ 120
			4	120 ~ 160
	X 形坡口	≥12	3.2	90 ~ 120
			4	120 ~ 160
横对接焊缝	I 形坡口	2	2	50 ~ 55
		3 ~ 4	3.2	90 ~ 120
			4	120 ~ 160
	V 形坡口	≥5	3.2	90 ~ 120
			4	140 ~ 160
	X 形坡口	≥14	3.2	90 ~ 120
			4	140 ~ 160
仰对接焊缝	I 形坡口	2	2	50 ~ 55
		3 ~ 5	3.2	80 ~ 110
			4	120 ~ 160
	V 形坡口	≥5	3.2	90 ~ 120
			4	140 ~ 160
			5	220 ~ 260
	X 形坡口	≥12	3.2	90 ~ 120
			4	140 ~ 160
			5	220 ~ 260

表 3－4　角接缝焊接规范参数参考范围

焊缝类别	焊脚高度 K/mm	焊条直径/mm	焊接电流/A
平角焊	2	2	55～65
	3	3.2	100～130
	4	4	160～200
	≥5		160～200
		5	220～280
立角焊	2	2	50～60
	3～4	3.2	90～120
	≥5		
	≥5	4	120～160
仰角焊	2	2	55～60
	3～4	3.2	90～120
	≥5	4	120～160

任务二　船舶焊接工艺认可

【学习目标】

1. 了解焊接工艺文件的内涵。
2. 掌握焊接工艺认可的原则要求。
3. 掌握焊接工艺认可的实施要求。

【工作任务】

船舶焊接工艺认可的执行。

【任务分析】

焊接工艺认可是指通过相应的试验方法，验证焊接工艺的可行性，以保证焊接结构生产符合规范要求。在采用新材料、新工艺时，应进行焊接工艺认可试验，以保证焊接工艺的合理性及有效性。

【知识准备】

一、焊接工艺文件(CCS)

（一）焊接工艺计划书(PWPS)

PWPS 是由船厂或产品制造厂在焊接工艺认可试验前编制，用以指导完成焊接工艺认可试验的技术文件。焊接工艺计划书应包括焊接工艺规程中所有的技术参数。在认可试验中,可根据试验的结果对相关的技术参数进行修改和完善。

(二)焊接工艺试验报告(WPQR)

WPQR是准确描述和详细记录焊接工艺认可试验中实际使用和得到的技术参数的技术文件,用作焊接工艺规程认可的依据。报告中涉及的每项试验结果(包括复试结果)均应予以评价。

(三)焊接工艺规程(WPS)

WPS是工厂根据合格的焊接工艺试验报告,对焊接工艺计划书修改完善后并经CCS正式批准的技术文件,用以指导产品生产焊接。

二、焊接工艺认可

在开工建造前,工厂应结合本厂的技术条件和生产经验,制订产品建造焊接工艺汇总表交验船师认可。汇总表中应针对建造中焊缝出现于结构与结点的不同位置、形式和尺寸,列出拟使用的焊接工艺规程的名称和编号。

通常在采用新材料、新工艺时,应进行工艺认可试验。工厂应制订详细的焊接工艺计划书。

(一)焊接工艺计划书内容

1. 母材的牌号、级别、厚度和交货状态。

2. 焊接材料(焊条、焊丝、焊剂和保护气体)的型号、等级和规格。

3. 焊接设备的型号和主要性能参数。

4. 坡口设计、加工要求及衬垫材料(如有时)。

5. 焊道布置和焊接顺序。

6. 焊接位置(平、立、横、仰焊等)。

7. 焊接规范参数(电源极性、焊接电流、电弧电压、焊接速度和保护气体流量)。

8. 焊前预热和道间温度、焊后热处理及焊后消除应力的措施等。

9. 施焊环境:现场施焊或车间施焊。

10. 其他有关的特殊要求。

试件的焊接和试样的试验,应由验船师在场见证。试验过程中,应将试验用的参数和结果记入焊接工艺试验报告,见证验船师应在试验报告上签字。

工厂应根据试验结果,编写完整的焊接工艺规程,并附以试验报告一起提交CCS认可。

当工厂对已批准的焊接工艺规程进行改动时,应将所有改动的内容提交CCS审核。CCS根据改动的具体内容,决定是否重做焊接工艺认可试验。

一个制造厂取得的合格的焊接工艺规程,适用于具有相同技术和质量管理条件的车间。

(二)认可焊接工艺的适用范围

各项条件相互独立,任一项目的变化范围超过适用范围时,一般均应重新进行焊接工艺认可试验。

焊接方法的认可范围通常仅限于认可试验所用的方法。认可的多道焊工艺不能应用于单道焊,并且在铝合金焊接中认可的单道焊工艺也不能应用于多道焊。对于组合焊的工艺规程仅适用于相同顺序的组合焊工艺。

1. 焊接工艺规程对钢材的适用范围

(1)对每一强度级别的钢材,适用于与试验母材韧性等级相同或较低的钢材。

(2)对每一韧性等级的钢材,规定屈服强度小于或等于 390 N/mm^2 的钢,适用于与试验母材强度级别相同或低两个等级的钢材;对高强度淬火回火钢,适用于与试验母材强度级别相同或低一个级别的钢材。

(3)当采用热输入大于 50 kJ/cm 的焊接方法时,焊接工艺仅可覆盖与试验母材韧性等级相同、强度低一个级别的钢材。

(4)对锻钢与铸钢(碳钢和碳锰钢),适用的强度等级范围为等于或低于试验母材的强度。

(5)对交货状态与认可试验母材不同的钢材,CCS 将根据情况提出试验要求。但对于淬火加回火状态和以形变温度控制轧制(TMCP)状态的钢材互相不能覆盖。

2. 焊接工艺对厚度的适用范围

钢材厚度适用范围,应符合表 3－5 的规定。

表 3－5　钢材厚度的适用范围

试件厚度① t/mm	认可范围	
	单面单道焊或双面单道焊的对接接头和 T 形接头	多道焊的对接接头和 T 形接头以及填角接焊②
$t \leqslant 3$	0.7～1.1 t	t(1～2)t
3＜$t \leqslant 12$	0.7～1.1 t	3 mm～2 t
12＜$t \leqslant 100$	0.7～1.1 t③	0.5～2 t(最大 150 mm)

注:①对于组合焊工艺,记录的每种方法所涉及厚度可作为确定各独立焊接方法厚度认可范围的基础。

②对于填角焊缝,认可范围适用于两个母材金属的厚度。

③对于热输入超过 50 kJ/cm 的焊接方法,认可的厚度上限是 $1.0 \times t$。

3. 填角焊缝焊喉厚度的适用范围

(1)钢材

单道焊时,为试验焊缝焊喉厚度的 0.75～1.5 倍;多道焊时,为试验焊缝焊喉厚度的 0.5～2 倍。

(2)下行立焊

试板的厚度即为认可厚度的上限。对于不等厚板材对接焊,适用厚度范围按较薄板计算。

(3)特别说明

若在认可试验中测得的热影响区内硬度值中有三个值在最大允许值以下 25 HV 内时,该工艺适用的最大厚度仅限于试验板厚。

4. 焊接工艺对管材外径的适用范围

焊接工艺对管材外径的适用范围,应符合表 3－6 的规定。

表 3－6　焊接工艺对管材外径的适用范围

试件管子外径 D/mm	适用范围 d/mm
$D<168$	$0.5D\leq d\leq 2D$
$D\geq 168$	$d\geq 0.5D$（包括板）

5. 接头形式的认可范围

应符合表 3－7 规定，通常对接焊合格的焊接工艺也适用于相应厚度的角接焊。

表 3－7　焊接接头形式的适用范围

试件焊接接头形式				适用范围	
焊接方法		名称	代号	钢材	铝合金
对接焊	双面焊	清根	C	C	C
		不清根	D	D，C	D，C，A
	单面焊	带衬垫	A	A，C，D	A，C
		不带衬垫	B	B，A，C，D	B，A，C，D

6. 其他说明

（1）钢材

除热输入超过 50 kJ/cm 的工艺外，焊接材料的适用范围为与试验所用焊接材料相同等级（包括后缀）者。

（2）焊接位置的适用范围

一般仅限于认可试验的焊接位置。但当考核最高热输入焊接位置和最低热输入焊接位置合格后，允许该工艺适用于其他焊接位置。管子外径不小于 168 mm 的管对接适用于相应焊接位置的板对接。

（3）热输入量的适用范围

为焊接工艺认可试验时使用的值的 ±25%，但上限最高不超过 55 kJ/cm。对于热输入超过 50 kJ/cm 的焊接方法，其使用上限为不超过焊接工艺认可试验时使用值的 10%。

（4）若电流种类（直流、交流、脉冲）和极性（正极性、反极性）变化，通常应重新进行焊接工艺认可。

（5）生产焊接时，预热温度应不低于认可试验时所使用的预热温度，道间温度应不高于认可试验所使用的道间温度。

（6）如认可试验时需要进行焊后热处理或时效处理，则生产中也应进行相应的焊后热处理或时效处理。

（7）合格的带车间底漆的焊接工艺可以用于不带底漆的焊接，但反之则不允许。

【任务实施】

一、对接焊工艺认可试验

（一）一般要求

适用于平板对接焊和圆管对接焊的焊接工艺认可试验。

对接焊工艺认可试验应按不同的焊接方法和不同的焊接位置分别进行试验。

（二）试件

试件所选用的母材和焊接材料应符合焊接工艺计划书的要求。

轧制钢材的试板取向一般应根据冲击试验的需要而定。除一般强度和高强度船体结构钢试板的取向应使焊缝垂直于试板的轧制方向外（纵向冲击），其他轧制板材试板的取向均应使焊缝平行于板材的轧制方向（横向冲击）。

试板的尺寸应保证能够取到足够数量的试样，且至少满足下列要求：

平板对接焊试板的尺寸按表 3－8 的规定。

表 3－8　平板对接焊试板尺寸

焊接方法	试板尺寸/mm	
	长度 L	宽度 b
手工焊	≥350（6 t）①	≥150（3 t）①

注：①两者中取大者（t 为试板厚度，mm）。

管子对接焊试管的长度 L 应不小于 150 mm。当圆管直径大于 600 mm 时，可用平板代替圆管做相应位置的对接焊。

试板准备、焊缝坡口形式、装配、焊接及热处理工艺等，均应符合焊接工艺计划书中的规定。

在焊接过程中，如果定位焊缝、熄弧、引弧点是焊接工艺的一个条件，则在试件中应包括这些要求，使其熔入成形接头中。

（三）取样

试件切割前应进行 100% 外观检查、100% 表面和内部无损检测。如果要求进行焊后热处理或时效处理，则无损检测应在热处理或时效处理后进行。

对于规定最小屈服强度大于或等于 420 N/mm^2 的高强度淬火回火钢，除非焊后热处理已经完成，否则无损检测应延迟至少 48 h。无损检测工艺应经 CCS 同意。

试件应按照公认的标准对外观和无损检验结果进行评估。

如果试件不满足外观检查或无损试验的要求，则可再焊制一个试件并做同样的检验。如果附加试件仍不满足相关要求，则应修改焊接工艺计划书，然后再进行相应的认可试验。

（四）对接焊工艺试验项目

1. 钢材对接焊工艺试验，一般应按图 3－9 所示从试件上切取试样。

焊缝横向拉伸试样 2 个。

焊缝横向正反弯试样各 2 个。若试件厚度大于或等于 12 mm 时，可改取侧弯试样 4 个；若对接焊的两块试板材料不相同，允许将横向正反弯曲试样改为纵向正反弯曲试样进行试验。

当试件厚度大于 6 mm 时，应根据热输入范围、焊接工艺和试件板厚，按表 3－9 要求，在图 3－10 所示位置制取冲击试样若干组（每组 3 个试样）。

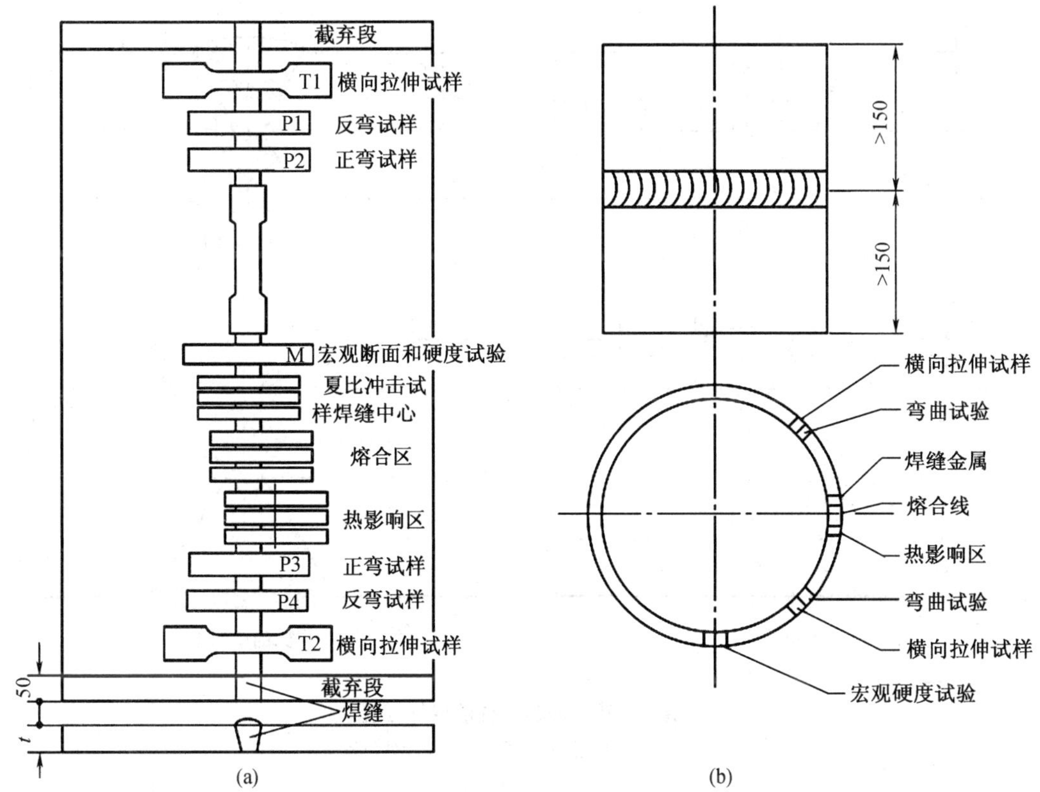

图 3－9　钢材对接焊工艺试验试件取样位置

(a)平板试件;(b)管状试件

表 3－9　冲击试样取样位置说明

热输入范围(kJ/cm)	焊接工艺	试件厚度/mm	冲击试样取样位置	
			表面[①]	根部
≤50[②]	单面焊	$t\leqslant 20$	a,b,c,d	—
		$20<t\leqslant 50$	a,b,c,d	a
		$t>50$	a,b,c,d	a,b
	双面焊	$t\leqslant 50$	a,b,c,d	—
		$t>50$	a,b,c,d	a
>50[③]	单面焊	$t\leqslant 20$	a,b,c,d,e	—
		$t>20$	a,b,c,d,e	a,b,c
	双面焊	$t\leqslant 50$	a,b,c,d,e	—
		$t>50$	a,b,c,d,e	a,c

注:①双面焊时为后焊侧表面。

②仅当认可的工艺将用于海洋工程设施重要构件的连接时,增加 d 位置的试样。

③仅在热输入大于 200 kJ/cm 时增加 e 位置的试样。

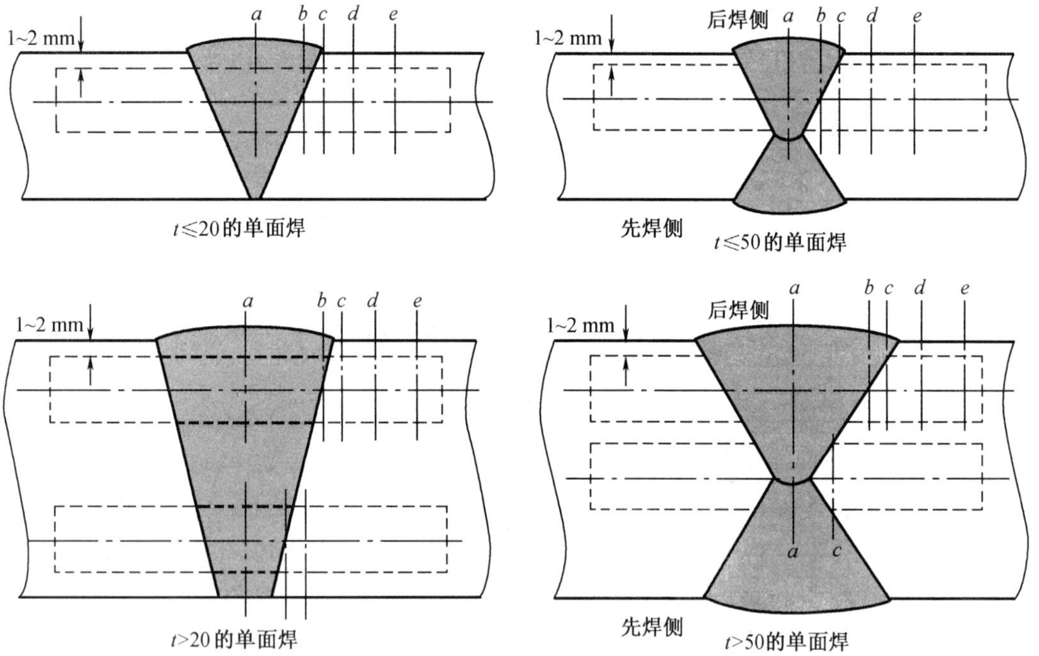

图 3－10　冲击试样的取样位置

a,*b*,*c*,*d* 和 *e* 指冲击试样的缺口所处位置

a—焊缝中心;*b*—熔合线;*c*—距熔合线 2 mm 的热影响区;*d*—距熔合线 5 mm 的热影响区;

e—距熔合线 7～10 mm 的热影响区(根据热输入量而定)

2. 如验船师认为有必要,可要求进行下列检查和试验:

焊缝金属的化学成分、试件母材的化学成分、放大倍数为 100 和不低于 300 倍的焊接接头金相组织及锈钢晶间腐蚀试验。

3. 钢结构焊接工艺试验结果要求

接头的抗拉强度应不低于母材规定的最小抗拉强度。当两种不同级别的板组成对接接头,其抗拉强度应符合较低强度母材的最小抗拉强度要求。

焊缝金属的屈服强度应不低于母材规定的最小屈服强度或设计时所考虑的最小屈服强度,其抗拉强度应不低于母材规定的最小抗拉强度,其断后伸长率应不低于母材规定的最小最后伸长率的 80%。

弯曲试验后,试样的受拉表面应不出现长度超过 3 mm 的裂纹或其他缺陷。

V 形缺口冲击试验的试验温度应符合表 3－10 的规定,其试验结果应符合表 3－11 的规定。

表 3－10　冲击试验的温度要求

试验材料等级	A,AH32,AH36,AH40	B,D,DH32,DH36,DH40,A420,A460,A500,A550,A620,A690	E,EH32,EH36,EH40,D420,D460,D500,DH550,D620,D690	FH32,FH36,FH40,E420,E460,E500,E550,E620,E690	F420,F460,F500,F550,F620,F690
冲击试验温度/℃	20	0	－20	－40	－60

表 3-11　冲击试验的韧性要求①

试验材料等级	A,B② D,E	AH32, DH32, EH32, FH32	AH36, DH36, EH36, FH36	AH40, DH40, EH40, FH40	A420, D420, E420, F420	A460, D460, E460, F460	A500, D500, E500, F500	A550, D550, E550, F550	A620, D620, E620, F620	A690, D690, E690, F690
平均冲击功不小于(J)		47③		47④	28	31	33	37	41	46

注:①板厚大于 50 mm 的试验要求应由 CCS 同意。

②A 级和 B 级钢在熔合线和热影响区的平均吸收功最小值为 27 J。

③手工或半自动焊焊接接头立焊和埋弧自动焊时平均冲击功可为 34 J,手工或半自动焊焊接接头平焊、横焊和仰焊时平均冲击功可为 47 J。

④手工焊焊接接头立焊平均冲击功可为 39 J,手工焊焊接接头平焊、横焊和仰焊时平均冲击功可为 47 J。

焊缝断面宏观检查应显示焊缝完全焊透、无裂纹。若焊缝出现夹渣或气孔时,这类缺陷的数量、大小、位置和密集程度应予以记录。

硬度测试的结果对规定最小屈服强度小于或等于 420 N/mm^2 的钢材,一般应不超过 350 HV;对于规定最小屈服强度范围在大于 420 N/mm^2 和小于或等于 690 N/mm^{2}之间的钢材,应不超过 420 HV。

无损检测结果的评定应符合公认的有关标准要求。

二、角接焊工艺认可试验

(一)一般要求

适用于平板、管子或管板角接焊缝的角接焊工艺认可试验。角接焊工艺认可试验,应按不同的焊接方法和不同的焊接位置分别进行。

(二)试件

试件所选用的母材和焊接材料应符合焊接工艺计划书的要求。

试板要有足够的尺寸以保证合理的散热,通常应符合表 3-12 的要求。

表 3-12　角接焊工艺认可试验试板尺寸要求

试板尺寸 / 焊接方法	长度 L/mm	宽度 b/mm
手工焊、半自动焊	≥350(6t)	150(3t)

注:t 为板材厚度。

管板试件的平板边长至少比试管外径大 50 mm,管板试件的管段长度应大于 150 mm。

试板准备、焊缝坡口形式、装配与焊接等要求均应与焊接工艺计划书的规定相同。

每一个试件仅焊一侧。对于单道手工焊和半自动焊,焊缝中应包括至少一次熄弧和引弧的接头点，并在该相应位置加以标示，以便用于宏观断面检查。如生产工艺中将保留定位焊，则试验时应保留定位焊缝，使其熔入成形接头中。

（三）试验项目

试件焊毕后应进行外观检查和表面渗透或磁粉检测。如试板规定最小屈服强度大于或等于 420 N/mm^2，且焊后不进行热处理时，无损检测应延迟 48 h 进行。

平板角接焊应按图 3－11 所示截取试样。在试件的两端截取长度约为 50 mm 的截弃段，然后取出两个长度约 25 mm 的焊缝断面宏观试样，一个位于试件长度中间处，另一个位于含有熄弧、引弧点处。对规定屈服强度大于或等于 355 N/mm^2 的钢材，有熄弧、引弧点的试样，需要做硬度测试。剩余试件中取较长一段作为角焊缝破断试样。

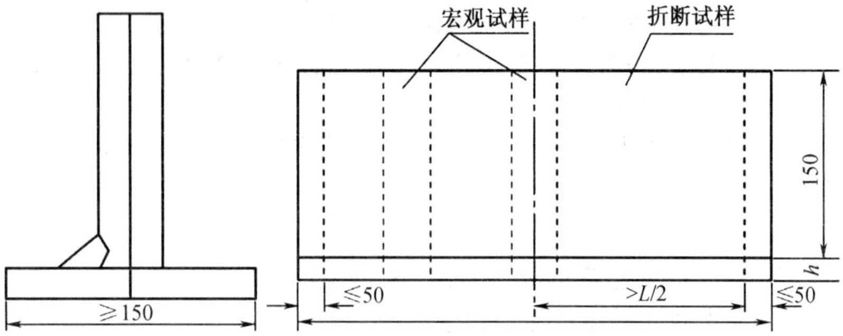

图 3－11　平板角接焊装配及试样截取示意

管子角接和管板角接的试样一般应按四等分截取。对每个焊缝断面做宏观检查（至少其中一个断面应包含熄弧、引弧点）。

（四）试验结果要求

焊缝断面宏观检查应显示出焊缝成形良好、完全熔合，同时在此试样上测定腹板上的焊缝熔深，并记入报告。

破断试样的破断面应显示出焊缝无裂纹、无未熔合。若焊缝中出现夹渣或气孔，应将这类缺陷的数量、大小、位置和密集程度记入报告，并提交 CCS 认可。

钢质结构硬度测定的结果，对于规定最小屈服强度小于或等于 420 N/mm^2 的钢材，一般应不超过 350 HV；对于规定最小屈服强度范围在大于 420 N/mm^2 和小于或等于 690 N/mm^2 之间的钢材，应不超过 420 HV。

三、倾斜或 T 形管节点全焊透工艺认可试验

（一）一般要求

钢质海上设施的倾斜或 T 形管节点全焊透工艺认可试验，应按不同的焊接方法和不同的焊接位置分别进行。

（二）试件

管节点立柱、倾斜撑杆直径、壁厚和倾角等有关参数应根据结构相应确定。一般倾角为 30°～45°，或选用结构可能出现的最小倾角。倾斜撑杆的最小长度取撑杆的直径或 300 mm。

坡口设计、加工、装配及焊接工艺应符合实际结构的要求。

若管节点立柱直径大于600 mm,则可用厚度与管壁相同的同级钢板代替,但要有足够的尺寸。

管节点分车间焊接(转动)和现场焊接(固定)两种情况,各焊一个试件。试验焊缝长度应为整个节点焊缝长度。当整个节点焊缝长度为800 mm时,试验焊缝可取节点焊缝长度的一半。

(三)试验项目

焊缝应做磁粉或渗透及超声波检测。

冲击试验4组(每组3个)。试样在邻近“9”点的部位截取,其缺口位置分别为焊缝中心、熔合线、距熔合线2 mm和5 mm的热影响区。V形缺口垂直于倾斜管管壁。

焊缝断面宏观检查2个,分别在管节点“6”点和“12”点部位截取。

(四)试验结果要求

焊缝断面宏观检查应显示焊缝完全焊透、无裂纹。若焊缝出现夹渣或气孔时,应将这类缺陷的数量、大小、位置和密集程度提交CCS认可。

【思考与练习】

1. 试述焊接接头的构成。
2. 主要的接头形式包括哪几种类型,说明其特点。
3. 中国船级社《材料与焊接规范》对焊接位置是如何规定的?
4. 焊条电弧焊焊接接头的基本形式包括哪几种,各有何特点?
5. 试述焊接工艺细则卡包括的主要内容。
6. 坡口形式的选取有哪些原则?
7. 焊前如何对工件进行清理?
8. 焊前预热的目的是什么,预热温度如何确定?
9. 分别说明焊接工艺计划书、焊接工艺试验报告、焊接工艺规程的含义。
10. 焊接工艺计划书应包括哪些内容?
11. 说明焊接工艺规程对钢材的适用范围。
12. 试述对接焊工艺认可试验的一般要求。
13. 试述角接焊工艺认可试验的一般要求。
14. 试述倾斜或T形管节点全焊透工艺认可试验的一般要求。

项目四　焊条电弧焊基本操作技术

焊条电弧焊基本操作是指熟练运用引弧、运条、接头及收弧等技能，进而掌握焊条电弧焊平敷焊及小间隙板材对接平焊操作技术。焊条电弧焊基本操作是操作人员的入门训练项目，是初学者必须具备的操作技能。

任务一　焊条电弧焊基础操作

【学习目标】

1. 熟悉焊接电弧的物理基础及特性。
2. 掌握引弧操作技能。
3. 掌握运条操作技能。
4. 掌握接头操作技能。
5. 掌握收尾操作技能。

【工作任务】

焊条电弧焊引弧、运条、接头及收尾操作。

【任务分析】

焊条电弧焊基础操作应达到如下技术标准：正确运用起弧、运条、接头和收尾的操作手法，焊道波纹均匀，焊道的起头和接头的连接基本平滑，无局部高低不平现象，收尾处弧坑饱满且无缺陷。

【知识准备】

一、焊接电弧的物理基础

焊接电弧发生在电极与工件之间，是电场通过两电极间气体空间而进行的持续放电现象，通过气体放电，能将电能有效而简便地转换为热能、机械能和光能。电弧焊主要利用电弧热能熔化母材和焊接材料从而实现连接，焊接电弧的形态及稳定特性必然对焊接过程及产品质量产生影响。

电弧是一种气体放电现象，是带电粒子通过两电极间气体空间的一种导电过程。一般情况下气体为中性，具有良好的绝缘性能。所以实现气体导电必须具备两个条件，即两电极间具有带电粒子以及两电极间存在一定的电势场。

焊接电源可以提供带电粒子运动所需的电势差，如能使电极间的电中性气体粒子成为带有电荷的粒子，就可以在电场作用下运动而形成电流，如图 4－1 所示。此时，两电极间气体空间成为导体，从而实现气体放电，使电弧形成。

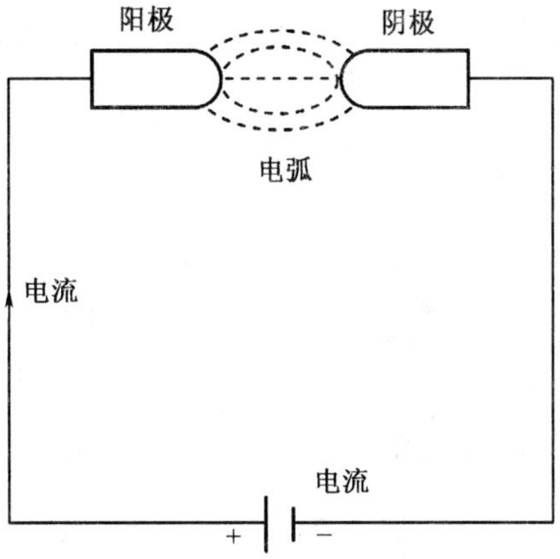

图 4－1　焊接电弧的形成

1. 带电粒子的形成

电弧导电时，电弧气氛中的电子、正离子及负离子均参与导电。这些带电粒子的来源包括中性气体粒子的电离、金属电极发射电子及负离子形成等，其中气体电离和阴极发射电子是产生带电粒子的两个基本物理过程，是形成电弧和维持电弧稳定不可缺少的必要条件。

2. 带电粒子的消失

电弧导电过程中，伴随带电粒子的产生也会使带电粒子消失。其主要形式有带电粒子从高浓度向低浓度的扩散，正、负带电粒子相遇而结合成中性粒子。

除此之外，在一定条件下，电子也会吸附在中性粒子表面而形成负离子。随着负离子的形成，使电弧空间电子数量减少。因负离子质量大，运动速度慢，导致电弧导电困难，电弧稳定性下降。电弧气氛中，可能形成负离子的元素包括 F，Cl，O_2，OH，NO 等，如碱性焊条 E5015，为提高脱 H 能力，药皮中加入了氟石（CaF_2），但电弧稳定性能下降。

二、焊接电源的极性

焊接电弧由阴极区、弧柱区和阳极区构成，图 4－2 为焊条电弧焊焊接电弧的构成示意图。

采用直流电源时，如果工件同电源正极相连，则称为直流正接（如图 4－2 所示）。此时，工件端处于电弧的阳极区，焊条为电弧的阴极区，在阳极区与阴极区之间则为弧柱区。同样采用直流电源，如工件同电源负极相连，则称为直流反接。此时，工件端处于电弧的阴极区，焊条为电弧的阳极区。

采用交流电源时，由于电源极性按一定频率变化，使电弧阴极区和阳极区发生同步变化。

三、焊接电弧特性

焊接电弧特性决定焊接电弧的稳定性能，从而决定焊接质量。

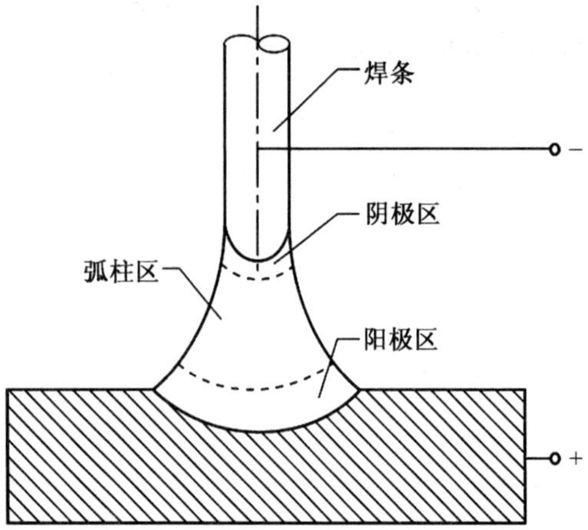

图 4－2　焊接电弧的构成示意图

（一）焊接电弧的静特性

电弧静特性是电弧放电现象的重要特性之一，是指在一定弧长的条件下，电弧稳定燃烧时焊接电流和电弧电压之间的关系，也称伏安特性。

焊接电弧负载为非线性负载，如图 4－3 所示。当焊接电流变化范围较大时，焊接电弧的静特性近似呈 *U* 形曲线，故也称 *U* 曲线。*U* 曲线可近似分为三个阶段，即下降特性段（*ab* 段）、平特性段（*bc* 段）和上升段（*cd* 段）。在 *ab* 段，电弧电压随焊接电流的增加而下降。在 *cd* 段，电弧电压随电流增加而升高，曲线上翘。在 *bc* 段，电弧电压不随电流而变化，而取决于电弧长度，电弧长度增加，电弧电压增大。

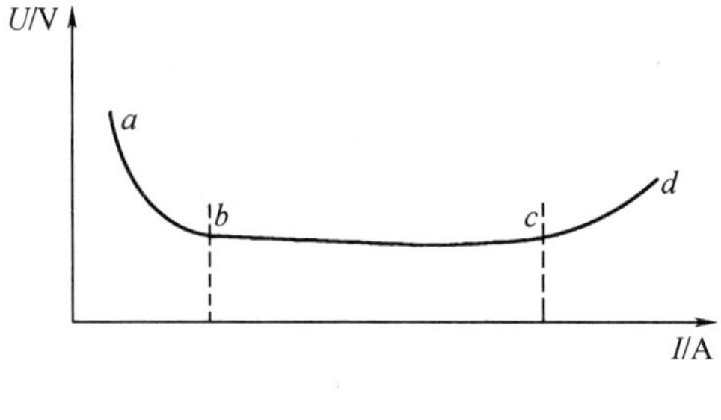

图 4－3　焊接电弧的静特性曲线

焊接时稳定工作的使用范围，也仅体现为静特性曲线中的一部分。静特性的下降阶段，由于电弧燃烧不稳定而很少被采用，焊条电弧焊基本在静特性的水平段工作。

（二）焊接电弧工艺特性

电弧焊以电弧作为焊接能源，利用其热能和机械能完成焊接过程。焊接电弧的工艺特性与焊接所需能量有关，主要包括热能特性、力学特性及电弧的稳定性能。

1. 焊接电弧的热能特性

焊接时可以把电弧看作将电能转换为热能的柔性导体，由于电弧三个区域导电特性不同，导致其导热特性也不同。

2. 焊接电弧的力学特性

焊接过程中，电弧的机械能以电弧力的形式表现。电弧力可直接影响熔深、熔滴过渡及焊缝成形，并对熔池进行搅拌促使其化学成分均匀，但会导致焊接过程产生飞溅。

电弧力主要包括电磁力、等离子流力及斑点力等。

(1)电弧力及其作用

①电磁收缩力　电流通过相距不远的两根平行导线时，会使导线间产生相互作用力，因其由电磁场所致故称为电磁力。电磁力的大小与导线中流过的电流成正比，与导线间距离成反比。电流通过导体时，可将电流看成许多相距很近的平行同向电流线组成，他们间会产生相互吸收力。如导体形状可变，就会产生收缩现象，即电磁收缩效应，导致电磁收缩效应的力为电磁收缩力。

焊接电弧属于气体导体，可通过较大电流，其中由电磁收缩效应导致的收缩力表现为径向压力。如图 4－4 所示，将电弧看成圆锥形的气体导体，焊接电弧在电极端部直径小，在工件端直径稍大。电弧中不同直径处电磁收缩力大小不同，直径小的一端收缩压力大，直径大的一端收缩压力小，这样就会在电弧中产生压力差，导致由小直径端向大直径端产生轴向推力(图中 F)。电弧轴向推力会对熔池形成压力，又可称为电磁静压力。焊接电流越大，形成的推力 F 越大。

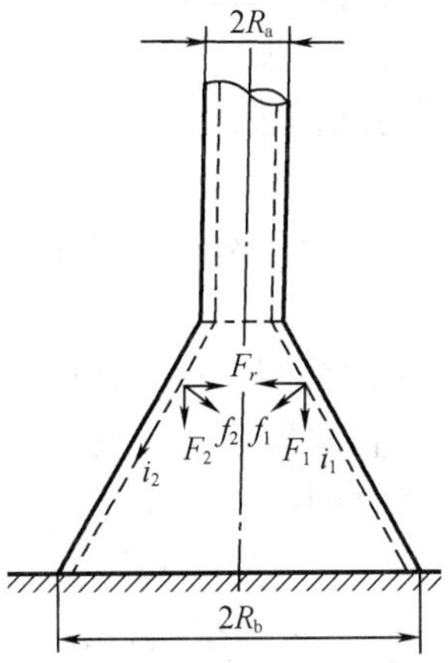

图 4－4　电磁力形成示意图

电磁静压力在电弧横截面上分布并不均匀，弧柱轴线处最大，向外逐渐减小。

> 小知识
>
> 部分高温气体被电离，因正离子数与负离子数相同，所以又称为等离子气流。

电弧自身引起的电磁收缩力，可使焊接熔池下凹，并对熔池进行搅拌，有利于气体及杂质排出、细化晶粒，改善焊接质量。另外，电磁收缩力可束缚弧柱扩展，进而使电弧能量更加集中，使电弧更具挺直性。需要注意的是，电磁收缩力总是指向熔池，即总是促使熔池过渡,而与焊接位置无关。

②等离子流力　电磁收缩力形成的轴向推力,使靠近电极处的高温气体向工件方向流动。随着高温气体流失,要求从电极上方补充新的气体,从而形成一定速度的连续气流进入电弧区。新进入的气体又会被加热,从而形成高温气体向工件流动,如图4－5所示。

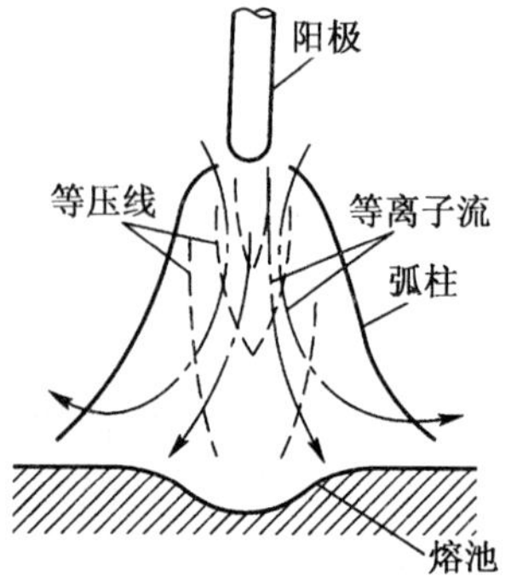

图4－5　等离子流形成示意图

如果焊接过程连续稳定进行,上述过程就不会停止,高温气体的高速运动会对熔池形成压力,此压力为等离子流力,也可称为电磁动压力。

电弧中等离子气流具有较高的速度和加速度,其产生的动压力分布与等离子流速度分布相对应。等离子流力可增大电弧的挺直性,对熔池起搅拌作用,焊接时可促使熔滴过渡,增加焊缝熔深。

③斑点力　电极上形成的斑点受到带电粒子的撞击或金属蒸发的反作用,会对斑点产生压力,称为斑点力。

阴极斑点力比阳极斑点力大,是因为阴极斑点承受正离子的撞击,阳极斑点承受电子的撞击。正离子的质量远大于电子,且阴极压降一般大于阳极压降,所以阴极斑点承受的撞击力大于阳极斑点。另外,阴极斑点的电流密度比阳极斑点大,金属蒸发产生的反作用力比阳极斑点大。

阴极斑点力和阳极斑点力的方向总是与熔滴过渡方向相反,所以斑点力阻碍熔滴过渡。阴极斑点力与阳极斑点力相比要大得多,所以在直流焊接时可通过直流反接法减少斑点力对熔滴过渡的影响。

(2)电弧力的影响因素

焊接电流增大,电磁收缩力及等离子流力增加,导致电弧力增大。

焊接电流一定时,电弧长度增加则电弧电压升高,电弧力减小。焊接电流一定时,焊丝越细,电流密度越大,电磁力和等离子流力越大,电弧力增加。

3.焊接电弧的稳定性及影响因素

(1)焊接电弧的稳定性

焊接电弧的稳定性,是指电弧保持稳定燃烧,即不产生断弧、飘移及偏吹等现象的能力。具体来说,是指在焊接过程中,当焊接电流和电弧电压为某一定值时,电弧放电可在长时间内连续且稳定燃烧的性能。很明显,电弧的稳定燃烧是保证焊接过程稳定及焊接质量的重要因素。

(2)焊接电弧稳定性的影响因素

焊接电弧的稳定性,直接受操作人员技术熟练程度制约。除此之外,影响电弧稳定性的因素包括焊接电源、焊条药皮和焊剂类型以及电弧偏吹等。

①焊接电源

(a)焊接电源的特性　焊接电源向电弧的供电形式,决定了焊接电弧的稳定程度,电源必须提供能与电弧静特性相匹配的外特性才能保证电弧的稳定燃烧。

(b)焊接电源的种类　直流电源焊接时电弧极性不存在方向的变化。但采用交流电源焊接时,电弧的极性按一定频率周期性变化,导致电流和电压时刻在变化。因此交流电源焊接时,电弧稳定性比直流电源差。

(c)焊接电源的空载电压　焊接电源空载电压越高,电场作用越强,电弧中带电粒子的数量越多,焊接电弧燃烧越稳定。但较高的空载电压,只有电源具备较大体积时才能实现,并会给焊接生产造成隐患。

②焊条药皮和焊剂类型

焊条药皮及焊剂成分,是影响电弧稳定性的重要因素。焊条药皮或焊剂的成分中如含有低电离能的物质(K,Na,Ca),会增加电弧气氛中带电粒子数量,使电弧稳定性得以提高。如应用较为广泛的酸性焊条,其药皮中含有云母、长石及水玻璃等低电离能的物质,所以焊接时电弧燃烧稳定。

药皮或焊剂中若含有电离能较高的氟化物(CaF_2)及氯化物(KCl,NaCl)时,电离困难,必然会导致电弧燃烧不稳定。如碱性焊条药皮中含有较难电离的氟化物等物质,虽然控制了氢含量,提高了焊缝质量,但焊接操作时电弧稳定性明显低于酸性焊条。

通常,药皮较厚的焊条比薄药皮焊条更容易保证电弧的稳定性,当药皮脱落或无药皮焊条焊接时,电弧的稳定性很难保证。

除此以外,由于焊条偏心,使电弧气体吹力在电弧周围分布不均匀,电弧稳定性也将下降。

③焊接电流

焊接电流增大,电弧温度升高,电弧气氛中的电离程度和热发射作用增强,电弧中带电粒子增多,所以焊接电弧稳定性提高。

④电弧偏吹及影响因素

在自身磁场作用下电弧具有一定的挺直性,会使电弧尽量自然保持在焊丝的轴线方向。即使焊条(或焊丝)与工件有一定倾角,电弧仍能指向其轴线方向而不是垂直工件表面,确保焊接过程顺利进行。但实际生产中由于多种因素影响,电弧周围磁力线均匀分布的状况可能被破坏,或在风的作用下使电弧偏离焊条(或焊丝)轴线,此现象称为偏吹,其中因磁力线不均匀分布而出现的偏吹现象为磁偏吹,如图 4－6 所示。

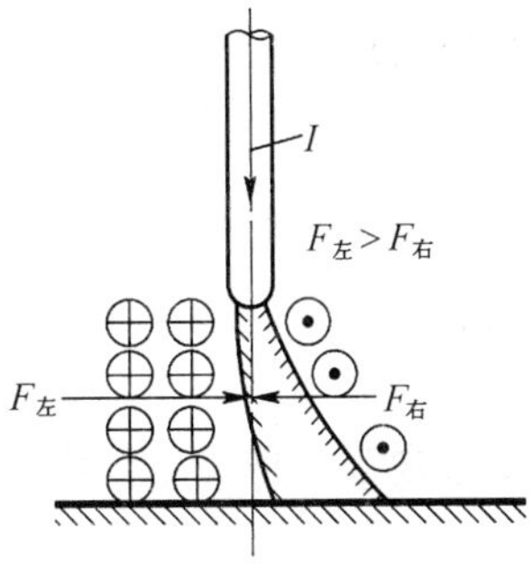

图 4－6　电弧磁偏吹形成示意

(a)电弧偏吹的危害　焊接电弧的偏吹现象使电弧轴线很难对准焊缝中心,导致焊接操作困难,最终使焊缝成形不规则。另外,电弧偏吹还会降低对熔池金属的保护作用,从而影响焊缝内部质量。严重的偏吹,还将导致电弧熄灭,使焊接过程无法进行。

(b)电弧偏吹的成因　导致磁偏吹现象的根本原因是电弧周围磁场分布不均匀,从而使电弧两侧电磁力不同所致。

在生产中引起磁力线不能均匀分布的原因,主要包括以下几个方面:

(i)导线接线位置

焊接时如导线接在工件一侧,则该侧电弧的磁力线由两部分叠加而成,即电流通过电弧及电流通过工件分别形成,而电弧另一侧磁力线则仅由电流通过电弧本身产生。显然电弧两侧受力不平衡,使电弧偏向无导线一侧,如图 4 - 7 所示。

(ii)电弧附近存在铁磁性物体

在电弧附近放置铁磁物体时,因铁磁物体磁导率大,大多磁力线通过铁磁物体形成回路,使铁磁物体一侧磁力线变稀,造成电弧两侧磁力线分布不均匀而产生磁偏吹,电弧会向铁磁物体一侧偏移,如图 4 - 8 所示。

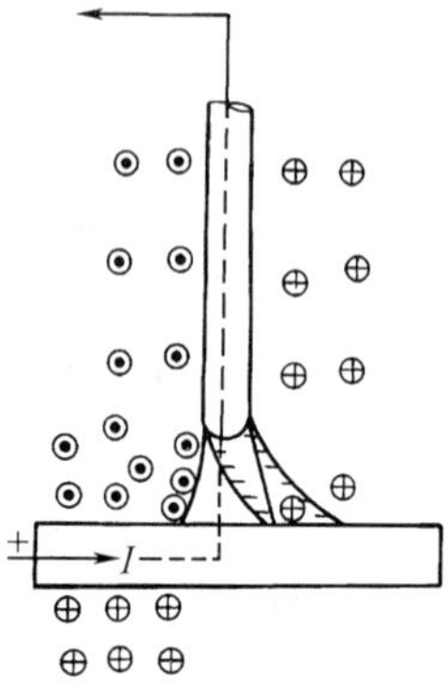

图 4 - 7　导线接线位置引起的磁偏吹

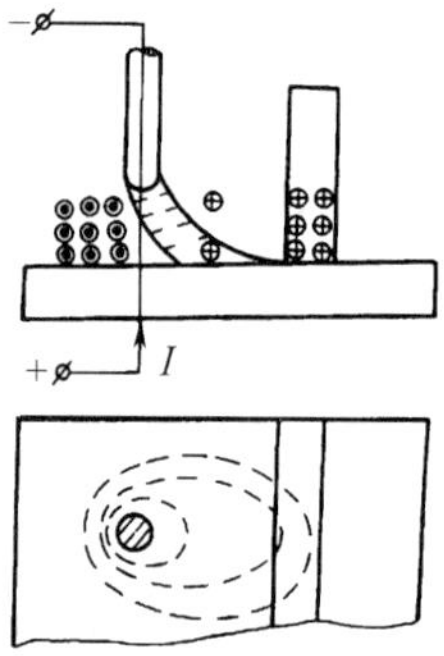

图 4 - 8　电弧附近铁磁物体引起的磁偏吹

实际生产中为减弱偏吹的影响可优先选用交流电源。采用直流电源工作时,应在工件两端对称接线,尽量避免电弧周围存在铁磁性物质。操作时,应使用短弧和小电流施焊,将焊条(或焊丝)向电弧偏吹方向倾斜,采用分段退焊法等,也是控制偏吹影响的有效措施。

⑤其他因素

电弧长度、工件清理质量及环境因素也会对焊接电弧的稳定性造成影响。当电弧过长时,电弧会出现剧烈摆动,破坏焊接电弧的稳定性,使焊接飞溅增大。在工件待焊接部位存在油漆、油污或水锈等杂质时,也会影响电弧的稳定燃烧。此外,强风、气流及焊条偏心等因素同样会造成电弧偏吹,致使焊接电弧稳定性下降。

【任务实施】

一、焊条电弧操作安全注意事项

1. 焊接导线禁止放置在电弧或高温工件附近。
2. 穿戴专用工作服、绝缘鞋及电焊手套等防护用品,保持绝缘鞋和手套干燥。
3. 不得随意摆放焊条,按要求安置焊条头,保持施焊现场的整洁、安全。
4. 如果焊条与工件出现粘连,应迅速使焊钳脱离焊条,以免烧损弧焊电源。

5. 清除焊渣时，应戴护目镜或用面罩遮挡，避免焊渣溅入眼内或灼伤皮肤。

6. 禁止赤手更换焊条，禁止用手触摸高温工件。

7. 必须在空载状态下调节焊接电流，避免长时间短路、烧损焊接设备。

8. 焊机出现故障时，应切断电源检修。

9. 工作完毕后，关闭焊机，切断电源，并收拾好工具、材料。

二、焊条电弧焊操作姿势

1. 基本姿势

焊条电弧焊基本操作姿势包括蹲姿、坐姿、站姿等，如图 4 - 9 所示。其中蹲姿较为规范，应用广泛。

(a)　　(b)　　(c)

图 4 - 9　焊接基本姿势

(a)蹲姿；(b)坐姿；(c)站姿

蹲姿是指身体自然蹲下，两脚与肩同宽，脚尖向外。操作时，脚尖与引弧处保持在 240 ~ 260 mm 距离。

2. 焊钳与焊条夹角控制

焊钳与焊条夹角，可按图 4 - 10 所示进行选择。

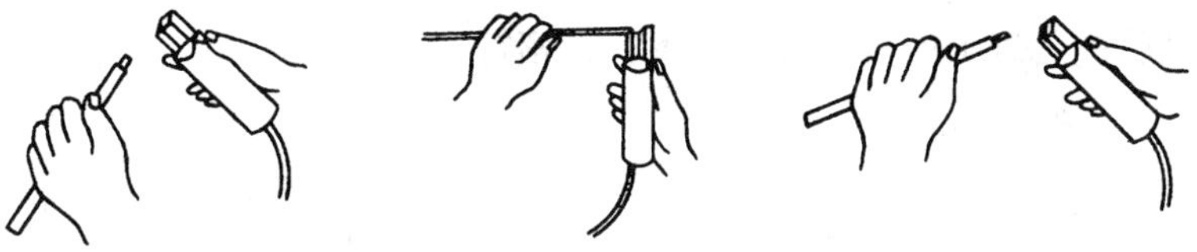

(a)　　(b)　　(c)

图 4 - 10　焊钳与焊条夹角

(a)80°；(b)90°；(c)120°

3. 辅助姿势

焊钳的握法可参照图 4 - 11 所示进行。

持焊钳手臂悬空无依托，保持半张开状态操作。用左手握持面罩，自然上提至内护目镜框位置与眼平行，面罩与鼻尖距离控制在 10 ~ 20 mm 左右。

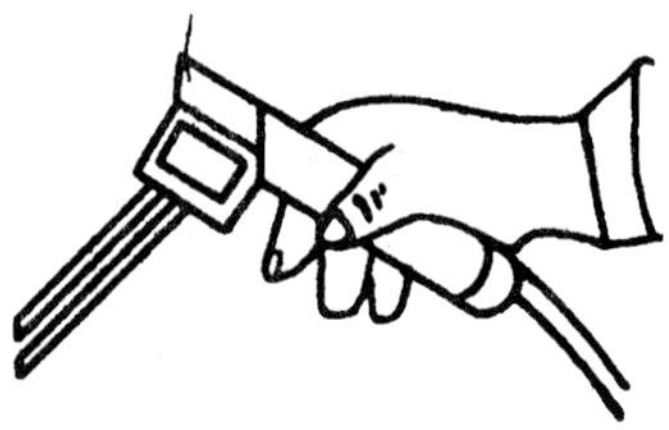

图 4-11　焊钳握法

三、焊条电弧焊操作基础

焊条电弧焊操作基础，是指引弧、运条、接头及收弧等基础技能。

(一)引弧

引弧是指开始焊接时，引燃焊接电弧的过程。将焊条末端与工件接触形成短路，然后迅速将焊条向上提起 2 ~4 mm 距离，即可引燃电弧。

1. 引弧方式

根据电弧形成过程，可分为敲击引弧、摩擦引弧及辅助引弧等方法。

(1)敲击引弧

如图 4-12(a)所示，焊条垂直于焊件，焊条末端对准焊缝，然后将手腕下弯，使焊条轻碰焊件。电弧引燃后，手腕放平，迅速将焊条提起，使弧长约为焊条外径 1.5 倍左右(焊条末端与被焊工件表面的距离维持在 2 ~4 mm 的距离)，稍做“预热”后，压低电弧，维持弧长与焊条内径相等。

操作时，必须合理控制手腕下送动作和上提距离。

(2)划擦引弧

与划火柴相似，如图 4-12(b)所示，先将焊条末端对准工件，然后将手腕扭转使焊条在工件表面轻轻划擦，长度以 20 ~30 mm 为佳，以减少对工件表面的损伤。

将手腕扭平后迅速提起焊条，控制弧长约为所用焊条外径 1.5 倍，做“预热”动作，维持弧长不变，预热后将电弧压短至与所用焊条直径相符。

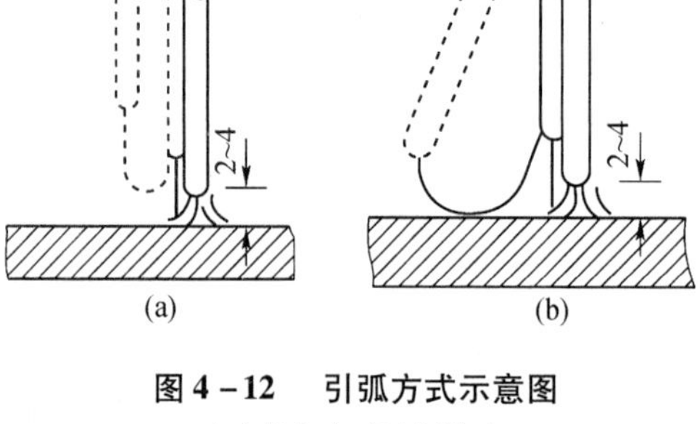

图 4-12　引弧方式示意图

(a)敲击法；(b)划擦法

2. 引弧方式应用

影响电弧顺利引燃的因素,包括工件清洁度、焊接电流、焊条质量、焊条药皮成分及操作方法等。生产中,应根据具体情况灵活采用敲击引弧和摩擦引弧。

摩擦法引弧比较容易掌握,但使用不当时会擦伤工件表面。所以操作时,应在坡口处擦划,擦划长度控制在 20 ~ 25 mm 范围内。使用碱性焊条时,为避免焊条与工件黏结,宜采用这种引弧方法。

敲击引弧较难掌握,焊条的提起动作过快,电弧容易熄灭。如果动作过慢,又会导致焊条与工件粘连。在狭窄空间施焊或工件表面不允许有划伤时,应采用敲击法引弧。

3. 引弧注意事项

(1)注意清理工件表面,以免影响引弧及焊缝质量。

(2)引弧前应尽量使焊条端部焊芯裸露,若不裸露可用锉刀轻锉,或轻击地面。

(3)应夹持好焊条,然后使用正确操作方法进行焊接。

(4)焊条与焊件接触后提起时间应适当。

(5)引弧时若焊条与工件出现粘连,应迅速使焊钳脱离焊条,以免烧损弧焊电源,待焊条冷却后将焊条取下。

(6)应注意防止电弧光灼伤眼睛。

(二)运条

焊接过程中,为稳定弧长、保持熔池形状及控制焊缝成形,以获得均匀一致的焊缝,焊条必须要做相应的运动,焊条相对于焊缝所做的各种运动总称为运条。

运条可分解为三个基本动作,即沿焊条轴线的送进、沿焊缝轴线方向的纵向移动及横向摆动,如图 4 – 13 所示。

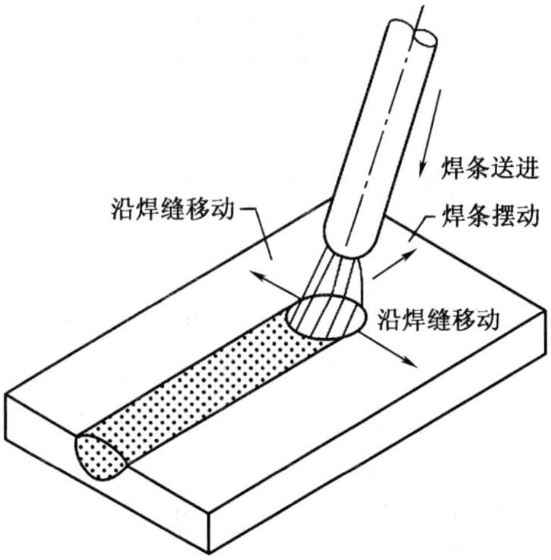

图 4 – 13 运条示意图

1. 焊条送进

焊条沿轴线向熔池方向送进,是用以维持所要求的电弧长度并向熔池添加填充金属。

小知识：电弧长度

电弧长度指焊条端部与工件表面之间的距离。当电弧长度超过所选用的焊条直径称为长弧，小于焊条直径称为短弧。用长弧焊接时焊缝质量较差，因为电弧易左右飘移，电弧不稳定，电弧热量散失，焊缝熔深变浅。此外，长弧使空气侵入易产生气孔。

焊条熔化后，为保证电弧的长度不变，要求焊条向熔池方向送进的速度与焊条熔化速度一致。如果焊条送进速度小于焊条熔化速度，电弧长度必然逐渐增加，最终导致电弧熄灭。如果焊条送进速度过快，会使电弧长度缩短，导致焊条末端与工件接触产生短路，电弧熄灭，影响焊接过程的顺利进行。

2. 焊条纵向移动

焊条纵向移动速度即为焊接速度，由焊接电流、焊条直径、焊件厚度、装配间隙、焊缝位置以及接头形式来决定。

焊条沿焊接方向的纵向移动，可以形成一定长度及尺寸的焊缝，以控制焊道成形。

当焊条移动速度太慢时，会导致焊缝超高、过宽，外形不整齐，如图 4－14(a)所示，焊接薄板时甚至会发生烧穿等缺陷；如果移动速度过快，电弧热量不足以及时熔化焊条和母材，会使焊缝过窄并产生未焊透，如图 4－14(b)所示；速度适中可获得表面平整、焊波细致而均匀的焊缝，如图 4－14(c)所示。

(a) (b) (c)

图 4－14 焊道成形与焊接速度的关系

3. 焊条的横向摆动

焊条摆动的作用是获得一定宽度的焊缝，并保证焊缝在焊趾处熔合良好。焊条横向摆动幅度与焊件厚度、坡口形式、焊道层次和焊条直径有关，焊条的适当摆动，不仅可保证焊缝宽度，还可根据焊缝的位置及要求，合理控制电弧以获得优良的焊缝成形。

4. 运条方式

焊条电弧焊的运条方式较多，选用时应根据接头形式、装配间隙、焊接位置、焊条直径及性能、焊接电流以及焊工操作水平确定。不论选择哪一种运条方式，都应做到三个基本动作配合得当，以保证电弧长度稳定、焊接速度均匀适当、摆幅前后一致，从而获得外观及尺寸符合要求的焊缝。

常用运条方式及适用范围参见表 4－1 所示，在实际应用中以锯齿形、月牙形及环形运条法居多。

表 4－1 常用的运条方式及适用范围

运条方法		运条示意图	特点	适用范围
直线形运条			焊条以直线形移动,不做摆动。熔深大,焊道窄	1. 3～5 mm 厚度、I 形坡口对接平焊 2. 多层焊的第一层焊道 3. 多层多道焊
直线往返形运条		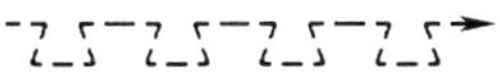	焊条末端沿着焊接方向做来回往返的直线形摆动。焊接速度快,焊缝窄,散热快。	1. 薄板焊 2. 对接平焊(间隙较大)
锯齿形运条			焊条末端沿着焊接方向做锯齿形连续摆动,以控制熔化金属的流动性,使焊缝增宽。	1. 对接接头(平焊、立焊、仰焊) 2. 角接接头(立焊)
月牙形运条			焊条末端沿着焊接方向做月牙形的左右摆动,使焊缝宽度及余高增加。	与锯齿形动条法相同
三角形运条	斜三角形	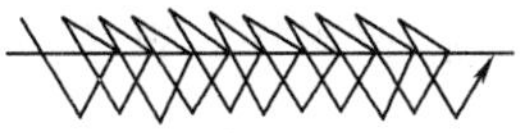	焊条末端沿着焊接方向做三角形摆动。	1. 角接接头(仰焊) 2. 对接接头(V 形坡口横焊)
	正三角形	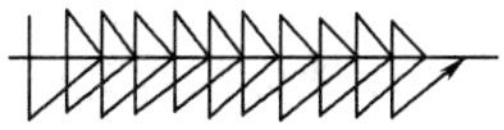		1. 角接接头(立焊) 2. 对接接头
圆圈形运条	斜圆圈形	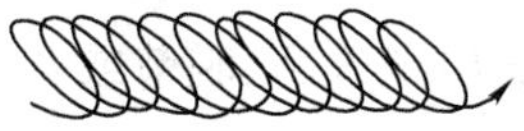	焊条末端沿着焊接方向做圆圈形运动,同时不断地向前移动。	1. 角接接头(平焊、仰焊) 2. 对接接头(横焊)
	正圆圈形			对接接头(厚工件平焊)
“8”字形运条		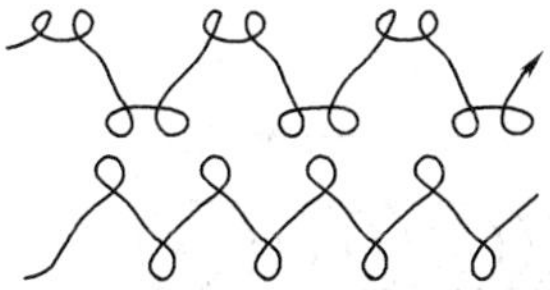	焊条末端沿着焊接方向做“8”字形运动,使焊缝增宽,波纹美观。	对接接头(厚工件平焊)

5. 焊条角度

焊接时工件表面与焊条所形成的夹角称为焊条角度。焊条角度应根据焊接位置、工件厚度、工作环境及熔池温度等因素进行选择。掌握好焊条角度是为控制铁水与熔渣较好分离,防止熔渣超前现象和控制一定的熔深,立焊、横焊、仰焊时还有防止铁水下坠的作用。

图4－15所示为焊条角度与焊接位置间的关系。

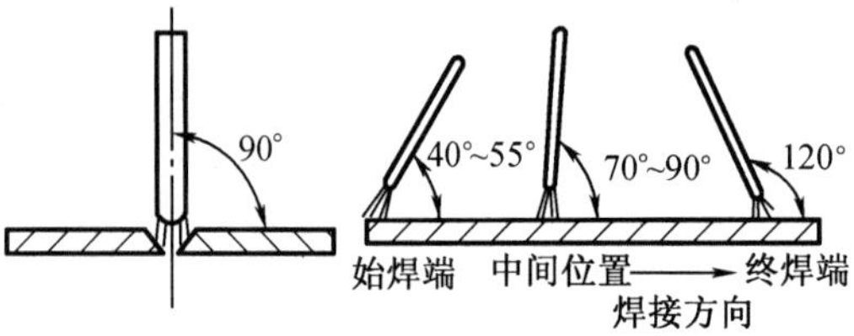

图4－15　焊条角度示意图

6. 运条时注意事项

(1)焊条运至焊缝两侧时应稍停顿,并压低电弧。

(2)三个动作运行时要有规律,应根据焊接位置、接头形式、焊条直径与性能、焊接电流大小以及技术熟练程度等因素来掌握。

(3)碱性焊条应选用较短电弧进行操作。

(4)焊条在向前时应匀速运动,不能时快时慢。

(5)运条方法的选择应根据实际情况确定。

(三)焊缝的起头

焊缝的起头,是指刚开始焊接处的焊缝。起头时工件温度较低,引弧后温度不能迅速升高,导致熔深较浅,焊缝的余高容易超高,甚至出现熔合不良和夹渣等缺陷。

实际操作时为解决上述问题,电弧引燃后应先将电弧稍微拉长,对工件进行预热,再从距离始焊点10 mm左右处回焊到始焊点,压低电弧,微微摆动焊条,逐渐达到需要的焊道宽度,然后按焊接轨迹正常焊接。

(四)焊缝的接头

当焊缝长度较大时,后焊焊缝与先焊焊缝的连接处称为焊缝的接头。焊接过程中,受焊条长度的限制或其他因素制约,有时不能用一根焊条完成一道焊缝,焊缝存在接头是不可避免的。

为了保证焊缝的连续性及均匀性,防止焊缝出现过高、脱节或宽窄不一等问题,操作时应熟练掌握焊缝接头技术。

1. 中间接头

后焊焊缝的起头与先焊焊缝结尾相接(图4－16),大多出现在单层焊和多层焊表层接头。操作时,可选择热接法或冷接法。

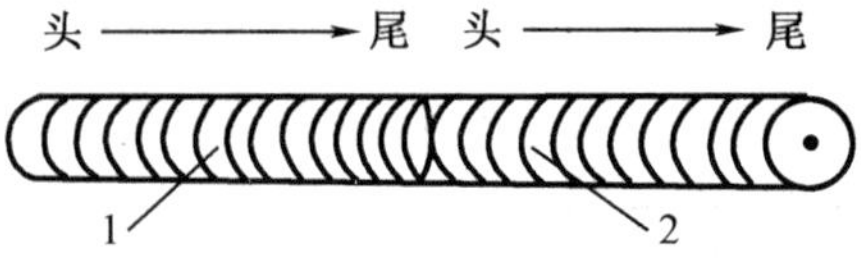

图4－16　中间接头

1—先焊焊缝;2—后焊焊缝

(1)热接法

熄灭电弧后,熔池收弧处还处于亮红色或暗红色的高温状态,同时收弧处无黑色熔渣浮出,可采用热接方法。运用热接法时,熔池温度较高,处于液态或半凝固状态,接头熔合性较好,可提高接头质量和焊缝成形。

必须保证换好的焊条准确无误地放到收弧处的熔池点上,避免出现接头错位及弯曲缺陷。熔池收弧处还处于亮红色或暗红色的高温状态时,就应将换好的焊条重新放到收弧处的熔池点。

(2)冷接法

接头处已经冷却或熔渣已覆盖焊缝接头时,应采用冷接法操作。冷接法应用较普及,适用于单层焊及多层焊的表层接头。

操作时,先将接头处弧坑位置的熔渣清理干净。接头时,在先焊焊道弧坑前面约 10 mm 处引弧。电弧长度比正常焊接时略长些(碱性焊条不可拉长,否则易产生气孔),将拉长的电弧缓慢地移到原弧坑 2/3 处,压低电弧,焊条微微转动,将弧坑填满。

图 4-17 为冷接法示意图。

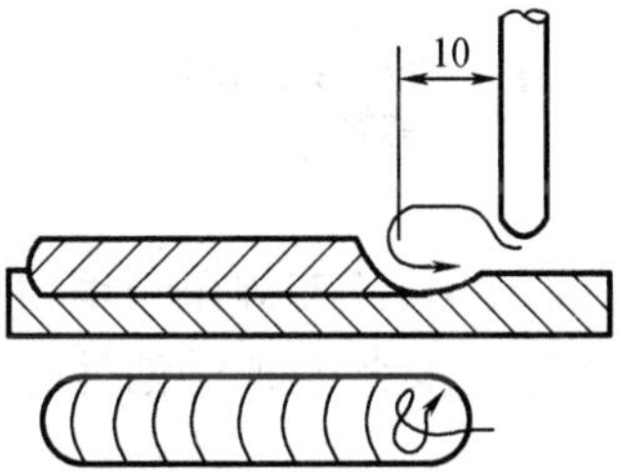

图 4-17 冷接法示意图

2. 相背接头

后焊焊缝的起头与先焊焊缝起头相接(图 4-18),如管子对接水平固定后半圈的起头焊接。操作时,要求先焊焊缝的起头处略低些。接头时在先焊焊缝始端稍前处起弧,然后稍拉长电弧,将电弧逐渐拉向先焊焊缝始端。当先焊焊缝端头被覆盖并焊平后,再向焊接方向移动。

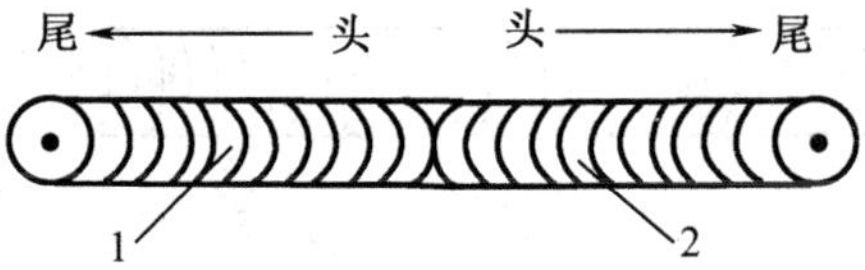

图 4-18 相背接头

1—先焊焊缝;2—后焊焊缝

3. 相向接头

后焊焊缝的结尾与先焊焊缝结尾相接,如管子对接水平固定的封闭处焊接,如图 4-19 所示。

后焊焊缝焊至先焊焊缝收弧处时,适当放慢焊接速度,填满先焊焊缝的弧坑。然后快

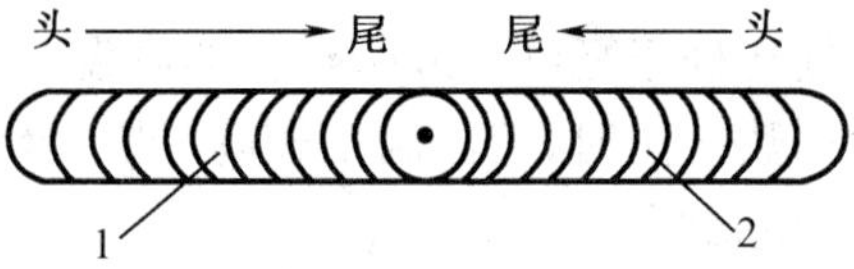

图 4 - 19　相向接头

1—先焊焊缝;2—后焊焊缝

速向前稍焊一段,再熄灭电弧。

4. 分段退焊接头

后焊焊缝结尾与先焊焊缝起头相接,如图 4 - 20 所示。

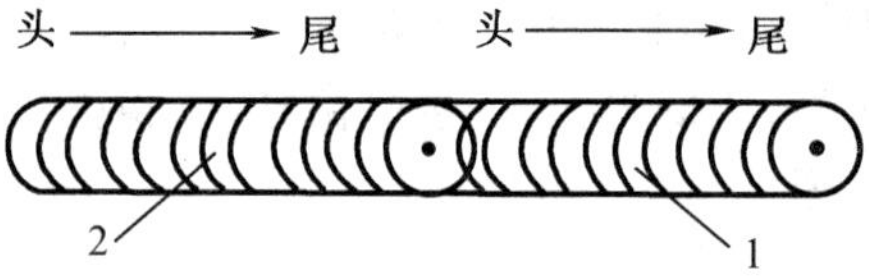

图 4 - 20　分段退焊接头

1—先焊焊缝;2—后焊焊缝

后焊焊缝焊至接近先焊焊缝始端时,改变焊条角度,将焊条指向先焊焊缝始端并拉长电弧。待形成熔池后,再压低电弧向回移动,至原熔池处收弧。

(五)焊缝的收尾

焊缝的收尾是指一条焊缝结束时的结尾操作方法,也称收弧。如收尾方法不当,在焊缝尾部会形成弧坑,致使焊缝强度下降,容易形成弧坑裂纹。

1. 画圈收尾法

焊条移至焊缝终点时,在弧坑处做圆圈运动,填满弧坑后再拉断电弧,如图 4 - 21 所示。

画圈收尾法适用于有黏结特点的碱性焊条厚板焊接,薄板焊接时采用容易烧穿。

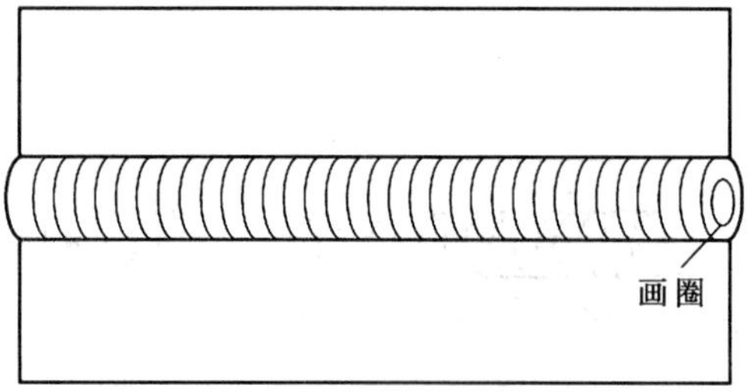

图 4 - 21　画圈收尾法

2. 反复断弧收尾法

如图 4 - 22 所示,焊条移至焊缝终点时,在弧坑处反复熄弧、引弧数次,直到填满弧坑为止。反复断弧收尾法适用于薄板和大电流焊接,但碱性焊条不宜采用,否则易产生气孔。

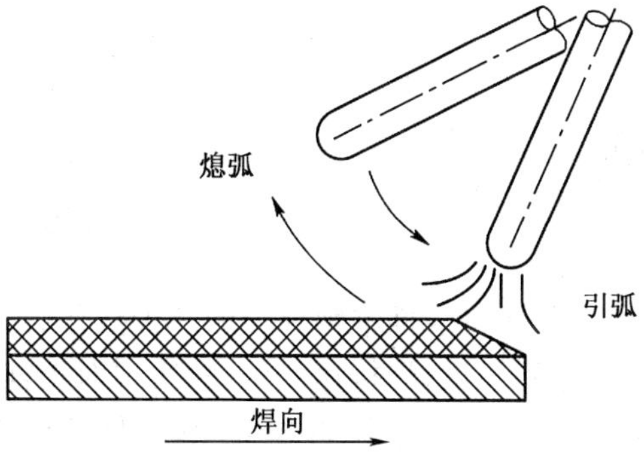

图 4－22　反复断弧收尾法

3. 回焊收尾法

如图 4－23 所示，焊至终点时，在收弧处稍停顿，然后改变焊条角度向后回焊 20～30 mm，再将焊条拉向一侧熄弧。此法适用于碱性焊条。

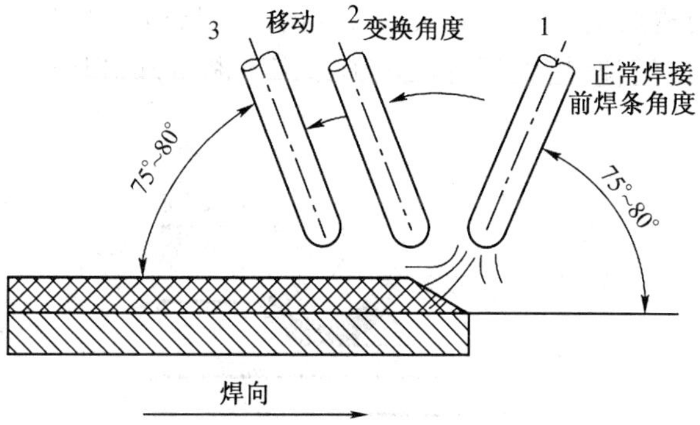

图 4－23　回焊收尾法

4. 转移收尾法

焊条移至焊缝终点时，在弧坑处稍停留，将电弧慢慢拉长并引至焊缝边缘的母材坡口内。此时熔池会逐渐缩小，凝固后很少出现缺陷，适用于焊条更换或临时停弧。

收尾方法的选用还应根据实际情况确定，可单项使用，也可多项结合使用。需要注意的是必须将弧坑填满，并达到无缺陷。

任务二　平敷焊操作

【学习目标】

1. 掌握焊缝的形成过程。
2. 掌握焊接工艺对焊缝成形的影响。
3. 掌握平敷焊焊前准备工艺。

4. 掌握平敷焊操作要点。

【工作任务】

焊条电弧焊平敷焊操作。

【任务分析】

平敷焊是在处于水平位置的工件表面堆敷焊道的一种操作方法，是在选定焊接工艺参数和操作手法的基础上，通过电弧长度、焊接速度调整，实现对熔池温度及形状的控制。平敷焊操作技术容易掌握，焊缝不易产生烧穿、焊瘤等缺陷，易获得优良的焊缝成形，是焊条电弧焊最简单、最基础的操作方法，也是初学者必须掌握的基本操作技能。

【知识准备】

一、焊条电弧焊缝形成过程

焊条电弧焊焊接过程中，高温使焊条和局部母材熔化。熔化的焊芯以熔滴形式向母材过渡，并与熔化的母材构成具有一定形状和尺寸的液态熔池。随着电弧的移动，熔池前端的工件不断被熔化形成熔池，熔池后部因电弧远离不断冷却，以结晶方式形成焊缝，如图4－24所示。

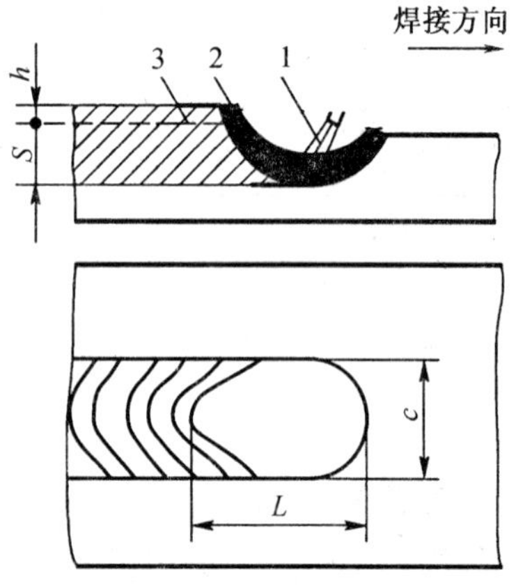

图4－24 熔池形状与焊缝形成示意

1—电弧；2—熔池金属；3—焊缝金属

S—熔池深度；L—熔池长度；c—熔池宽度；h—焊缝余高

1. 熔滴过渡

熔滴过渡在高温状态下的电弧中完成，直接参与了焊接冶金过程，并对焊接电弧的稳定及焊缝成形产生了极大影响。

焊条电弧焊的熔滴过渡，包括自由过渡、接触过渡及渣壁过渡等主要形式。

2. 焊缝的大小及形状

焊接时，熔池的体积主要由电弧的热作用确定，其形状主要取决于电弧对熔池的作用力。焊接时，熔池受到的作用力，主要包括电弧静态和动态电磁压力、熔滴过渡的冲击力、液体金属的重力、表面张力及化学反应产生的附属力等。

电弧压力作用可使熔池表面形成凹坑，电流密度越大，电弧动压力越大，熔池表面的凹坑越深。

3. 焊缝形状参数

焊缝形状是指工件熔化区横截面的形状，可用焊缝的有效厚度（熔深）H、焊缝宽度（熔宽）B 和余高 h 三个参数描述，如图 4－25 所示。

生产中主要用焊缝成形系数和余高系数来表示焊缝成形特点。

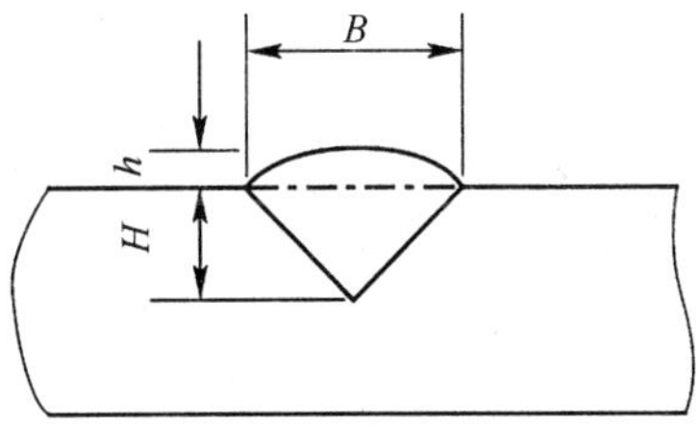

图 4－25 焊缝形状参数

焊缝成形系数 $\psi = B/H$

余高系数 $\varphi = B/h$

二、焊接工艺对焊缝成形的影响

（一）焊接工艺参数的影响

1. 焊接电流

焊接电流主要影响焊缝的熔深。其他条件一定时，随焊接电流增加，电弧力、电弧对工件的热输入及焊芯的熔化量增大，焊缝熔深和余高增加，而焊缝宽度变化较小，使焊缝成形系数减小，如图 4－26(a)所示。

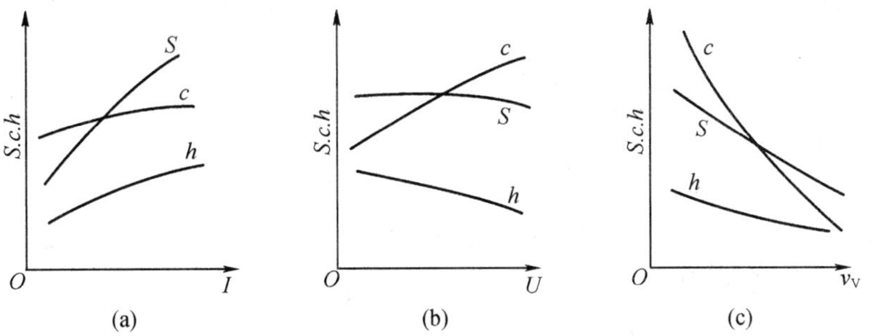

图 4－26 焊接参数对焊缝熔深、熔宽及余高的影响

(a)焊接电流的影响；(b)电弧电压的影响；(c)焊接速度的影响

2. 电弧电压

电弧电压主要影响熔宽。其他条件一定时，电弧电压增大，焊缝宽度明显增大，焊缝熔深及余高略有减小，如图 4－26(b)所示。

3. 焊接速度

焊接速度的大小主要决定母材的热输入。其他条件不变，提高焊接速度，焊缝熔深、熔宽及余高均减小，如图 4 - 26(c)所示。

4. 电源种类及极性

交流焊时，焊缝熔深和熔宽介于直流正接与直流反接之间。

5. 焊条直径

焊接电流、电弧电压及焊接速度不变时，焊条直径越细，电流密度及电磁收缩力越大，对工件的加热越集中，焊缝熔深及余高增加。

6. 工件倾角

下坡焊时，重力阻碍熔池金属向熔池尾部流动，使电弧下方液态金属变厚。电弧对熔池底部金属的热作用减弱，焊缝熔深减小，余高和熔宽增大，如图 4 - 27(a)所示。

上坡焊时，在重力及电弧力作用下，熔池金属向熔池尾部流动，电弧正下方液态金属层变薄。电弧对熔池底部金属的热作用增加，使焊缝熔深和余高增大，焊缝熔宽减小，如图 4 - 27(b)所示。

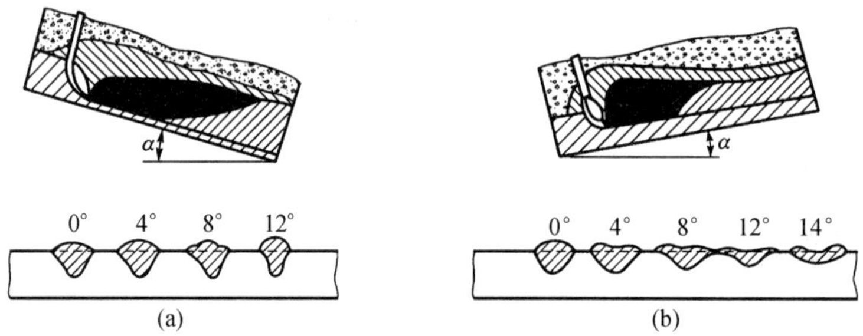

图 4 - 27　工件倾角对焊缝成形的影响

(a)上坡焊；(b)下坡焊

(二)结构因素的影响

1. 工件材料和厚度

工件材料不同，其物理性质不同，导热特性也不同。导热性好的材料，熔化单位体积金属所需的热量多，相同条件时，得到的焊缝熔深及熔宽要小一些。工件密度及黏度越大，电弧越难排开液体金属，焊缝有效厚度越小。

工件厚度越大，散失的热量越多，焊缝得到的有效热量越少，焊缝熔深及熔宽减小。

2. 坡口形式及工件间隙

焊接生产中，工件是否需要开坡口及间隙如何控制，均应视具体情况确定。

采用对接形式焊接薄板时不需留间隙，也不需开坡口。板厚较大时，为保证工件焊透需留一定间隙或开坡口，此时余高和熔合比随坡口或间隙尺寸的增大而减小，如图 4 - 28 所示。因此，焊接时常采用开坡口控制焊缝余高和熔合比。

总之，影响焊缝成形的因素较多。为获得良好的焊缝成形，应结合工件的材料和厚度、焊缝的空间位置、接头形式、施焊条件及对接头性能和焊缝尺寸要求等诸多因素，选择合适的焊接工艺参数。

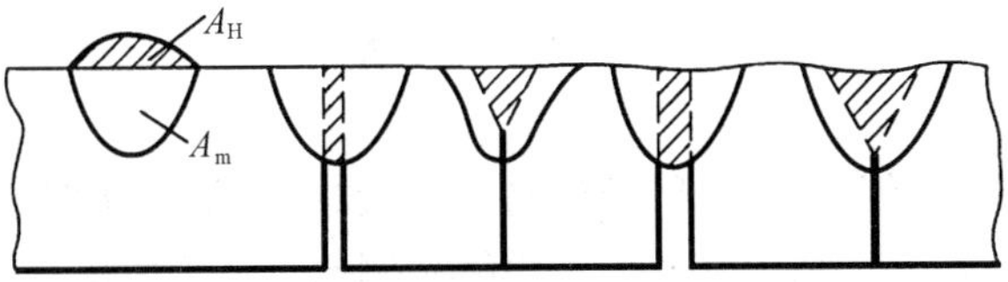

图 4－28　工件坡口和间隙对焊缝成形的影响

【任务实施】

一、实作准备

1. 设备

交流弧焊机或直流弧焊机。

2. 焊接材料

E4303(J422),ϕ2.5 mm,ϕ3.2 mm。

3. 工件

Q235 板材,300 mm × 200 mm × 8 mm,试件规格见图 4－29 所示。

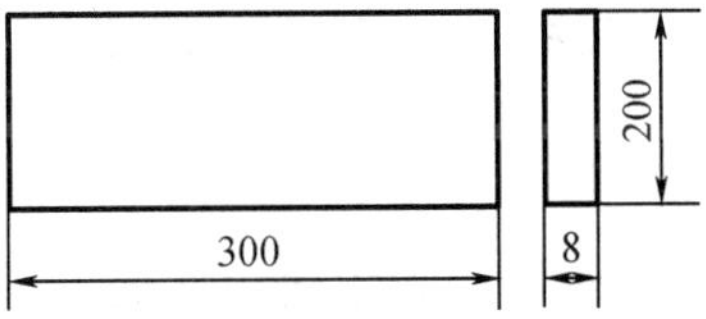

图 4－29　平敷焊试件

4. 工具

敲渣锤、面罩、画线工具及个人防护用品。

二、焊接操作

(一)电源极性及焊接电流

电源极性选择直流正接、直流反接或交流均可。

焊接电流可在 ϕ2.5 焊条、70 ~ 80 A,ϕ3.2 焊条、95 ~ 105 A 范围内选择。因受焊接电源差异及操作者习惯影响,焊接电流选择应用时可做适当调整。

(二)焊接操作流程

手持面罩,看准引弧位置,用面罩挡着面部,将焊条端部对准引弧处,用划擦法直击法引弧,迅速而适当地提起焊条,形成电弧。

分别用直线形和锯齿形进行运条。

分别用冷接法和热接法进行接头训练。

(三)操作要点

1. 调试电流

(1)观察飞溅

电流选择过大时，电弧吹力较大，可观察到较大颗粒铁水向熔池外飞溅，焊接时爆裂声较大；电流过小时，电弧吹力小，熔渣和铁水不易分清。

（2）观察焊缝成形

电流过大时，熔深大，焊缝余高低，两侧易产生咬边；电流过小时，焊缝窄而高，熔深浅，且两侧与母材金属熔合不良好；电流适中时焊缝两侧与母材金属熔合得很好，呈圆滑过渡。

（3）观察焊条熔化状况

电流过大，焊条熔化大半时，其余部分均已发红；电流过小时，电弧燃烧不稳定，焊条易粘在焊件上。

2. 调整焊条角度（图 4 – 30）

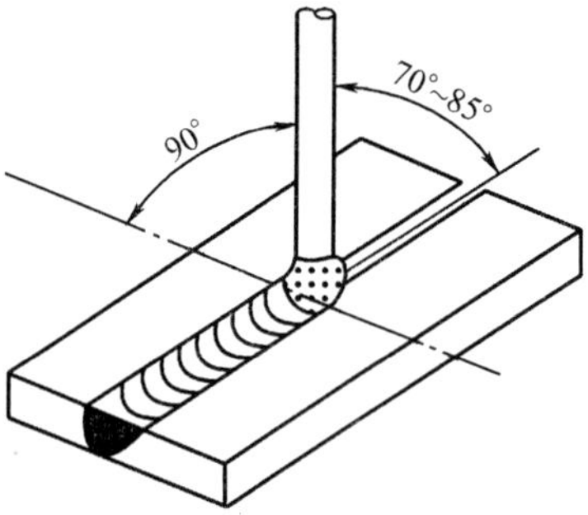

图 4 – 30　焊条角度示意图

3. 控制熔池

焊接时应时刻观察熔池，注意对熔渣和熔化金属的分辨。熔池亮度反映熔池的温度，熔池的大小反映焊缝的宽窄。

（四）技术要求

焊道间距为 30 mm 左右。

焊道的起头和接头基本平滑连接，无局部高低不平现象，收尾处弧坑饱满且无缺陷。

焊缝余高≤3 mm。

焊波均匀，无任何焊缝缺陷。

焊后焊件无引弧痕迹。

严格执行安全操作规程。

正确使用焊接设备，调节焊接电流。

【思考与练习】

1. 试述焊接电弧的物理基础。
2. 说明焊接电源的极性类别及特点。
3. 试述焊条电弧操作安全注意事项。
4. 说明焊条电弧焊操作姿势要求。
5. 引弧有哪些方法，各有何特点？
6. 说明引弧方法的应用。
7. 引弧操作时有哪些注意事项？

8. 运条由哪些基本动作构成，试述各动作的作用及要求。
9. 常用的运条方式有哪些，选择运条方法应考虑哪些因素？
10. 试述典型运条方法的特点及应用。
11. 运条时焊条角度选择应结合哪些因素？试说明焊条角度和焊接位置的关系。
12. 运条有哪些注意事项？
13. 什么是焊缝的接头，焊缝接头有哪些类型？
14. 说明中间接头、相背接头、相向接头及分段退焊接头的操作要点。
15. 焊缝收尾有哪些方法，分别说明其操作要点。
16. 什么是平敷焊，有何特点？
17. 试分析焊接电弧的静特性。
18. 分析电弧力成因及作用。
19. 什么是等离子弧流力，有何特点？
20. 说明电弧力的影响因素。
21. 什么是焊接电弧的稳定性，有哪些影响因素？
22. 分析电弧偏吹的形成原因及解决措施。
23. 试述焊缝的形成过程。
24. 说明焊缝的形状参数。
25. 试述焊接工艺对焊缝成形的影响。
26. 试述平敷焊的实作准备工作。
27. 试述平敷焊的焊接操作流程。
28. 试述平敷焊的操作要点。

项目五　焊条电弧焊板对接焊接技术

焊条电弧焊板材对接,包括平、立、横、仰四个空间位置的焊接技术。在船舶建造领域及压力容器等生产领域占据极其重要的地位,是焊接操作人员必须具备的操作技能。

任务一　板对接平焊操作

【学习目标】

1. 熟悉平焊操作的基本要求。
2. 掌握平焊对接的特点及缺陷预防措施。
3. 掌握薄板平对接操作技能。
4. 掌握 I 形坡口对接双面焊操作技能。
5. 掌握 V 形坡口平对接焊接技能。
6. 掌握 X 形坡口对接操作技能。
7. 掌握板材对接平位单面焊双面成形焊接技能。

【工作任务】

焊条电弧焊板材对接平焊操作。

【任务分析】

在平焊位置进行的焊接称为平焊,是最常用、最基本的焊接方法。

平时焊接时熔滴金属主要靠自重自然过渡,熔池形状和熔池金属容易保持,操作技术比较容易掌握。平焊操作时允许用较大直径的焊条和较大的焊接电流,生产效率高,但容易产生焊接变形。若焊接工艺参数选择不对或操作不当,易在根部形成未焊透或焊瘤。运条及焊条角度不正确时,会导致熔渣和铁水难以分清现象,还会因熔渣超前而形成夹渣。

【知识准备】

一、焊接缺陷

在焊接过程中因焊接产生的金属不连续、不致密或连接不良的现象,称为焊接缺欠,超过规定限值的缺欠称为焊接缺陷(GB/T 6417.1—2005 金属熔化焊焊缝缺欠分类及说明)。

熔焊焊接缺欠的种类很多,根据 GB/T 6417.1—2005 规定,可将其按性质、特征分为裂纹、孔穴、固体杂质、未熔合及未焊透、形状和尺寸不良及其他缺陷 6 类。

除上述 6 类焊接缺欠外,对于焊接接头还有金相组织不符合要求(如晶粒粗大),焊接接头理化性能(化学成分、力学性能等)不符合要求等缺欠形式。

二、平焊操作基本要求

1. 焊缝处于水平位置,允许使用较大电流、较粗直径焊条施焊,以提高劳动生产率。

2. 尽可能采用短弧焊接,可有效提高焊缝质量。

3. 控制好运条速度,利用电弧的吹力和长度使熔渣与液态金属分离,有效防止熔渣向前流动。

4. 多层多道焊应注意选择层次及焊道顺序。

5. 根据焊接材料和实际情况选用合适的运条方法。

对于不开坡口平对接焊,正面焊缝采用直线运条法或小锯齿形运条法,熔深可大于板厚的 2/3;背面焊缝可用直线或小锯齿形运条,采用稍大电流、稍快运条速度施焊。

对于开坡口平对接焊,可采用多层焊或多层多道焊。打底焊易选用小直径焊条施焊,运条方法采用直线形、锯齿形或月牙形。其余各层可选用大直径焊条、稍大电流施焊,运条方法可用锯齿形及月牙形等。

6. 焊条角度可参照图 5－1 所示进行。

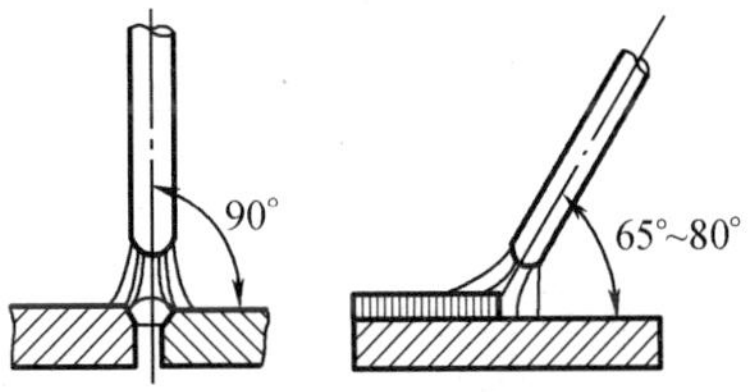

图 5－1　平时对接焊接角度示意

三、平焊对接焊接技术

(一)薄板平对接焊接技术

1. 焊接特点

薄板平对接焊接操作难度较大。焊接时容易产生烧穿、焊缝成形不良等缺陷,且焊接变形较大。

2. 焊接缺陷预防措施

(1)焊缝成形不美观

产生原因包括操作方法不正确、焊条角度不正确、焊接电弧过长及焊速过快等。

预防措施有控制焊条角度、短弧施焊、降低焊速等,条件允许情况时可将起焊处垫高。

(2)烧穿

产生原因有焊接电流过大、熔池温度过高、焊接速度过慢、焊缝间隙过大、焊接电弧过长及焊条角度不正确等。

预防措施有降低焊接电流、调整焊条角度、提高焊速、调整间隙等。若无法调整,可先进行短距离点焊,填满后再进行正式焊,采用短弧操作以有效控制熔池温度。

(3)夹渣

产生原因包括焊条角度偏向一侧,电流过小、电弧过长、熔池温度不均匀等。

预防措施为调整焊条角度、增大焊接电流、短弧焊接、控制熔池温度均匀等。

(4)起头、接头、收尾不良

产生原因为操作方法不规范。

预防措施为规范操作,起头、接头及收尾时应根据实际情况选择合适的焊条运动轨迹,同时注意观察熔池形状和大小。

(二)I形坡口平对接双面焊

1. 焊接特点

与薄板平对接相比,操作方法易掌握,焊接时不易出现烧穿。若工艺参数选择或操作方法不当时,会出现焊接缺陷,如夹渣、气孔、烧穿、焊瘤及未焊透等。

2. 焊接缺陷预防措施

(1)焊缝尺寸不符合要求,波形不美观

产生原因为焊接电流选择不合适、焊速不合理、焊条向下送进速度不均匀等。

预防措施为调整焊接电流,焊速应适中,焊条向下送进时应均匀。

(2)夹渣

产生原因为焊条角度不正确或焊条偏心,焊接电流过小、电弧过长等。操作时熔化金属与熔渣未分开,熔池温度控制不正确。

预防措施为调整焊条角度,增大焊接电流、短弧焊接。操作时应合理控制温度,注意观察熔化金属及熔渣。

(3)咬边

产生原因为焊接电流过大,电弧过长,操作方法不正确。

预防措施为降低焊接电流,选用正确的运条和操作方法,短弧施焊。

(三)X形坡口平对接

X形坡口适用于12~60 mm厚钢板焊接。与V形坡口相比,在相同厚度下减少焊缝金属三分之一左右。X形坡口焊接后变形及内应力较小,但焊接工序较为复杂。

(四)V形坡口平对接焊

1. 焊接特点

V形坡口平对接焊属多层焊法或多层多道焊法,具有一定焊接难度。焊接根部时易焊透,若操作不正确或工艺选择不合理会出现焊穿,形成焊瘤或夹渣现象。层与层之间,也易出现夹渣、未熔合、气孔等缺陷。因此焊接时应特别注意工艺参数的选择,以及操作方法的正确性。

2. 焊接缺陷预防措施

(1)焊道安排不合理

产生原因:焊接经验不足,没有能很好地控制每道焊缝的厚度,焊接时随意性很大。

预防措施:注意观察每道焊缝所焊的厚度,并记录下来,加以分析,使填充焊的最后焊道低于工件平面1 mm左右,再进行盖面焊。

(2)夹渣

产生原因:打底焊时出现夹渣是对熔池观察不好,焊接速度不均匀,焊接电流过小,没有做横摆运动,电弧过长等原因造成的。

预防措施:焊接时注意对熔池的观察,若发现异常,迅速调整焊条角度和电弧长度。必要时暂停焊接,清渣后继续焊接。

注意焊接速度，调大焊接电流，焊接时做横摆运动，选用正确的操作方法。

(3)咬边

产生原因：焊接电流过大，焊条角度不正确，运条方法不准确，焊接电弧过长。

预防措施：调整焊接电流，摆正焊条角度，选择正确的运条方法，短弧操作。

(4)焊瘤

产生原因：焊接电流过大，焊速过慢，间隙过大导致烧穿形成焊瘤。

预防措施：减小焊接电流，加快焊接速度，缩小装配间隙。

(5)焊接变形超出范围

产生原因：反变形角度不够或过大，焊接电流过大，焊接时防变形措施不佳。

预防措施：增加或减小反变形角度，尽量采用小工艺参数，实施有效的防变形措施。

(五)板对接平位单面焊双面成形

单面焊双面成形焊接技术，常用于一些质量要求高的小直径管道和容器等焊接结构。要求在坡口一侧焊接后，焊缝正、背面均能得到均匀、整齐且无缺陷焊道。

单面焊双面成形焊接技术具有一定难度，技术关键在于第一层打底焊对焊缝熔池的合理控制。施焊时操作技术较难掌握，易出现焊瘤、未焊透、背面焊缝成形不美观、脱节、未熔合、夹渣及焊缝超高等焊缝缺陷。

四、单面焊双面成形缺陷

(一)未焊透

未焊透是指实际熔深与公称熔深间的差异，具体指焊接时接头根部未完全熔透的现象，或对接焊缝深度未达到设计要求的现象。未焊透也是一种不连续，主要同焊缝坡口形式有关。

图 5－2 为未焊透分布特征及标注示意，图中 402 表示未焊透，4021 表示根部未焊透。

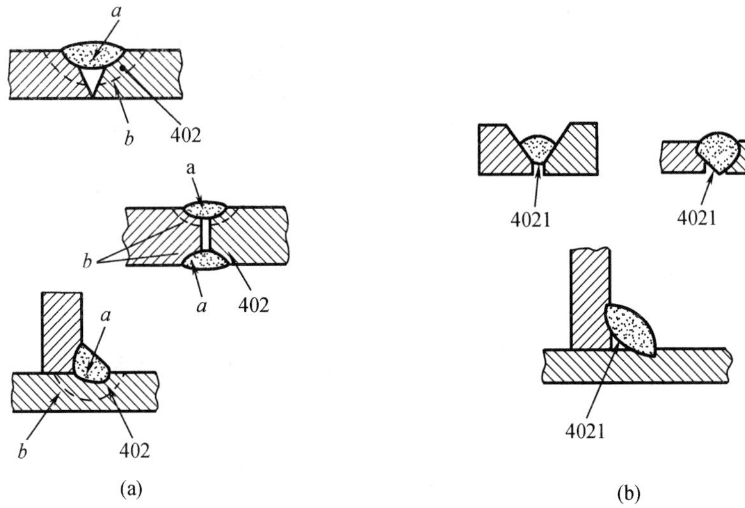

图 5－2　未焊透示意

(a)实际熔深；(b)公称熔深

1. 未焊透成因分析

因焊接规范选择不当或装配不规范而引起。

如坡口钝边过厚，错边量太大，焊接电流过小，焊条偏心或操作角度不当，运条时电弧燃烧时间过短，熔池温度低，使坡口根部没有形成合适的熔孔（没有形成或熔孔太小）等。

（1）根部未焊透

主要是焊接电流过小或焊条未能伸至坡口的根部，电弧热作用不充分，焊条角度不当，导致坡口的根部没有击穿熔透，形成熔孔或电弧偏向一侧等操作不当原因造成。

（2）层间未焊透

一般大多容易产生于多层多道焊时，电流过小或层间清理不干净所致，碱性低氢型焊条比酸性焊条发生的概率要高。

2. 未焊透预防措施

严格控制坡口尺寸及装配组对的间隙、钝边厚度，选择合适的焊接电流、焊条角度及焊接速度，不使用偏心焊条，如使用碱性低氢型焊条所发生的磁偏吹现象，可通过改变接地线位置加以解决。

（二）夹渣

夹渣是指残留在焊缝中的熔渣。夹渣形成情况可能是线状的（3011）、孤立的（3012）或成簇的（3014）。

图 5－3 为夹渣分布特征及标注示意。

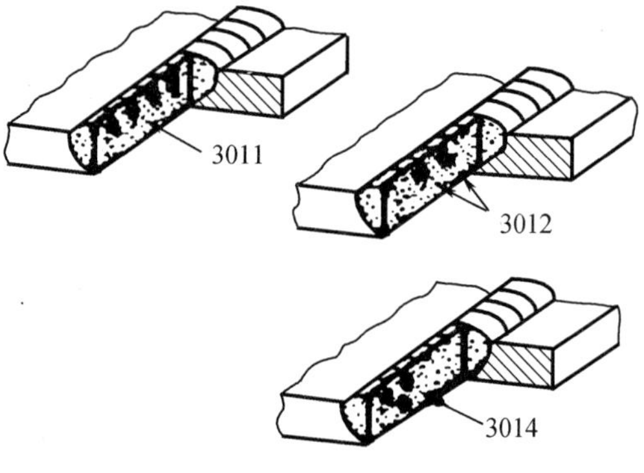

图 5－3　夹渣示意

1. 夹渣成因分析

主要由于操作技术不规范、焊接参数不合适，使熔池中的熔渣不能浮出而存在于焊缝金属中造成。被焊区域没有清理干净，存在油垢、锈蚀严重或焊条失效，施焊中药皮成块滴入熔池也会造成焊接夹渣等缺陷。

2. 夹渣预防措施

短弧焊操作并不能将电弧压得太死，否则会出现“混渣”现象。

施焊中，应选择合适的焊接电流、焊条角度、运条方式，利用电弧吹力使熔渣浮出表面，保持熔池铁水清晰，分清铁水和熔渣。

多层多道焊时，电弧在坡口两侧停留时间稍长些，避免产生坡口中间高、两侧低而导致焊缝存在死角。

不得使用过期失效的焊条，加强被焊母材焊前的清理工作。

(三)焊瘤

焊瘤是指覆盖在母材金属表面，但未与其熔合的过多焊缝金属，可能是焊趾焊瘤(5061)或根部焊瘤(5062)。

图 5－4 为焊瘤分布特征及标注示意。

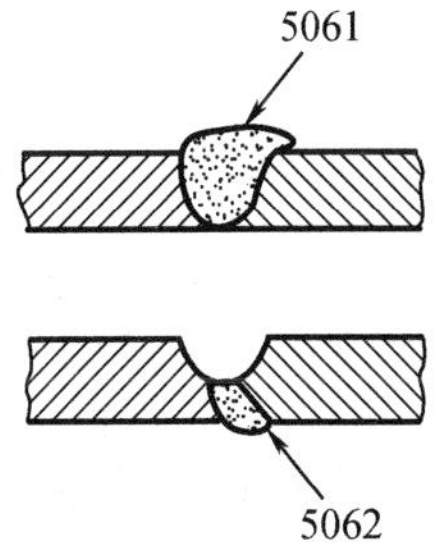

图 5－4　焊瘤示意

1. 焊瘤成因分析

焊瘤是高出正常焊缝多余的超高金属，是由于熔池温度过高，液态金属凝固较慢，在自重作用下下坠形成的。

主要是焊接电流过大，电弧击穿坡口根部燃烧时间过长，以及试件装配尺寸不规范(如钝边较薄、间隙较大)，灭弧停顿时间短，熔孔过大，接头方式不当，使熔池温度过高所造成的。

一般除仰焊位置以外的试件，在打底焊时的背面焊缝容易产生焊瘤，仰焊位置的盖面焊接如操作不当也易产生焊瘤缺陷。

2. 焊瘤预防措施

合理选择电流，严格控制组对间隙与钝边厚度，以及控制熔池温度是防止焊瘤的关键措施。

当发现熔池水平位置有下陷或熔池沸腾、向外喷射小火星现象，应待温度下降或处理后再继续焊接。

(四)缩孔(冷缩孔)

缩孔是指因凝固时收缩造成的孔穴，包括结晶缩孔、弧坑缩孔、末端弧坑缩孔等。

图 5－5 为缩孔分布特征及标注示意。

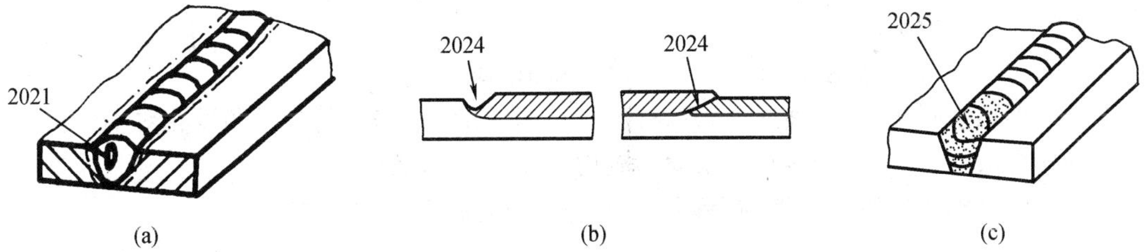

图 5－5　缩孔示意

(a)结晶缩孔；(b)弧坑缩孔；(c)末端弧坑缩孔

1. 缩孔成因分析

主要由于更换焊条时熄弧方式不当,铁水供给不足,熔池不饱满,以及接头操作不良而引起。

缩孔缺陷主要产生在打底层的焊接接头位置。

2. 缩孔预防措施

打底层焊接熄弧前应多向坡口熔孔处补加两三滴铁水,使熔池饱满,熄弧时将电弧向后拉,熄灭在坡口一侧,使熔池缓冷。

接头时更换焊条速度要快,在弧坑前 15 mm 处将电弧引燃,运条至熔孔边沿时电弧下压,听到电弧穿透的“噗噗”声,新熔孔形成,并有铁水与熔渣流向坡口间隙背面时,给足铁水,再恢复正常焊接。

(五)气孔

焊接时,熔池中的气泡在凝固时未能逸出而残留下来所形成的空穴,是焊接过程中常见的缺欠之一。

气孔影响焊缝的致密性(气密性和水密性),减小焊缝的有效工作截面。气孔还会导致应力集中,显著降低焊缝的强度和韧性,对结构的动载强度有显著的影响。

按气孔产生的位置,可分为表面气孔和内部气孔,图 5 – 6 为表面气孔。

(a) (b) (c)

图 5 – 6　表面气孔

(a)单个气孔;(b)均布气孔;(c)条虫状气孔

1. 气孔成因分析

焊条未按要求烘干,焊条角度不当,焊接操作方法不规范造成电弧氛围对熔池保护不良;引弧方法不当(宜采用划擦引弧方法),敲击引弧易将焊条药皮敲掉,失去或降低了保护熔池的作用;采用碱性低氢型焊条操作时,没有采用短弧焊,电弧过高;被焊处不清洁,存在着水分、油污、铁锈等杂质。

2. 气孔预防措施

严格执行焊条烘干规范,并放在保温筒中随用随取。

采用划擦引弧法,短弧施焊,随着焊接空间位置的改变,应保持焊条角度相对不变。

选择合适的焊接工艺参数,运条摆动应均匀,注意接头方法。

焊前应仔细清理被焊工件,并露出金属光泽,及时施焊。

(六)咬边(咬肉)

因焊接参数选择不当,或操作方法不正确,沿焊趾的母材部位产生的沟槽或凹陷称为咬边。

图 5 – 7 为咬边分布特征及标注示意。

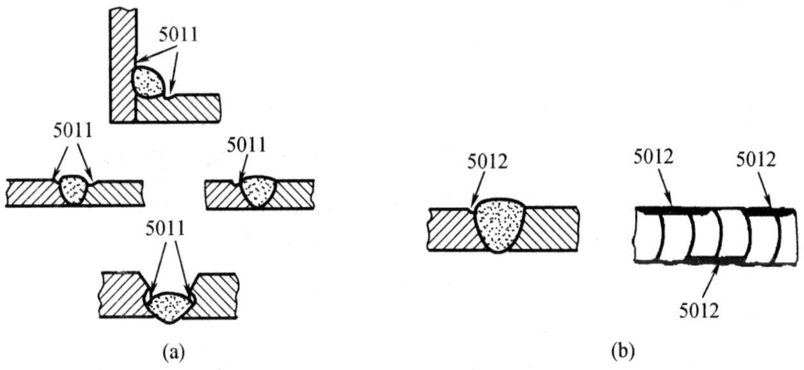

图5-7 咬边示意

(a)连续咬边;(b)间断咬边

1. 咬边成因分析

主要是因焊接电流过大,电弧过长,操作者运条不当,焊条角度不合适等造成,在立焊、横焊两个位置的盖面焊时表现得更为突出。

2. 咬边预防措施

正确选择焊接规范参数。

立焊时,电弧在坡口两侧停顿的时间应适宜,电弧要短,摆动要均匀,向上摆动的速度和间距要适中。

横焊时,焊条的角度和摆动应以能保证熔化的液态金属平稳向熔池过渡,托住铁水,无下淌现象为好,使熔化金属与母材均匀过渡,并成形良好。

(七)未熔合

熔焊时,焊道与母材之间或焊道与焊道之间未完全熔化结合的部分称为未熔合。未熔合是一种焊接不连续,是指焊缝金属和熔合面或焊道间没有熔合,形态呈线形且端部很尖锐,包括侧壁未熔合(4011)、焊道间未熔合(4012)及根部未熔合(4013)等。

图5-8为未熔合分布特征及标注示意。

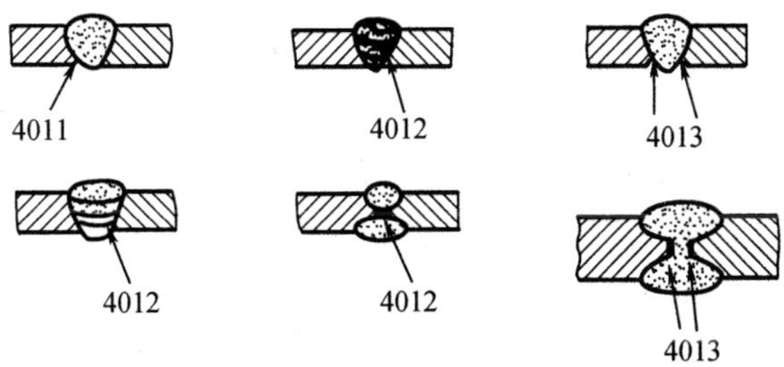

图5-8 未熔合示意

未熔合形成原因包括焊接电流过小,焊接速度过快,焊条角度不对,偏吹,焊接处于下坡焊位置、母材未熔化时已被铁水覆盖,母材表面有污物或氧化物、影响熔敷金属与母材间的熔化结合等。

（八）背面内凹

因熔滴自重而引起焊道背面内凹，多产生于仰焊位置或水平固定管的仰焊或斜仰焊部位。

1. 铁水自重控制不当

施焊时，熔池中的铁水由于本身自重而产生下坠所致。装配间隙过大、钝边过薄、焊接电流太大及运条方式不当等，均能使熔池温度升高，熔滴越重，内凹缺陷就越严重。

减少与控制背面内凹的关键是焊第一层焊缝（打底焊时）时，必须选择合适的装配尺寸（间隙、钝边）、焊条直径、焊接电流、运条方法及焊接速度等，并相互配合得当。如采用碱性焊条打底焊时（E5015，E5016 等），为控制熔池形状及温度，应采取窄焊道、薄焊层，焊条的摆动幅度不宜大，在保证能将钝边熔透的情况下，焊接速度要尽量快些，并将电弧向上推送，使电弧的 2/3 长度作用于坡口背面的上部。

2. 焊接接头方法不规范

该内凹缺陷一般在更换焊条时，因接头方法不当引起，在平、横、立、仰焊接位置均会出现。

主要是由于接头时，焊条角度发生了变化，或是由于新换的焊条在引燃电弧接头时，第一滴熔滴与熄弧时的焊缝熔池造成“冷搭接”所致。

为防止产生接头时的“内凹”，更换焊条要迅速。当引燃电弧时，应先用长弧预热熔池的后部 10 ~ 15 mm 处 2 ~ 3 s 后，再压低电弧，运条至熔池边缘，击穿钝边，形成熔孔，并稍微延长停弧时间，使接头处添送的铁水饱满后，再恢复正常焊接。

（九）焊缝成形不良

焊缝外观宽窄不一，余高过大或过小，焊缝的背面成形忽高忽低，有凹坑、脱节等现象，均属于焊缝成形不良。

1. 成因分析

背面焊缝成形不良，主要是由于坡口两侧击穿的熔孔形状大小不一致，或者焊接速度过慢或过快、不稳定。

填充层焊接将坡口两侧的边沿棱线熔坏，填充焊层的高低不一致，焊条摆动不均匀，焊接规范掌握不当，电弧忽高忽低，焊接速度不合适等，主要原因是操作技术不熟练造成的。

2. 预防措施

加强焊接基本功的练习，打底焊时，要保证坡口两侧的钝边处焊透击穿，所形成的熔孔形状大小应保持一致。

熄弧、接头动作要正确，焊接速度要稳定均匀。

焊后的填充层必须保证两坡口的边缘棱线完好无损，并高低一致，同时低于被焊母材表面 1 ~ 1.5 mm，以利于盖面层的焊接。

焊接电流要适中，运条的摆动宽窄要一致，保持短弧焊，焊条运动到坡口边缘要停顿，才能使焊缝外观成形美观，圆滑过渡。

（十）其他缺陷

1. 烧穿

烧穿成因包括焊接电流过大，速度过慢，使电弧在焊缝处停留过久等。另外，工件间隙过大、钝边过小也容易出现烧穿现象。

预防烧穿措施包括选用较小焊接电流，并配合合适的焊接速度，以及减小装配间隙，在焊缝背面加设垫板等措施。

2. 未焊满

焊接规范过低、焊条过细、运条不当等因素会造成未焊满。

防止未焊满的措施包括加大焊接电流及加焊盖面焊缝等。

3. 焊缝超高

焊缝超高原因包括焊接电流选择不当，运条速度过慢，焊条摆动幅度过慢，焊条施焊角度选择不当等。

预防焊缝超高措施：

(1)根据不同焊接位置、焊接方法，选择合理的焊接电流参数。

(2)焊条摆动幅度规范，摆动速度合理、均匀。

(3)保持正确的焊条角度。

4. 电弧擦伤

焊工随意在工件坡口外引弧，接地不良或接线质量问题等因素造成。

5. 飞溅

焊接电流过大、电弧过长，碱性焊条极性选择不正确，焊条药皮水分过多，焊机动特性、外特性不佳等因素造成。

【任务实施】

一、薄板平对接操作

(一)安全注意事项

1. 焊好的工件应妥善保管，不可徒手触摸或脚踩，以免烫伤。

2. 清渣时注意戴好平光镜并注意躲避，以免焊渣飞入眼中或溅在身上，造成烫伤。

3. 穿戴好个人防护用品，所用面罩不能漏光。

4. 电弧不熄灭时不准掀起面罩，不应不带面罩观看他人操作。

(二)实作准备

1. 设备

交流弧焊机或直流弧焊机。

2. 焊接材料

E4303(J422)，ϕ2.5 mm，ϕ3.2 mm。

3. 工件

Q235 板材，200 mm × 50 mm × 3 mm，2 块一组。

试件规格见图 5 - 9 所示。

4. 工具

敲渣锤、面罩、画线工具及个人防护用品。

(三)操作步骤

1. 清理待焊处，直至露出金属光泽。

2. 选择焊接工艺参数。

3. 矫正焊件，进行反变形设置(或采用夹具固定焊)。

4. 引弧→运条→接头→收尾操作。

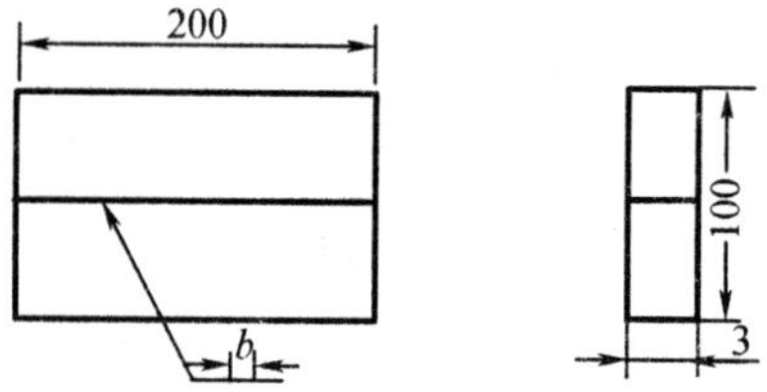

图 5-9　薄板平对接焊试件

5. 焊后清渣、检验。

(四)操作

1. 装配及定位焊

装配时要保证两板对接处齐平、间隙均匀,一般为 0~1 mm,定位焊点长度和间距与焊缝长度、板厚有关。

厚度为 3 mm,长度为 200 mm 的板定位焊点于工件两端 20 mm 内进行,焊前需设置 1°左右反变形。

图 5-10 所示为定位焊示意。

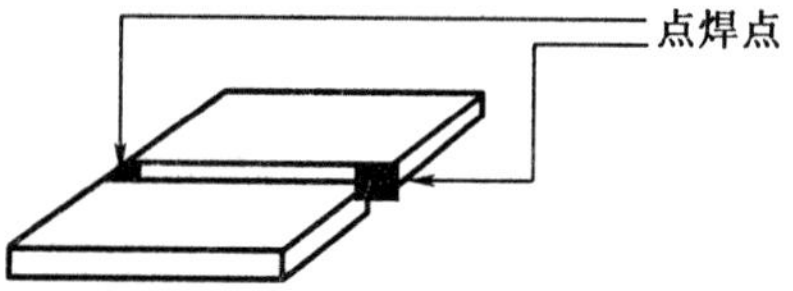

图 5-10　定位焊

定位焊缝是之后正式焊缝一部分,所用焊条应与正式焊接相同。为防止未焊透等缺陷,电流应比正式焊时大 10%~15% 左右。定位焊焊缝两侧应与母材平缓过渡,且不许有任何焊接缺陷,若存在焊接缺陷应铲除后重新施焊。

装配间隙不应超过 1 mm,在装配前应清理干净坡口处毛刺。

2. 焊接工艺参数的选择

焊接工艺参数的选择如表 5-1 所示。

表 5-1　焊接工艺参数参考范围

焊条直径/mm	焊接层数	焊接电流/A	电源极性	电弧长度/mm	运条方法
ϕ2.5	1	70~80	交流、直流正接或反接	2	小锯齿形
ϕ3.2		80~90		2.5	直线往返形

3. 焊接

在定位焊点上用划擦法或直击法进行引弧,将焊条移至待焊处,用弧长为 5~6 mm 的电弧预热 1~2 s 后,立即压低电弧至 2~2.5 mm。

控制焊条与工件两侧夹角为 90°,焊条沿焊接方向与焊缝轴线的夹角为 80°~85°,如图

5－11 所示。

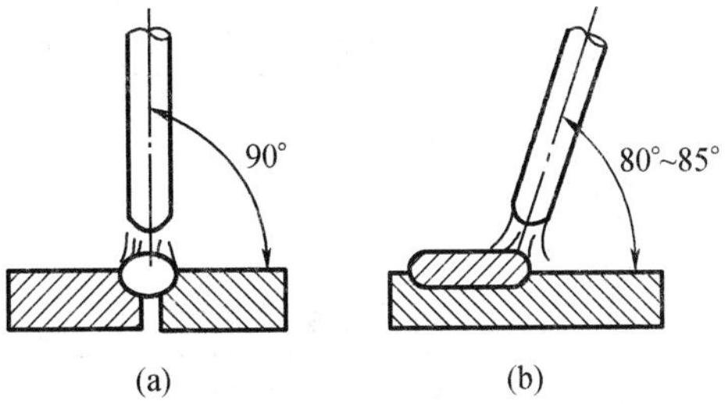

图 5－11 焊条角度示意

(a)焊条与工件纵向夹角;(b)焊条与焊接方向夹角

采用均匀直线形或小锯齿形运条。更换焊条前,先向前运条,然后熄灭电弧。焊条更换后,在熔池末尾 5～6 mm 的焊道处引弧,燃烧后移至熔池,做稳弧动作后进入正常焊接。

焊至焊缝末端处应做收弧动作,最后进行清渣处理。

使用下坡焊法时,应将工件起焊端垫高,形成坡状,如图 5－12 所示,可提高焊速减小熔深,并防止烧穿和减小变形。

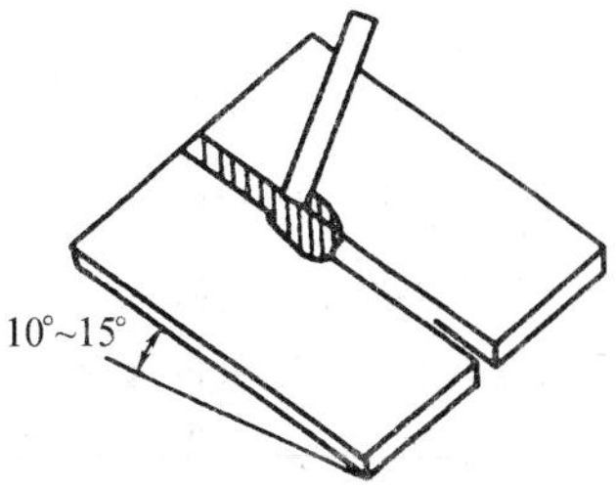

图 5－12　下坡焊操作示意

二、I 形坡口对接双面焊

(一)实作准备

1. 设备

交流弧焊机或直流弧焊机。

2. 焊接材料

E4303(J422),ϕ3.2 mm,ϕ4.0 mm。

3. 工件

Q235 板材,300 mm×100 mm×6 mm,2 块一组。

试件规格见图 5－13 所示。

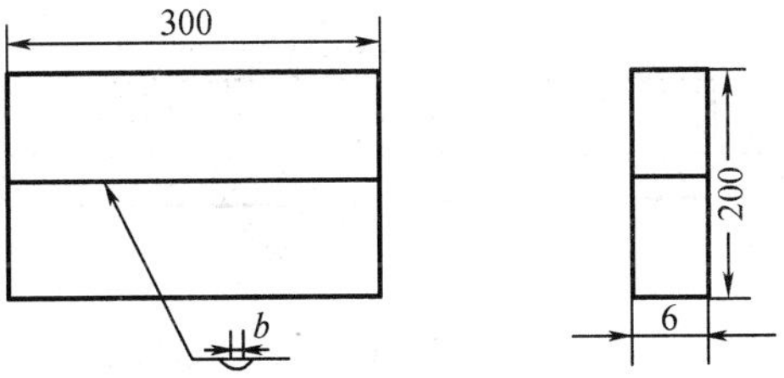

图 5－13　I 形坡口对接双面焊试件

4. 工具

敲渣锤、面罩及个人防护用品。

（二）操作

1. 操作步骤

清理工件→装配→定位焊→清渣→反变形设置→正面焊→清渣→反转 180°→背面焊→清渣→检查质量。

2. 选择焊接工艺参数（表 5－2）

表 5－2　焊接工艺参数参考范围

焊接层数	装配间隙/mm	反变形角度(°)	焊条直径/mm	焊接电流/A	电源极性	电弧长度/mm	运条方法
正面焊	1～1.5	1	ϕ3.2	110～120	交流、直流正接或反接	2～3	直线形
背面焊				110～130			锯齿形

3. 焊接要点

(1) 正面焊缝焊接

①装配间隙不宜过大，一般以 1～1.5 mm 为宜。

②焊接时应采用直线形或锯齿形运条方法。

③控制熔池深度大于板厚 2/3，行走速度稍慢，焊接电流适中。

④焊接时应时刻注意观察熔池形状，控制熔池呈横椭圆形为佳。

若熔池呈现长椭圆形，应及时调整焊条角度或焊接速度；焊接过程中熔渣应始终处于熔池后方，若向前流动应立即调整电弧长度和焊条角度。

(2) 背面焊缝焊接

正面焊接完毕后，将工件翻转 180°背面朝上，将焊缝正面间隙渗透的焊渣用清渣锤、钢丝刷清理干净。

背面焊缝应采用短弧操作，采用直线形或锯齿形运条方法，焊条角度控制在 80°～85°之间。

调整焊接工艺参数，焊接电流可稍大些。提高焊接速度，但应保证熔透深度为板厚的 1/3 左右，如图 5－14 所示。

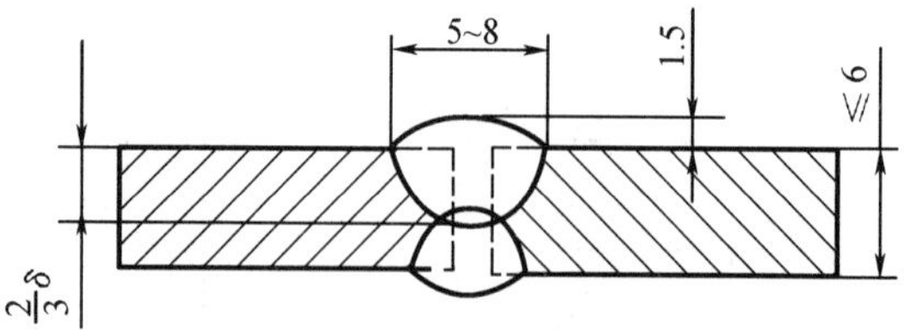

图 5－14　I 形坡口对接焊缝示意

焊接时若发现熔化金属与熔渣混合不清（易产生夹渣），可适当加大电流或稍拉长电弧 1～2 mm，并将焊条向焊接方向倾斜，并往熔池后面推送熔渣，如图 5－15 所示。

待分清熔化金属与熔渣后，方可恢复原来的焊条角度继续施焊。

焊完后清渣，检查有无焊接缺陷。

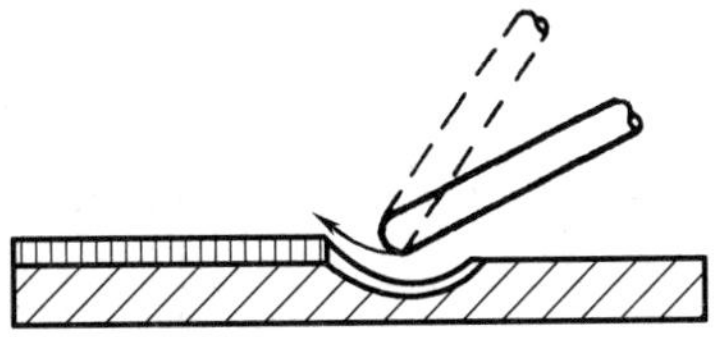

图 5-15　推送熔渣的方法

4. 操作注意事项

(1)定位焊点应位于工件两端 20 mm 以内,焊点长度不超过 10 mm。

(2)合理选择焊接工艺参数。

(3)操作时注意对焊接电流、焊条角度、电弧长度的调整及配合。

(4)焊接时注意对熔池观察,发现异常应及时处理,避免出现焊缝缺陷。

(5)焊前、焊后应注意对其进行焊缝清理。

三、X 形坡口对接操作

(一)实作准备

1. 设备

交流弧焊机或直流弧焊机。

2. 焊接材料

E4303(J422),ϕ3.2 mm,ϕ4.0 mm。

3. 工件

Q235 板材,300 mm×100 mm×16 mm,2 块一组。

试件规格见图 5-16 所示。

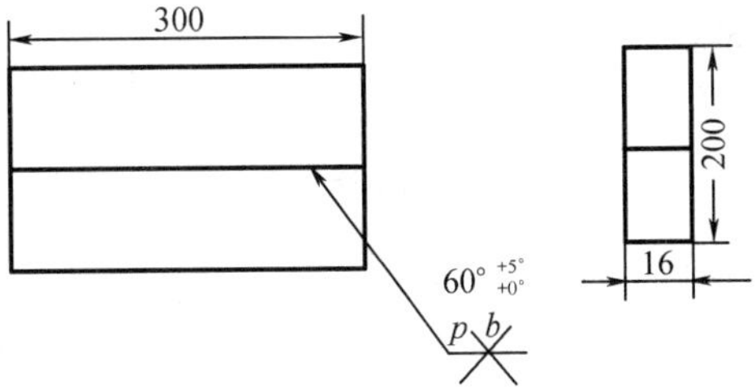

图 5-16　X 形坡口对接试件

4. 辅助工具

敲渣锤、纱布、钢丝刷、磨光机、面罩及个人防护用品。

(二)操作

1. 主要操作步骤

工件坡口矫正及钝边修整→选择焊接工艺参数→装配→定位焊→反变形设置→清理→焊接层数及焊接顺序设置→焊接、观察变形情况→清渣→检查质量。

2. 选择焊接工艺参数(表 5-3)

表 5－3　焊接工艺参数参考范围

焊接层数	焊接顺序	焊条直径/mm	焊接电流/A	电源极性	电弧长度/mm	运条方法
第一层	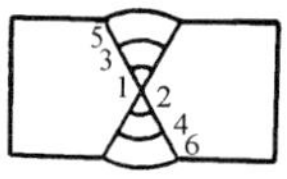	ϕ3.2	100～120	交流、直流正接或反接	2～3	锯齿形 月牙形
第二层			120～130			
第三、四层		ϕ4.0	180～200		3～4	
第五、六层			170～190			

3. 焊接操作要点

(1)第一层焊接时电流应稍小些,以免烧穿形成焊瘤,只需保证焊透即可。

(2)第二层焊接时为保证第一层焊缝根部熔合良好,必须选用较大的焊接电流,同时注意对焊缝熔池观察,以免出现夹渣和未熔合现象。

(3)第三、第四层焊接前,应对第一、第二层焊缝进行彻底清理,若有缺陷应及时处理后再施焊。焊接时应注意对坡口两侧熔合,一次焊缝不得过厚。注意对焊缝接头处理,层间焊缝接头不能重叠。

(4)第五、第六道焊接应注意焊缝宽度和余高要求,一般焊缝宽度应宽于坡口两侧 1～1.5 mm,余高应高出工件表面 0.5～1.5 mm。

4. 注意事项

X 形坡口焊接有其特殊性,因此修整坡口时应先检查坡口角度是否符合要求。

清理坡口及两侧时,应在坡口根部修整出 1～1.5 mm 钝边。

装配应平齐,不允许存在错边,更不应出现扭角现象。

预留间隙 2～3 mm,固定焊点应牢固且无任何焊缝缺陷。

焊接时注意合理安排焊道和选择焊接工艺参数。

焊缝表面不得存在焊缝缺陷,焊接完毕后待焊缝完全冷却后再清渣。

四、板材 V 形坡口平对接双面焊

(一)实作准备

1. 设备

交流弧焊机或直流弧焊机。

2. 焊接材料

E4303(J422),ϕ3.2 mm,ϕ4.0 mm。

3. 工件

Q235 板材,300 mm × 100 mm × 10 mm,2 块一组。

试件规格见图 5－17 所示。

4. 辅助工具

清渣锤、磨光机、纱布、錾子、手锤、钢丝刷、面罩及个人防护用品。

(二)操作

1. 操作步骤

清理工件→修整坡口毛刺→组装(预留间隙)→点固焊→清渣→反变形→打底焊→填充焊→盖面罩→反转 180°焊→清理→检查。

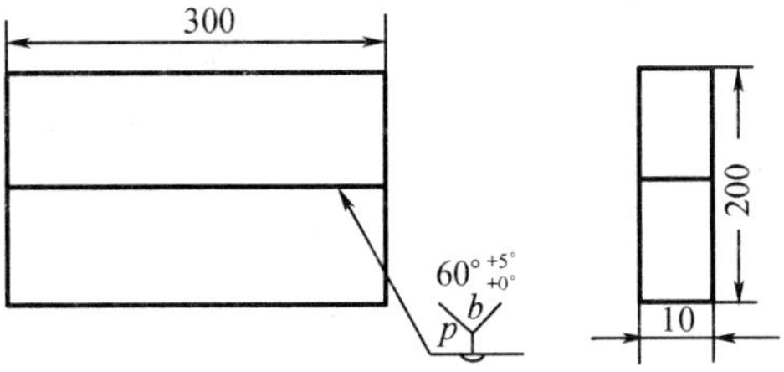

图5－17　V形坡口平对接双面焊试件

2. 操作要领

(1)清理工件

主要是将工件的油、锈等杂物清理干净，将坡口两侧20 mm以内打磨出金属光泽。

(2)修整坡口毛刺

将毛边和氧化渣用敲渣锤或锉刀清理干净，锉削时在坡口底部留出1～1.5 mm的平面边缘作为钝边，以防止烧穿。

(3)组装与定位焊

将两块工件对齐、对平，不能出现错边，并预留间隙2 mm。

点固焊点应在工件两端头20 mm以内进行，焊点不宜过高、过长，焊接电流应为100～120 A。

(4)清渣

对点固焊点进行清渣，并用锉刀将焊点修整出斜坡状，以便焊接时对焊点的连接。若清渣时发现点固焊点存在缺陷，应彻底清除后重新点焊。

(5)反变形

因正面需填充较多的金属，焊后易产生变形。为此在焊前必须进行反变形设置，一般反变形角度控制在1°～2°。

(6)焊接

①焊接工艺参数确定，参见表5－4所示。

表5－4　焊接参数参考范围

焊接层次	焊条直径/mm	焊接电流/A	电源极性	电弧长度/mm	运条方法	焊条角度
打底层1	$\phi3.2$	100～120	交流、直流正接或反接	2～3	直线形 锯齿形	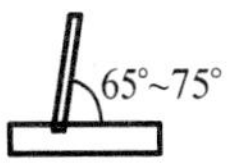
填充层2	$\phi4.0$	180～200		3～4	锯齿形 月牙形	
盖面层3		160～180				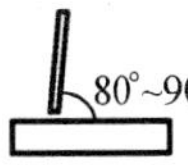
背面焊		180～200				

②焊接注意事项

(a)打底焊　应注意对焊缝熔池的观察，时刻保持平的状态。

若发现下凹现象，则表明熔池温度过高，有可能出现烧穿现象，应立即停弧或将焊条移至坡口两侧稍加停顿,以减小焊缝中心温度。若出现熔池呈不规则球形,则表明熔池温度低,有可能出现夹渣现象,应压低电弧,放慢焊接速度或加大电流。

焊接接头宜采用热接法,在熔池尚未完全冷却前更换好焊条,开始引弧焊接。

若采用冷接法,必须清除焊渣后方能起焊。

(b)填充焊　焊前应对打底层进行认真清渣处理,若存在缺陷需用角向磨光机或錾子进行修整,直至无缺陷为止。

填充焊时起头不应过高,以平为基准。填充焊电流应稍大些,焊缝一次不应焊得太厚。运条至坡口两侧时应稍作停顿且压低电弧,待坡口两侧熔合好后方可移动。焊接速度应稍快,否则会造成夹渣。填充焊时应注意层间熔合良好,避免出现未熔合现象。

(c)盖面焊　正面或背面最后一道焊缝均属于盖面焊,对焊缝的尺寸和外观起重要作用。因此,焊接时应注意对焊接工艺参数及操作方法进行合理调整。

五、板平位单面焊双面成形焊接

(一)设备、材料

1. 设备

交流弧焊机或直流弧焊机。

2. 焊接材料

E4303(J422),ϕ3.2 mm,ϕ4.0mm。

E5015(J507),ϕ3.2 mm,ϕ4.0mm。

3. 工件

Q235 板材,300 mm×100 mm×12 mm,2 块一组。

试件规格见图 5-18 所示。

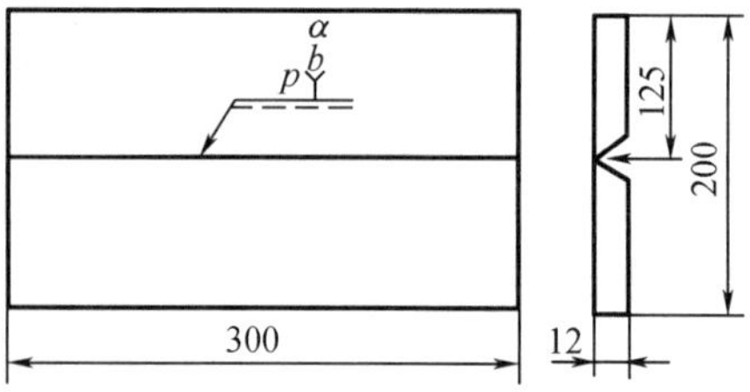

图 5-18　单面焊双面成形试件

4. 辅助工具

清渣锤、磨光机、纱布、錾子、手锤、钢丝刷、面罩及个人防护用品。

(二)焊前准备

1. 焊机使用前检查

焊钳及各接线处连接是否良好。

选用直流电源时,检查电源极性是否符合要求。E4303 焊条应选择直流正接,E5015 采用直流反接。

2. 工件清理

彻底清除工件一定范围内的油漆、锈、水分及氧化皮等杂质,至露出金属光泽,并适当打磨出钝边，清理后应立即施焊。

如工艺无特殊要求，清理时可使用锉刀、角磨砂轮等工具。清理范围为坡口及距坡口两侧 15 ~ 20 mm，如图 5 - 19 所示。

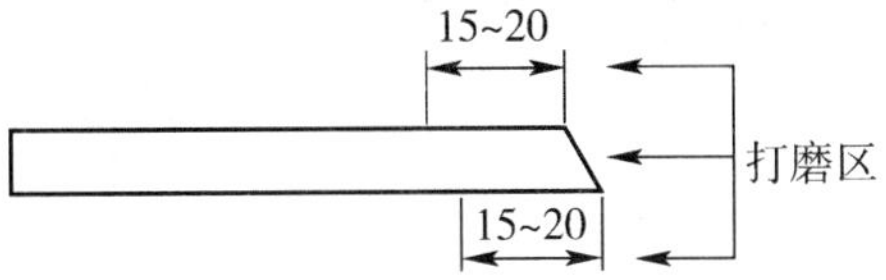

图 5 - 19　焊前清理区

3. 焊条烘干

E4303 烘干温度为 100 ℃ ~ 150 ℃，保温时间为 1 h；E5015 烘干温度为 250 ℃ ~ 300 ℃，保温 2 h。焊条烘干规范，也可按焊条说明书执行。

烘干后的焊条应放入焊条保温筒内，随用随取，重复烘干次数不应超过三次。

4. 定位焊

焊前为固定工件的相对位置、避免变形而进行的焊接操作称为定位焊，也称点固焊，定位焊形成的短小且断续的焊缝为定位焊缝。

定位焊缝较短，在正式焊接过程中往往并不清理掉，最终会保留下来而成为正式焊缝的一部分，故定位焊的质量、尺寸及位置，会直接影响焊缝的质量。

①必须按照焊接工艺规定要求焊接定位焊缝。

②定位焊缝必须保证熔合良好，焊道不能过高，起头和收尾处应圆滑过渡，以防止接头时焊不透。

③定位焊缝的长度、余高及间距可参考表 5 - 5 进行选择。

表 5 - 5　定位焊缝的参考尺寸

工件厚度/mm	定位焊缝余高/mm	定位焊缝长度/mm	定位焊缝间距/mm
<4	<4	5 ~ 10	50 ~ 100
4 ~ 12	3 ~ 6	10 ~ 20	100 ~ 200
>12	>6	15 ~ 30	200 ~ 300

④定位焊缝不能设置在焊缝交叉处或焊缝方向发生急剧变化处，通常应距离这些地方 50 mm 以上。

⑤为防止定位焊缝在焊接过程中裂开，应尽量避免强制装配，必要时可增加定位焊缝长度，并减小定位焊缝间距。

⑥定位焊完毕后，应及时焊接，避免中途停顿和存放时间过长。

⑦定位焊使用的焊接电流，可比正常焊接电流大 10% ~ 15%。

⑧定位焊必须保证装配间隙。

⑨典型试件装配规范。

300 mm × 100 mm × 12 mm 板状对接试件的定位焊。定位焊应采用与正式焊接相同的焊条，定位焊点布置在工件背面两侧端头，焊点长度控制在 10 ~ 15 mm 之间。

定位焊位置、尺寸要求如图 5 - 20 所示。

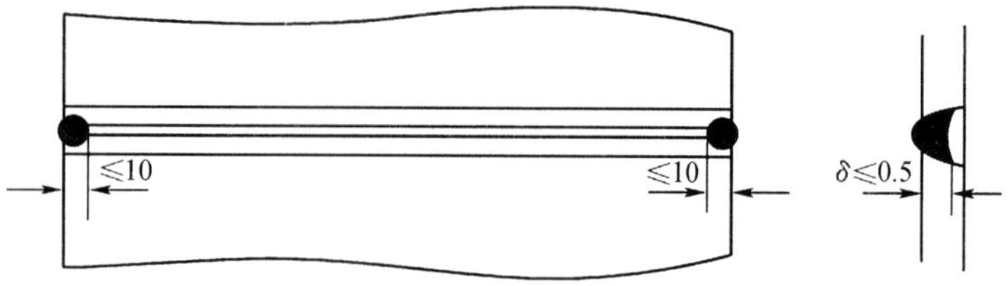

图 5 - 20　定位焊位置及尺寸示意

5. 反变形

为保证焊后试件的平整度,焊前必须预置反变形,具体设置可参照图 5 - 21 所示。

表 5 - 6 为 300 mm × 100 mm × 12 mm 板材对接试件平焊的装配尺寸。

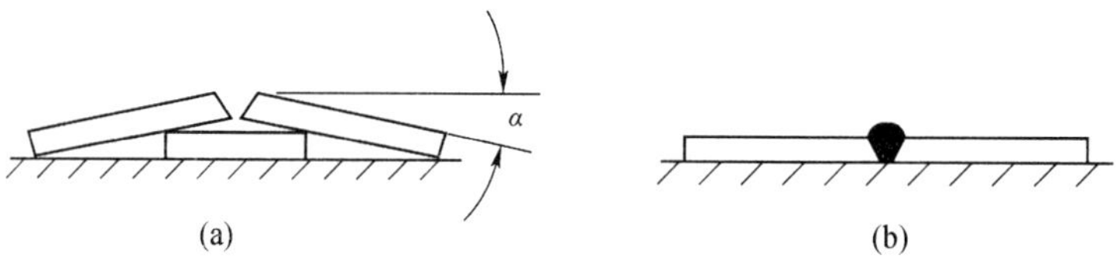

图 5 - 21　试件预置反变形示意

(a)焊前;(b)焊后

表 5 - 6　板材试件平位单面焊双面成形装配尺寸参考数据

焊条型号	坡口形式	坡口角度	坡口间隙/mm	反变形	钝边/mm	错边量/mm
E4303	V 形对接	60°	始焊端 3.2、终焊端 4	3°	0 ~ 1	≤1
E5015	V 形对接	60°	始焊端 2.7、终焊端 3.2	3°	0 ~ 1	≤1

(三)焊接操作

1. 焊道布置

平位施焊时工件处于俯焊位置,是板状试件其余空间位置和管状试件各位置焊接操作的基础,其操作难点在于打底焊的熔孔不易观察、控制。当焊接参数选择及操作不规范时,在焊缝背面容易产生超高、焊瘤或未焊透等缺陷。

平焊操作时,试件置于胎架水平面上,坡口间隙小的一端放置在左侧,自左向右施焊。焊道布置应如图 5 - 22 所示,分四层四道进行。

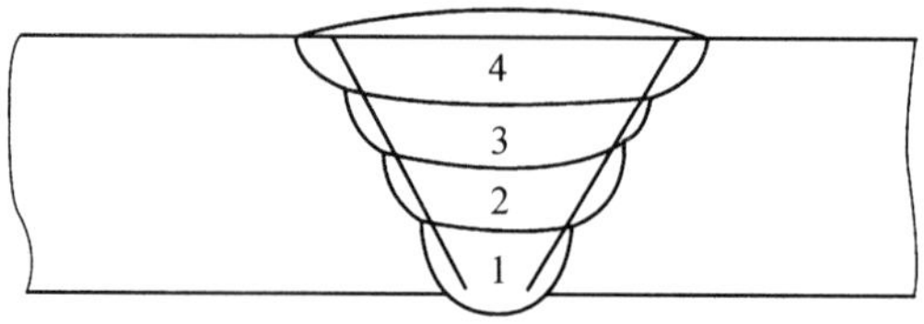

图 5 - 22　平焊焊道设置示意

2. E4303 焊条操作

(1)焊接参数选择(表 5－7)。

表 5－7　E4303 平焊焊接参数参考范围

焊条型号	焊接层次	焊条直径/mm	焊接电流/A	焊接速度/(mm/s)	电源极性
E4303	打底	ϕ3.2	75～85	—	交流、直流正接或反接
	填充	ϕ4.0	175～185	2～2.5	
	盖面	ϕ4.0	165～175	1.5～2	

(2)打底焊

单面焊双面成型的第一层打底焊,是焊接操作的关键环节,采用断弧焊、短弧施焊。

①引弧、灭弧操作　在间隙小的一端定位焊缝始焊处引弧,用 3～4 mm 的长弧对预焊接处进行预热,停顿 1～2 s,然后立即压低电弧(弧长约 2 mm)。此时焊条熔滴向母材过渡颗粒较大,并集中于电弧中心处,将已熔化的坡口两侧连在一起,形成一个椭圆形熔池。

焊条继续向前运动,当清楚观察到熔池前方有一个与焊条直径相等圆孔(熔孔)时,可听见电弧穿过间隙发出"噗噗"声,表示根部已熔透。此时应立即提起焊条灭弧,以防止熔池温度过高而形成焊瘤。灭弧后,熔池温度迅速下降,通过护目镜可清楚观察到原先白亮金属熔池迅速凝固,由熔池轮廓大的亮点直到一个点而消失。

重新引弧时间应选择在熔孔变成暗红、亮点直径大约缩小到焊条直径大小时,焊接位置在熔孔的 1/2 至 2/3 处。电弧一半将前方坡口完全熔化,另一半将已凝固熔池的一部分重新熔化,从而形成一个新熔池和熔孔。新熔池一部分压在原先熔敷金属上,与母材及原先熔池形成良好熔合,如此往复直至焊完为止,如图 5－23 所示。

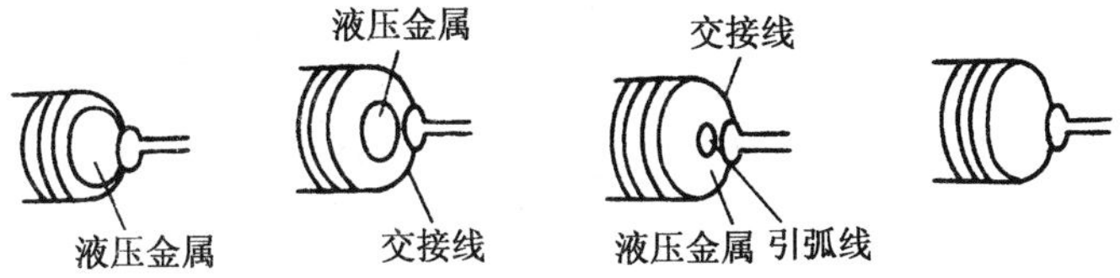

图 5－23　熔池液态金属凝固时交接线的变化过程

②焊条角度　控制焊条角度与前进方向呈 60°～80°,焊条的投影与焊缝重合,如图 5－24 所示。

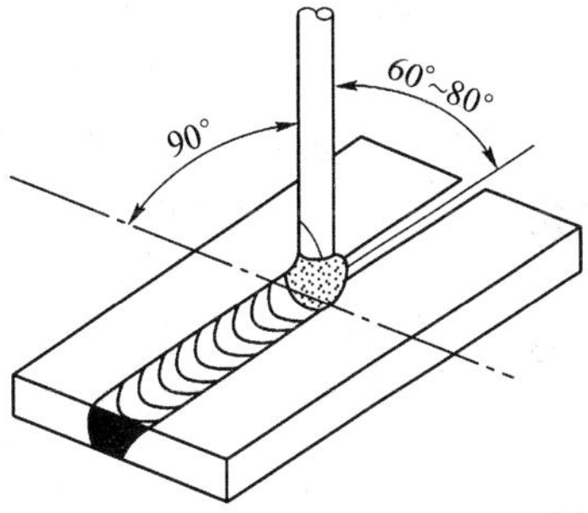

图 5－24　平焊打底焊焊条角度示意

③熔孔的控制　熔孔大小以电弧能将两侧钝边完全熔化并深入每侧母材 0.5～1 mm 为好。熔孔过大,背面焊缝余高过高,甚至形成收缩气孔、焊瘤或烧穿。熔孔过小,坡口两侧根部容易造成未焊透,甚至出现夹渣。

(a)认真观察熔池的形状和熔孔的大小。焊接过程中注意将熔渣与液态金属分开,熔池明亮而清晰,熔渣呈黑色。

(b)焊接过程中,电弧击穿焊件坡口根部时会发出“噗噗”的声音,表明焊缝熔透良好。如果坡口根部没有被电弧击穿,继续向前焊接会造成未焊透缺陷。

(c)焊接过程中,应准确掌握熔孔的形成及尺寸。即每一个新焊点应与前一个焊点搭接2/3,保持电弧的1/3部分在焊件背面燃烧,用于加热和击穿坡口根部钝边,形成新的焊点。

熔孔变大时,应减小焊条前进方向的角度或者提高灭弧频率,降低电弧对焊缝的加热量;熔孔缩小时压低电弧,增大焊条前进方向的角度,配合降低灭弧的频率。

④焊接温度控制　熔池前方应有适量电弧吹到下面,且始终使熔池前端保持有同样大小熔孔,如图5-25(a)所示,操作动作示意如图5-25(b)所示。

温度高、熔池形状增大时则应灭弧,熔池形状变小时,可连续加速焊。图中V_1为引弧运动方向,V_2为灭弧方向。

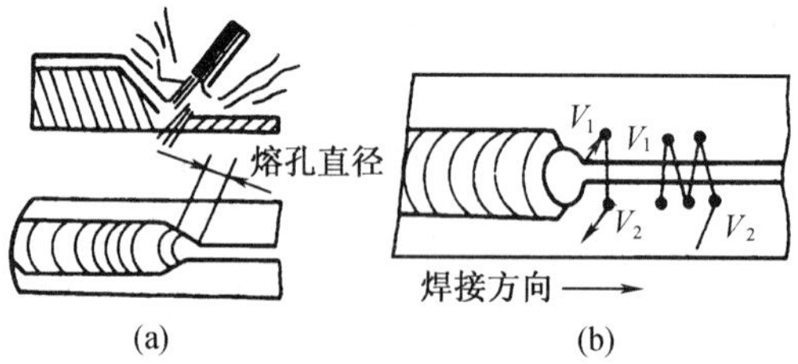

图5-25　打底焊过程示意图

(a)熔孔示意图;(b)操作动作示意图

⑤冷接法接头处理　更换焊条前,收弧时将焊条下压,使熔孔变大。然后缓慢向前带弧使其形成坡口,为下一根焊条接头打基础。接头时在收弧熔池后约10 mm处引弧,引燃电弧后缓慢向前拉弧。当电弧达到收弧熔池前端时将电弧下压,与之前灭弧的熔池熔合为新熔池并形成熔孔,此时熄灭电弧,然后依次施焊。

(3)填充焊

施焊前先将前一道焊缝的熔渣及飞溅清除干净,并对焊缝过高或凹处进行修正。焊接时采用短弧、连弧施焊。

在距离端部约10 mm处引弧,然后将电弧拉回开头处施焊。运条时采用横向锯齿形或月牙形摆动,在坡口两侧稍加停顿,其摆幅应逐层加大。焊接时,焊条角度与前进方向呈75°~85°,焊条的投影与焊缝重合。

焊接与盖面层相邻的填充层时,控制焊缝比坡口边缘低0.5~1.5 mm,最好略呈凹形,焊缝应平滑、无夹渣。需要注意的是,不得熔化坡口两侧的棱边。

填充过程中如果出现熔池和铁水超过焊条的情况,应减小焊条与焊接方向的角度以增大电弧吹力,并适当提高焊接速度。至熔池铁水恢复到正常位置后,再将焊条调整回正常的焊接角度。

(4)盖面焊

采用连弧法施焊。在距离端部约10 mm处引弧,然后将电弧拉回开头处施焊。焊条角度与前进方向呈75°~85°,焊条的投影与焊缝重合。

运条时采用横向锯齿形或月牙形摆动,在坡口两侧稍停顿。焊条的摆幅由熔池边沿确定,熔池边沿不得超过工件表面棱边2 mm。

接头时应在弧坑前 10 mm 处引弧，然后向回拉弧将弧坑添满后进行施焊。

3. E5015 焊条操作

（1）焊接参数选择（参见表 5－8）。

表 5－8　E5015 平焊焊接参数参考范围

焊条型号	焊接层	焊条直径/mm	焊接电流/A	焊接速度/(mm/s)	电源极性
E5015	打底	ϕ3.2	70～80	1～2	直流反接
	填充	ϕ4.0	165～175	2～2.5	直流反接
	盖面	ϕ4.0	155～165	1.5～2	直流反接

（2）打底

采用连弧法、短弧施焊。

在间隙小的一端定位焊缝始焊处引燃电弧，采用 3～4 mm 的长弧对预焊接处进行预热，稍停顿 1～2 s，当预焊接点变红、微熔后向右施焊。

电弧到达定位焊缝右侧前沿时，焊条下压并稍停顿，使坡口与焊缝金属熔合为一体且焊出熔孔，伴随“噗”的一声后第一个熔池形成，然后运用连弧焊法，采用横向锯齿形或月牙形摆动匀速前进。焊接过程中，应保证时刻有熔孔出现。摆动至坡口两侧时应稍停顿，使坡口根部熔合。

焊条角度与前进方向呈 70°～80°，焊条的投影与焊缝基本重合。

操作时，应将熔孔直径控制在比间隙大 1～2 mm，如图 5－26 所示。

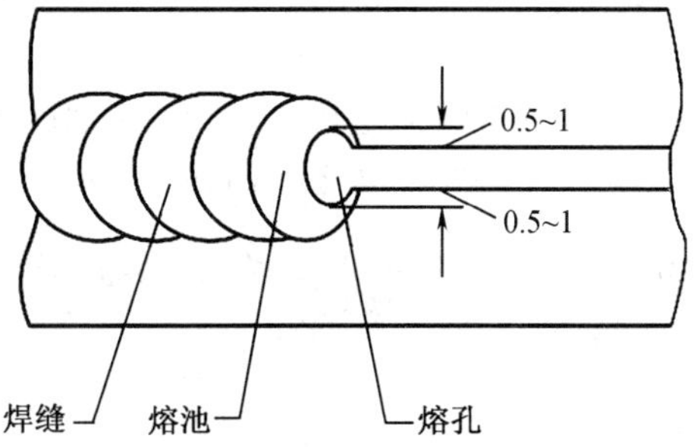

图 5－26　平焊时熔孔控制示意

熔孔变大时，应减小焊条与前进方向的角度；熔孔缩小时则压低电弧，同时增大焊条与前进方向的角度。

更换焊条前，在收弧时将焊条下压，使熔孔变大。然后缓慢向前带弧使其形成坡口，为下一根焊条接头打基础。接头时在收弧熔池后约 10 mm 处引弧，引燃后慢慢向前拉弧。当电弧达到收弧熔池前端时，电弧下压形成熔孔，然后依次施焊。

（3）填充

采用短弧法施焊。

在距离端部约 10 mm 处引弧，然后将电弧拉回开头处施焊。焊条角度与前进方向呈 75°～85°，焊条的投影与焊缝重合。运条时采用横向锯齿形或月牙形摆动，摆动至坡口两侧稍加停顿。

最后一层填充层,与工件表面距离应控制在 1.5 ~2 mm,焊缝应平滑、无夹渣。焊接时不要熔化坡口棱边,以保证盖面层焊道平直。

填充过程中,如果出现熔池和铁水超过焊条的情况,应减小焊条与焊接方向的角度,以增大电弧吹力,并适当加快焊接速度。当熔池铁水恢复到正常位置后,将焊条调整回正常的焊接角度。

(4)盖面

采用连弧法施焊。

在距离端部约 10 mm 处引弧,然后将电弧拉回开头处施焊。焊条角度与前进方向呈 75°~85°,焊条的投影与焊缝重合。运条采用横向锯齿形或月牙形摆动,摆动至坡口两侧稍停顿。

接头时应在弧坑前 10 mm 处引弧,然后向回拉弧将弧坑添满后进行施焊。

4. 验收质量标准

焊条电弧焊对接单面焊双面成形应达到的技术标准:执行中国船级社《材料与焊接规范》2012 标准,具体要求见表 5 -9。

表 5 -9 焊缝质量检验项目及标准

检查项目		标准
外观检查	表面成形	成形良好,焊缝边缘应平顺过渡到母材,焊缝宽度均匀
	表面缺陷	焊缝表面应无裂纹、未熔合、夹渣、气孔和焊瘤等缺陷
	咬边	咬边深度应不大于 0.5 mm 咬边长度 板试件:焊缝两侧咬边累计总长度应不超过焊缝全长 10% 管试件:焊缝两侧咬边累计总长度应不超过焊缝全长的 20%
	内凹	允许有深度不超过 0.1 t(t 为试件厚度)且不大于 1.5 mm、累计长度不超过焊缝全长 10% 的局部内凹
	未焊透	无
	焊瘤	根部焊瘤应不大于 3 mm
	焊缝余高	平焊位置的焊缝余高应不大于 3 mm,其他位置应不大于 4 mm
	焊缝宽度	每侧焊缝宽度应不大于坡口宽度 2.5 mm
弯曲试验		在受拉面的任何方向上均不应有超过 3 mm 的裂纹和其他开口缺陷

任务二 板对接立焊操作

【学习目标】

1. 掌握立焊操作的基本姿势及一般要求。

2. 掌握薄板立对接单面焊焊接技术。

3. 掌握板材对接立位单面焊双面成形焊接技能。

【工作任务】

焊条电弧焊板材对接立焊操作。

【任务分析】

立焊是指与水平面相垂直的立位焊缝。根据焊条的移动方向,可分立向下焊和立向上焊。立向下焊需特殊焊条及设备才能完成焊接,故应用较少。而向上焊采用一般焊条即可施焊,应用广泛。

立焊焊接生产效率低于平焊。立焊操作较为困难,原因为铁水与熔渣因自重下坠,容易分离,当熔池温度过高时,铁水易下流产生焊瘤、咬边,而温度过低时易产生夹渣缺陷。

【知识准备】

一、立焊操作的基本姿势

(一)基本姿势

立焊基本姿势包括站姿、坐姿及蹲姿,如图 5 - 27 所示。

图 5 - 27　立焊操作姿势

(a)站姿;(b)坐姿;(c)蹲姿

(二)握钳方法

立焊握钳方法,见图 5 - 28 所示。

二、立焊操作的一般要求

1. 保证正确焊条角度

一般情况焊条角度向下倾斜 60° ~ 80°,电弧指向熔池中心,如图 5 - 29 所示。

2. 选用合适工艺参数

立焊操作时应选用较小焊条直径、较小焊接电流(比平焊小 20% 左右),采用短弧施焊。焊接时应特别注意对熔池温度的控制,可选用灭弧焊法来控制温度。

3. 选用正确运条方法

一般情况可选用锯齿形、月牙形或三角形运条方法。当焊条摆动至坡口两侧时应稍停顿,以增加焊缝熔合性能,减少咬边现象发生。

图 5－28　立焊握钳姿势

(a)正握;(b)平握;(c)反握

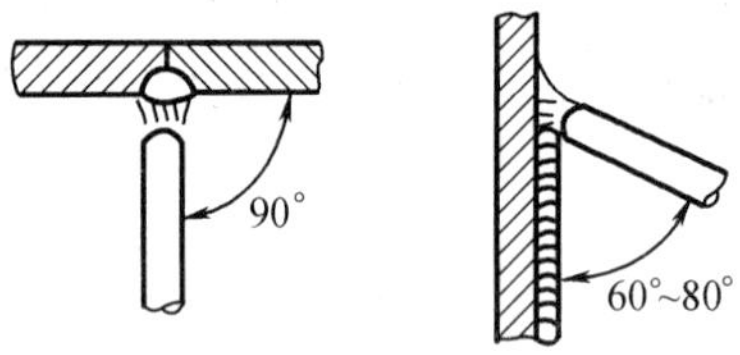

图 5－29　立焊焊条角度示意

立焊运条方式,见图 5－30 所示。

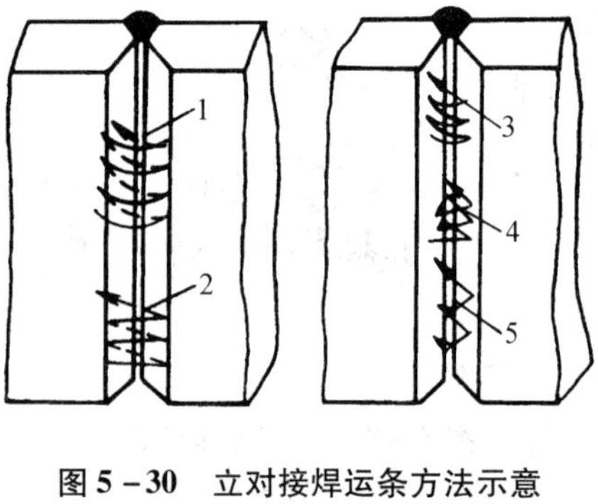

图 5－30　立对接焊运条方法示意

1—月牙形运条;2—锯齿形运条;3—小月牙形运条;4—三角形运条;5—跳弧运条

4. 掌握良好操作姿势

为便于观察熔池和熔滴过渡情况,操作时可采取胳臂有依托和无依托两种姿势。有依托时,胳臂轻轻托在上体肋部或大腿、膝盖位置,采用有依托方法比较平稳、省力。

无依托法是将胳臂半伸开悬空操作,利用胳臂的伸缩调节焊条位置,胳臂活动范围大,操作难度较大。

【任务实施】

一、薄板立对接单面焊焊接技术

薄板立对接单面焊焊缝成形不美观,易烧穿,容易因熔池温度过高,导致焊瘤和咬边缺陷。此外还容易出现夹渣现象,熔池形状较难控制。

(一)安全操作规程

1. 由于立焊位置的特殊性,所以在焊接时应特别注意飞溅烧伤,应穿好工作服,戴好焊接手套及工作帽。

2. 清渣时要戴好护目平光眼镜。

3. 搬运及翻转焊件时,应注意防止手脚压伤或烫伤。

4. 工件摆放高度应与操作者眼睛平行,并将工件安置牢固,防止倒塌伤人。

(二)实作准备

1. 设备

交流弧焊机或直流弧焊机。

2. 焊接材料

E4303(J422),ϕ2.5 mm,ϕ3.2 mm。

3. 工件

Q235 板材,300 mm×50 mm×6 mm,2 块一组。

试件规格见图 5－31 所示。

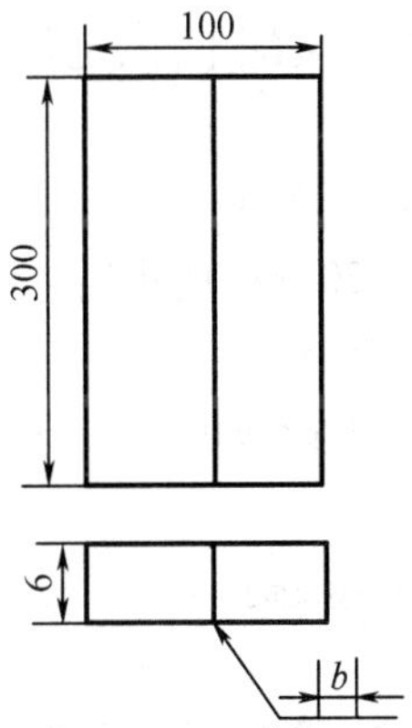

图 5－31　薄板立对接单面焊试件

4. 工具

敲渣锤、面罩及个人防护用品等。

(三)基本操作手法

6 mm 板不开坡口立对接属于较薄板焊接,存在一定难度。为了能获得良好焊缝质量及便于操作,常采用跳弧焊法和灭弧焊法。

1. 跳弧焊法

当熔滴脱离焊条末端过渡到熔池后,立即将电弧向焊接方向提起,保证熔化金属凝固机会充足。此时,通过护目玻璃可以观察到熔池中白亮熔化金属迅速凝固,白亮部分也逐渐缩小,形成一个"台阶"。当熔池缩小到焊条直径 1～1.5 倍左右时,将提起的电弧拉回到熔池"台阶"上面,熔滴过渡到熔池后(形成新的"台阶"),再提起电弧,如图 5－32 所示。

如此重复以上过程,可以自下而上形成良好焊缝。

2. 灭弧焊法

当熔滴自焊条末端过渡到熔池后,立即将电弧熄灭使熔化金属有瞬时凝固机会,随后重新在弧坑引燃电弧,这样交错进行直至整条焊缝焊完为止。

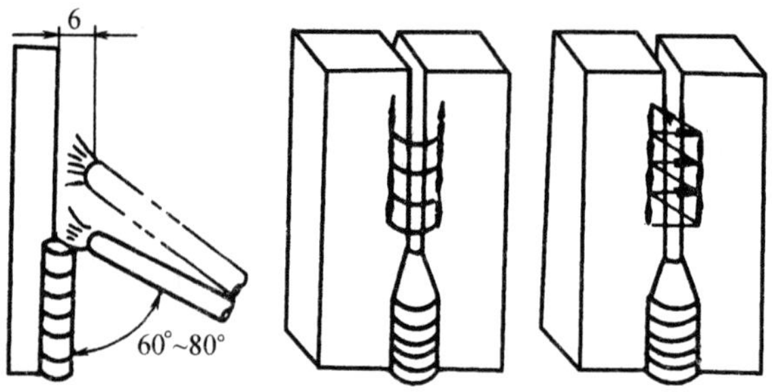

图 5－32 跳弧法示意

(a)直线形跳弧法;(b)月牙形跳弧法;(c)锯齿形跳弧法

(四)焊接操作流程及实施

1. 操作步骤

清理待焊处→选择焊接工艺参数→装配工件、定位焊、反变形→焊接→清渣、检查。

2. 操作实施

(1)对工件进行修整,预留间隙 1～1.5 mm。

(2)进行定位焊,焊点于焊缝两端 20 mm 内进行。

(3)清理点焊处的焊渣,进行反变形。

(4)摆放好工件,高度位置与眼睛平行即可。

(5)焊接。

①确定焊接工艺参数(参照表 5－10 选择)。

表 5－10 焊接工艺参数参考范围

焊接层次	焊条直径/mm	焊接电流/A	电弧长度/mm	电源极性	运条方法	焊接方法
1	ϕ2.5	80～90	1～2	交流、直流正接或反接	跳弧法	锯齿形或月牙形
	ϕ3.2	90～100	2～3		灭弧法	

②在坡口下端定位焊缝上引弧,并将电弧移至坡口下端处,如图 5－33(a)所示。采用长弧预热坡口根部,当达到半熔化状态时,将焊条开始熔化的熔滴向外甩掉,勿使熔滴进入

图 5－33 立焊起头方法示意

焊缝，如图 5－33(b)所示。预热后立即压低电弧至 2～3 mm，用短弧自下向上焊接。

焊条与工件左右方向各成 90°，焊条与焊缝前进反方向成 60°～85°，如图 5－34 所示。

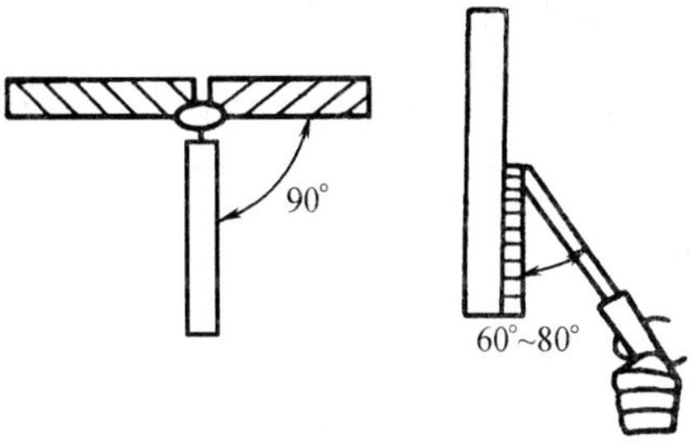

图 5－34　焊条角度示意

用月牙形或锯齿形运条方法，采用跳弧焊法或灭弧焊法操作。操作时应控制好熔池形状，保持均匀一致。

快速更换焊条，在距离熔池末尾 5～6 mm 焊道处引弧后移至熔池，稳弧片刻进行正常焊接。

③焊接技能要点。焊接时注意对熔池形状观察与控制。如图 5－35(a)所示，熔池呈扁平椭圆形，表明熔池温度合适。如图 5－35(b)所示，熔池下方出现鼓肚变圆时，则表明熔池温度稍高，应立即调整运条方法，即焊条在坡口两侧停留时间增加，中间过渡速度加快，尽量缩短电弧长度。若熔池不能恢复到偏平状态，反而鼓肚有扩大的趋势，如图 5－35(c)所示，则表明熔池温度已过高，已不能通过运条方法调整温度，应立即灭弧，待降温后再继续焊接。

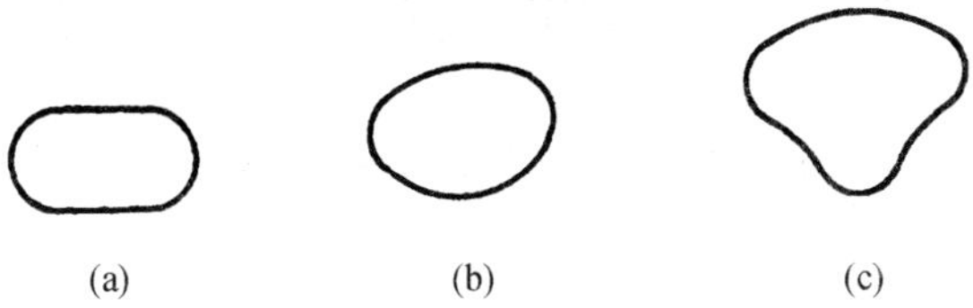

图 5－35　熔池形状与温度的关系

(a)正常；(b)温度稍高；(c)温度过高

握钳方法可根据实际情况和个人习惯确定，一般常用正握法。

采用跳弧焊时，为有效保护好熔池，跳弧长度不应超过 6 mm。采用灭弧焊时，在焊接初始阶段，由于焊件温度较低，控制灭弧时间短些，焊接时间长些。随着焊接时间延长，焊件温度增加，灭弧时间应逐渐增加，焊接时间逐渐减短，以有效避免出现烧穿和焊瘤。

起头或更换焊条时，电弧引燃后应将电弧稍微拉长，对焊缝端头起到预热作用后再压低电弧进行正式焊接。

采用热接法接头时，因立焊选用的焊接电流较小，更换焊条时间过长，导致接头时预热不充分，或焊条角度不正确，容易造成熔池中熔渣和铁水混在一起，使接头中产生夹渣并造成焊缝过高现象。采用冷接法时应认真清理接头处焊渣，在待焊处前方 15mm 处起弧，拉长电弧，至弧坑上 2/3 处压低电弧做半圆形接头。

立焊收尾方法较简单,采用反复点焊法收尾即可。

(6)清渣、检查质量。

二、板材 V 形坡口立对接双面焊接

V 形坡口立对接双面焊与 6 mm 板立焊相比较,操作方法较容易掌握,熔池温度便于控制。但因焊件较厚,需采用多层多道焊,故给焊接操作带来一定困难,特别是打底焊,若掌握不好会出现焊接缺陷,如夹渣、焊瘤、咬边、未焊透、烧穿及焊缝出现尖角等。

(一)实作准备

1. 设备

交流弧焊机或直流弧焊机。

2. 焊接材料

E4303(J422),$\phi 3.2$ mm。

3. 工件

Q235 板材,300 mm × 150 mm × 10 mm,2 块一组。

试件规格见图 5-36 所示。

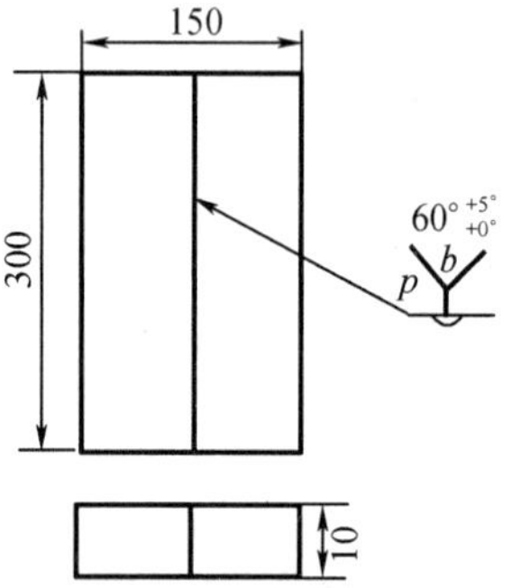

图 5-36　V 形坡口立对接双面焊试件

4. 辅助工具

清渣工具、处理缺陷工具及个人防护用品等。

(二)操作

1. 操作步骤

清理工件→校对坡口角度→组装→定位焊→清渣→反变形→打底焊→填充焊→盖面焊→反转 180°焊接→清渣→检查。

2. 操作要领

(1)清理、装配

清理工件表面污物,使坡口两侧 20 mm 范围内露出金属光泽。

校对坡口角度、组装、定位焊、清渣与开坡口平对接焊基本相同。组装时预留间隙以 2~3 mm 为宜,反变形角度为 2°~3°。

(2)焊接工艺参数选择

焊接时若工艺参数选择不当,操作方法不正确均会造成焊接缺陷,焊接参数可参照表 5-11所示选择。

表 5-11　焊接工艺参数参考范围

焊接层次	焊缝布置	焊条直径/mm	焊接电流/A	电弧长度/mm	电源极性	焊条角度		运条方法
打底层		3.2	90~100	2~3	交流、直流正接或反接			三角形 月牙形 锯齿形
填充层			95~105					
盖面层			90~100				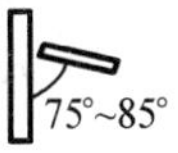	
背面焊			95~110				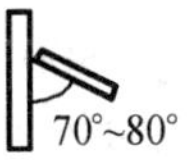	

(3)打底焊

运条方法选用小三角形、小月牙形或锯齿形均可，操作方法选用跳弧焊，也可用灭弧法。焊接时注意对熔池形状、大小的控制，避免烧穿、夹渣缺陷，避免熔池呈凸形（如图5-37(a)所示）。

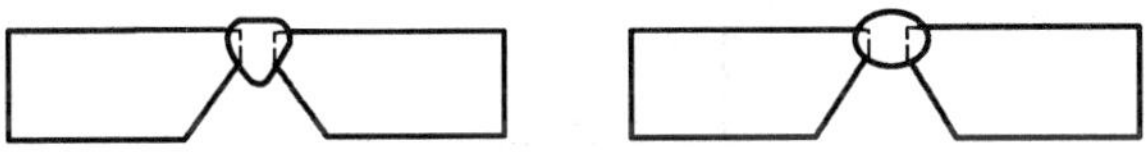

(a)　　(b)

图 5-37　V 形坡口立对接焊的根部焊缝示意

(a)不正确；(b)正确

(4)填充焊

焊前应对底层焊缝彻底清理，对于高低不平处应进行修整后再焊接。

运条方法与打底焊相同，但摆动幅度要比打底焊宽些。操作方法可选择跳弧焊法或稳弧焊法。焊条横摆频率应快些，至坡口两侧停顿时间稍长，以免焊缝出现中间凸、两侧凹陷，造成夹渣现象。

(5)盖面焊

焊前要彻底清理前一道焊缝及坡口上的焊渣及飞溅。

盖面前一道焊缝应以低于工件表面0.5~1.0 mm为佳。

运条至坡口边缘时应尽量压低电弧且稍停片刻，中间过渡稍快些。翻转180°背面施焊，略提高电流，加快焊速，运条方法与盖面焊相同。

3. 操作注意事项

(1)装配好工件后应注意反变形。

(2)将间隙较小一端放在起焊处，调节焊接电流进行打底焊。

(3)对准起焊处中心部位，用划擦法或直击法引燃电弧，焊条与工件夹角成90°，拉长电弧对起焊点进行预热，待坡口处出现汗珠后立即压低电弧，进行正式焊接。

(4)更换焊条动作应迅速准确，收尾要饱满，无任何焊缝缺陷。

(5)背面焊时应注意调整焊接工艺参数及操作方法。

三、板立位单面焊双面成形焊接

(一)设备、材料

1. 设备

交流弧焊机或直流弧焊机。

2. 焊接材料

E4303(J422),ϕ2.5 mm,ϕ3.2 mm。

E5015(J507),ϕ3.2 mm。

3. 工件

Q235 板材,300 mm×100 mm×12 mm,2 块一组。

试件规格见图 5-38 所示。

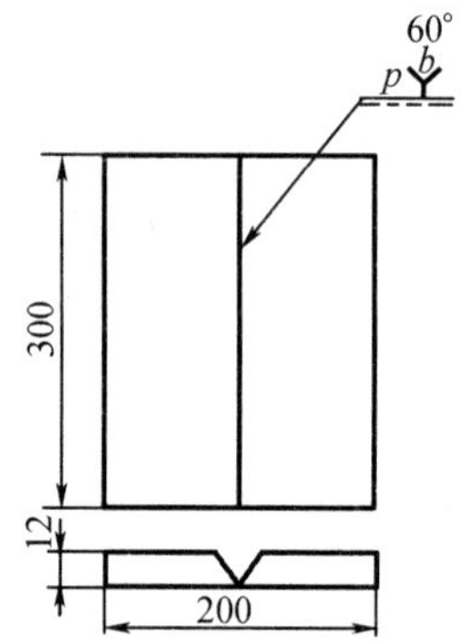

图 5-38 单面焊双面成形试件

4. 辅助工具

清渣锤、磨光机、纱布、錾子、手锤、钢丝刷、面罩及个人防护用品。

(二)焊前准备

1. 反变形控制

为保证焊后试件的平整度,焊前必须预置反变形,表 5-12 为板材试件平位单面焊双面成形装配尺寸参考数据。

表 5-12 板材试件立位单面焊双面成形装配尺寸参考数据

焊条型号	坡口形式	坡口角度	坡口间隙/mm	反变形	钝边/mm	错边量/mm
E4303	V 形对接	60°	(断弧法) 始焊端 3.2、终焊端 4 (连弧法) 始焊端 2.5、终焊端 3.2	2°	0~1	≤1
E5015	V 形对接	60°	始焊端 3.2、终焊端 3.7	3°	0~1	≤1

2. 其余要求同板材平位单面焊双面成形。

(三)焊接操作

立焊时液态金属受重力作用下坠,容易产生焊瘤致使焊缝成形困难。打底层施焊,熔池金属和熔渣极易分离,造成熔池保护效果下降,一旦操作手法不当,必然会产生气孔。所以立焊时,必须严格控制焊条角度并短弧操作。

试件垂直固定在胎架上,工件间隙小的一端放在下端,自下向上施焊。焊接时焊道可分四层四道进行,如图 5-39 所示。

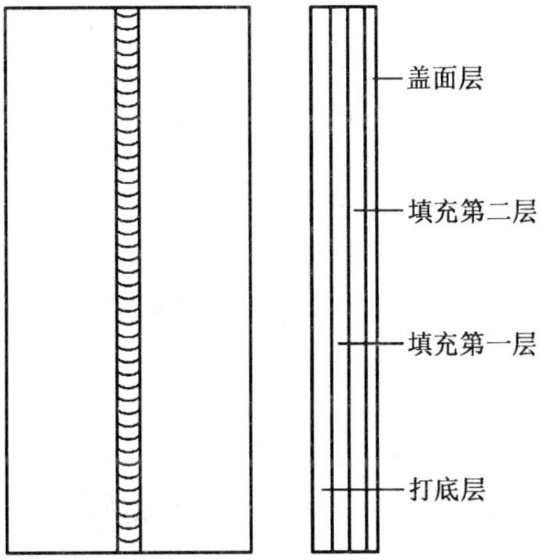

图 5-39　立焊焊道布置图

1. E4303 焊条操作

(1)焊接参数选择

焊接参数选择可参照表 5-13 所示进行。

表 5-13　E4303 立焊焊接参数参考范围

焊条型号	焊接层	焊条直径/mm	焊接电流/A	焊接速度/(mm/s)	电源极性
E4303	打底	ϕ2.5	50~60	—	交流、直流正接或反接
	填充	ϕ3.2	85~95	1.5~2	
	盖面	ϕ3.2	80~90	1.5~2	

(2)打底焊

打底焊应采用短弧,可使用断弧法或连弧法施焊。

采用断弧焊时,在试件下端定位焊缝上面 10~20 mm 处引弧,并迅速向下拉到定位焊缝,稍停顿预热 1~2 s,开始摆条并向上运动。

到达定位焊缝上端时适当加大焊条角度并压低电弧,焊出熔孔听到"噗"的一声后熄灭电弧。当熔孔变成暗红时再进行焊接,焊条与已焊焊缝的角度为 70°~80°,焊条的投影与焊缝重合,如图 5-40 所示。

电弧在工件两侧坡口面上稍停顿,确保焊缝与母材熔合。保证电弧的 1/3 对着坡口间

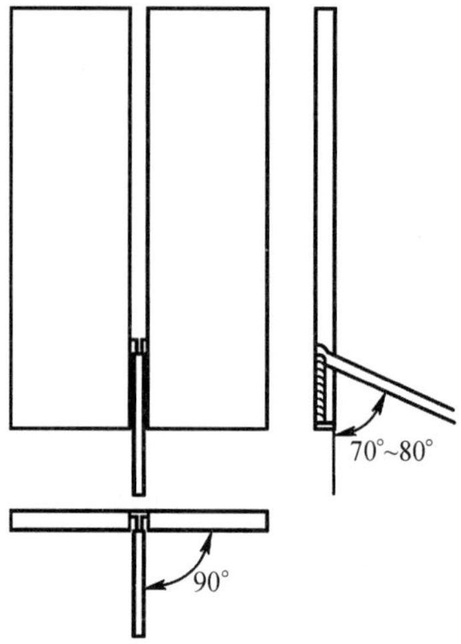

图 5-40 立焊打底焊条角度示意

隙,2/3 覆盖在熔池上。

熔孔可比平焊稍大些,熔池表面应呈水平的椭圆形,适当的熔孔形状及大小如图 5-41 所示。此时焊条末端距工件底部为 1.5~2 mm,一半电弧在工件间隙后面燃烧。熔孔变大时,应减小焊条前进方向的角度;熔孔缩小时则压低电弧,同时增大焊条与前进方向的角度。

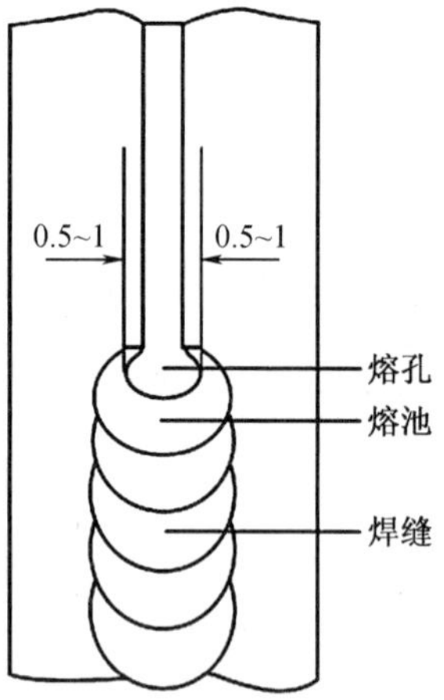

图 5-41 立焊熔孔的形状及大小控制

更换焊条前,在收弧时将焊条下压,使熔孔变大。然后缓慢向前带弧使其形成坡口,为下一根焊条接头打基础。接头时,在收弧熔池上方约 10 mm 处一侧坡口面上引弧。引弧后快速拉回到原弧坑上预热,之后稍做摆动向上拉弧,当电弧达到收弧熔池前端时电弧下压形成熔孔,然后依次施焊。

采用连弧方法时,在试件下端定位焊缝上面 10~20 mm 处引弧,并迅速向下拉到定位焊缝，稍停顿预热 1 ~ 2 s，开始摆条并向上运动，焊至定位焊缝上端时适当加大焊条角度并压低电弧，焊出熔孔后运用横向锯齿形或月牙形方法向上带动熔池，保证熔孔始终存在。

焊条与已焊焊缝的角度为 70° ~ 80°，焊条的投影与焊缝重合。

其余同断弧焊。

(3)填充焊

施焊前，将打底层熔渣、飞溅清理干净，打磨平整接头处的凸起，采用短弧、连弧施焊。

在距离端部约 10 mm 处引弧。运条时采用横向锯齿形或月牙形摆动，摆条频率适当加快，在坡口两侧稍加停顿，保证熔合及排渣，防止立焊缝两边产生凹陷死角。

焊条与已焊焊缝呈 70° ~ 80°，焊条的投影与焊缝重合。

接头时在收弧弧坑上方约 10 mm 处引弧，然后将电弧拉回至弧坑处，沿弧坑形状填满弧坑后正常施焊。

最后一层填充层与工件表面的距离，应控制在 1 ~ 1.5 mm，保证熔合良好、焊道表面平整、无夹渣。不得熔化坡口棱边，以保持盖面层焊道平直。

(4)盖面焊

采用连弧法施焊。

在距离端部约 10 mm 处引弧。采用横向锯齿形或月牙形法摆动运条，焊条摆动频率应比平焊缝稍快些，摆条至坡口两侧时将电弧进一步压低并稍停顿。

摆动宽度以保证电弧侧边与边棱熔合为宜，焊缝比坡口每侧增宽控制在 1 ~ 2 mm。

焊条前进速度要均匀一致，控制新熔池覆盖前一个熔池的 2/3 至 3/4。焊条与板下方呈 70° ~ 80°，焊条的投影与焊缝重合。

接头时应在弧坑上方约 10 mm 处引弧，然后向回拉弧将弧坑添满后进行正常焊接。

2. E5015 焊条焊接

(1)焊接参数选择

焊接参数选择可参照表 5 - 14 所示进行。

表 5 - 14 E5015 立焊焊接参数参考范围

焊条型号	焊接层	焊条直径/mm	焊接电流/A	焊接速度/(mm/s)	电源极性
E5015	打底	ϕ3.2	70 ~ 80	1 ~ 2	直流反接
	填充	ϕ3.2	90 ~ 100	1.5 ~ 2	直流反接
	盖面	ϕ3.2	80 ~ 90	1.5 ~ 2	直流反接

(2)打底焊接

采用短弧、连弧施焊。

在试件下端定位焊缝上方 10 ~ 20 mm 处引弧，并迅速向下拉到定位焊缝，稍停顿预热 1 ~ 2 s，开始摆条并向上运动，到达定位焊缝上端时适当加大焊条角度并压低电弧，焊出熔孔后运用横向锯齿形或月牙形方法向上带动熔池，保证熔孔始终存在。

焊条与已焊焊缝的角度为 70° ~ 80°，焊条的投影与焊缝重合。

熔孔变大时，应减小焊条与前进方向的角度；熔孔缩小时压低电弧，同时增大焊条与前进方向的角度。

更换焊条前,在收弧时将焊条下压,使熔孔变大。然后缓慢向上带弧使其形成坡口,为下一根焊条接头打基础。

接头时,在收弧熔池上方约 10 mm 处一侧坡口面上引弧。引弧后快速拉回到原弧坑上预热,之后稍摆动向上拉弧,当电弧达到收弧熔池前端时电弧下压形成熔孔,然后依次施焊。

(3)填充焊

施焊前,将打底层熔渣、飞溅清理干净,打磨平整接头处的焊瘤,短弧施焊。

在距离端部约 10 mm 处引弧。运条时采用横向锯齿形或月牙形手法并稍快些摆动,在坡口两侧稍加停顿。

焊条与板下方呈 70°~80°,焊条的投影与焊缝重合。

接头时在收弧弧坑上方约 10 mm 处引弧,然后将电弧拉回至弧坑处,沿弧坑形状填满弧坑后正常施焊。

最后一层填充层与工件表面距离,应控制在 1~1.5 mm,保证熔合良好、焊道表面平整。不得熔化坡口棱边,以保持盖面层焊道平直。

(4)盖面焊接

采用连弧法施焊。

在距离端部约 10 mm 处引弧,然后将电弧向下拉施焊。采用横向锯齿形或月牙形手法摆动运条,从一侧向另一侧摆条时应快些,摆条至坡口两侧时将电弧进一步压低并稍停顿。摆动宽度应保证电弧侧边与边棱熔合,焊缝比坡口每侧增宽控制在 1~2 mm。

焊条与板下方呈 70°~80°,焊条的投影与焊缝重合。

接头时应在弧坑上方约 10 mm 处引弧,然后向回拉弧将弧坑添满后进行正常焊接。

3. 质量验收标准

执行中国船级社《材料与焊接规范》2012 标准,具体要求见表 5-15。

表 5-15 焊缝质量检验项目及标准

检查项目		标准
外观检查	表面成形	成形良好,焊缝边缘应平顺过渡到母材,焊缝宽度均匀
	表面缺陷	焊缝表面应无裂纹、未熔合、夹渣、气孔和焊瘤等缺陷
	咬边	咬边深度应不大于 0.5 mm 咬边长度 板试件:焊缝两侧咬边累计总长度应不超过焊缝全长 10% 管试件:焊缝两侧咬边累计总长度应不超过焊缝全长的 20%
	内凹	允许有深度不超过 0.1t(t 为试件厚度)且不大于 1.5 mm、累计长度不超过焊缝全长 10% 的局部内凹
	未焊透	无
	焊瘤	根部焊瘤应不大于 3 mm
	焊缝余高	平焊位置的焊缝余高应不大于 3 mm,其他位置应不大于 4 mm
	焊缝宽度	每侧焊缝宽度应不大于坡口宽度 2.5 mm
弯曲试验		在受拉面的任何方向上均不应有超过 3 mm 的裂纹和其他开口缺陷

任务三　板对接横焊操作

【学习目标】

1. 掌握I形坡口双面横焊技术。
2. 掌握板对接横位单面焊双面成形焊接技术。

【工作任务】

焊条电弧焊板材对接横焊操作。

【任务分析】

横焊是指在垂直面上焊接水平焊接的操作方法。焊接时熔化金属受重力作用容易下淌,导致焊缝上侧容易咬边,下侧产生下坠或焊瘤等焊接缺陷。因此横焊操作时应选用小直径焊条、小电流、短弧操作及适当的运条方法。

【任务实施】

一、I形坡口双面横焊技术

(一)设备、材料

1. 设备

交流弧焊机或直流弧焊机。

2. 焊接材料

E4303(J422),ϕ3.2 mm,ϕ4 mm。

3. 工件

Q235 板材,300 mm×100 mm×4 mm,2 块一组。

4. 辅助工具

清渣锤、磨光机、纱布、錾子、手锤、钢丝刷、面罩及个人防护用品。

(二)焊接工艺参数选择

板对接I形坡口双面横焊焊接工艺参数,可参照表5-15所示选择。

表5-15　横焊对接焊接工艺参数参考范围

焊缝横截面形式	焊件厚度/mm	第一层焊缝		盖面焊缝	
		焊条直径/mm	焊接电流/A	焊条直径/mm	焊接电流/A
	2	2	45~55	2	50~55
	2.5	3.2	75~110	3.2	80~110
	3~4	3.2	80~120	3.2	90~120
		4	120~160	4	120~160

(三)操作技能要点

板厚小于5 mm横焊时,可采用I形坡口的对接双面焊。

正面施焊时宜选用3.2~4 mm直径的焊条,施焊时焊条角度如图5-42所示。

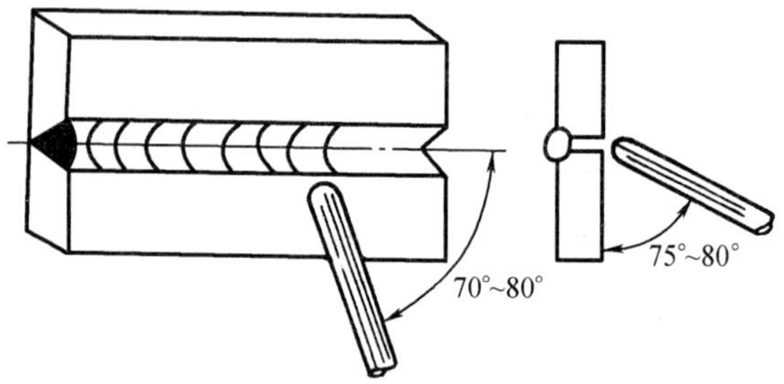

图5-42 I形坡口横焊焊条角度示意图

焊件较薄时,可用直线往返形运条法焊接,使熔池中的熔化金属有机会凝固,以防止焊穿。焊件较厚时,可采用短弧直线形或小斜圆圈形运条法焊接,以便得到合适的熔深,如图5-43所示。

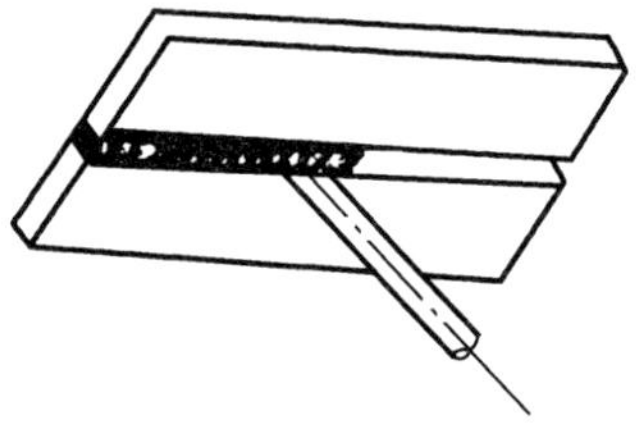

图5-43 横焊运条手法示意图

焊接速度应稍快且均匀,避免焊条熔化金属过多聚焦在某一点上,形成焊瘤和焊缝上部咬边等缺陷。

背面封底焊时应选用较细直径焊条,焊接电流应稍大些,可选平焊用焊接电流,采用直线运条法焊接。

二、板对接横位单面焊双面成形焊接

(一)设备、材料

1. 设备

交流弧焊机或直流弧焊机。

2. 焊接材料

E4303(J422),ϕ2.5 mm,ϕ3.2 mm。

E5015(J507),ϕ3.2 mm。

3. 工件

Q235板材,300 mm×100 mm×12 mm,2块一组。

4. 辅助工具

清渣锤、磨光机、纱布、錾子、手锤、钢丝刷、面罩及个人防护用品。

(二)焊前准备

1. 反变形控制

为保证焊后试件的平整度,焊前必须预置反变形,表5－16为板材试件横位单面焊双面成形装配尺寸参考数据。

表5－16　板材试件横位单面焊双面成形装配尺寸参考数据

焊条型号	坡口形式	坡口角度	坡口间隙/mm	反变形	钝边/mm	错边量/mm
E4303	V形对接	60°	始焊端3.2、终焊端4	3°	0～1	≤1
E5015	V形对接	60°	始焊端3.2、终焊端4	3°	0～1	≤1

2. 其余要求同板材平位单面焊双面成形。

(三)焊接操作

横焊时熔化金属容易下淌,导致焊缝上侧容易咬边,下侧产生下坠或焊瘤。因此,应设置多层多道焊,选用小直径焊条、小电流及短弧操作。

横焊试件垂直固定在胎架面上,两板上下放置,焊道处于水平。工件间隙小的一端放在左端,焊接时焊道可设计为四层十道进行,如图5－44所示。

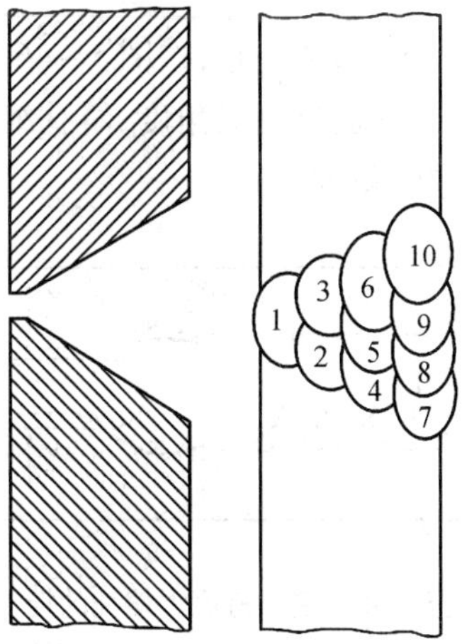

图5－44　横焊焊道示意图

1. E4303焊条操作

(1)焊接参数选择

焊接工艺参数选择,可参照表5－17所示进行。

表5－17　E4303横焊焊接参数参考范围

焊条型号	焊接层	焊条直径/mm	焊接电流/A	焊接速度/(mm/s)	电源极性
E4303	打底	ϕ2.5	55～65	—	交流、直流正接或反接
	填充	ϕ3.2	120～130	2～2.5	
	盖面	ϕ3.2	110～120	1.5～2	

（2）打底

采用短弧、断弧法施焊。

在坡口内引燃电弧，将焊条压向工件根部并稍停顿，上钝边熔化后斜拉至下坡口根部，待下坡口熔化形成完整的熔池后回勾灭弧。

当熔孔变暗红时，压着该熔池的三分之二重新引弧，横向拉动电弧将上钝边熔化形成熔孔后稍停留，向熔池稍加压力，填满熔池后再向下斜拉，形成一个完整、清晰的熔池后回勾灭弧。熔池凝固形成一点局部焊缝，整条焊缝运条手法都依此操作，引弧、灭弧节奏控制在每分钟 45 ~ 55 次，最终形成完整的打底层焊道。

如图 5 - 45 所示，焊条角度与前进方向呈 70° ~ 80°，与下板呈 80° ~ 85°。

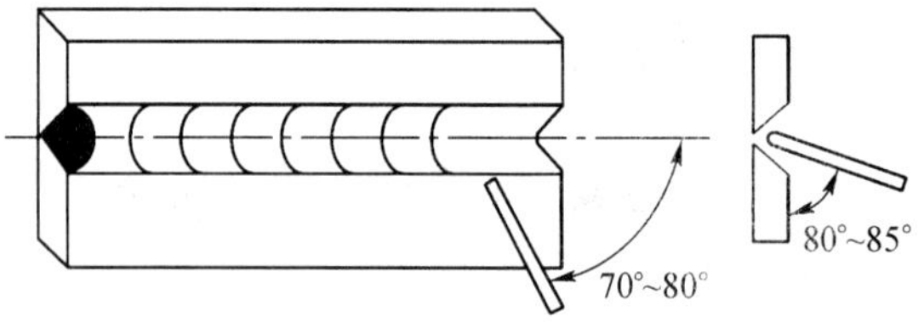

图 5 - 45　打底焊焊条角度

保证坡口熔合，保持熔池的大小、形状一致，按图 5 - 46 所示控制熔孔。熔孔变大时，可提高焊接速度、摆动频率，减小焊条前进方向的角度；熔孔缩小时压低电弧，降低焊接速度、摆动频率，同时增大焊条前进方向的角度。

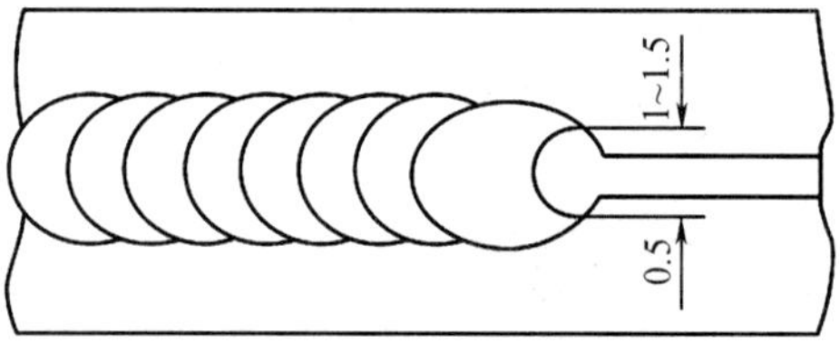

图 5 - 46　横位打底焊熔孔的控制

更换焊条前，在收弧时将焊条下压，使熔孔变大。然后缓慢向前带弧使其形成坡口，为下一根焊条接头打基础。接头时应在距前段焊道收尾处约 10 mm 处的坡口内引燃电弧。持续预热升温，焊至坡口根部，将焊条伸入焊缝中心击穿根部。形成熔孔并稍停顿后灭弧，继续正常运条，完成打底焊的焊接。

（3）填充

施焊前先将打底层焊道的熔渣和飞溅清理干净，打磨平整接头凸起。操作时，采用短弧、连弧施焊。

运用直线形运条方法多道焊接，由坡口下方开始逐道向上排列，每道焊缝压下侧焊缝 1/2 至 2/3，从左至右焊接。

在距离端部约 10 mm 处引弧。

填充层第一层分两道进行，应保证打底焊道及上下坡口面处熔合良好，表面平整。

第一道焊缝(下侧焊道)焊接时,焊条对准打底焊与下侧母材的结合处,焊条与前进方向呈 80°~85°,与上板呈 80°~85°。第二道焊缝焊接时,焊条对准打底焊与上侧母材的结合处,焊条与前进方向呈 80°~85°,与下板呈 75°~85°。

第一层填充焊焊条角度及对中位置,可参照图 5-47 所示进行。

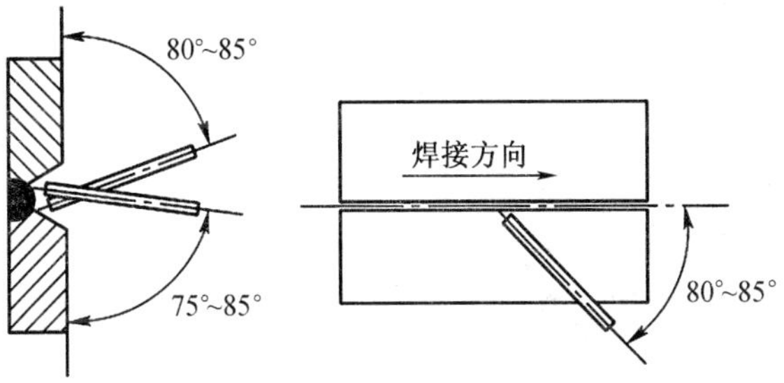

图 5-47　填充第一层焊条角度及对中位置

填充层第二层分三道进行。

第一道焊缝(最下侧焊缝)焊接时,焊条对准第一层填充层与下侧母材的结合处,焊条与前进方向呈 80°~85°,与上板呈 80°~85°。第二道焊缝焊接时,焊条对准第一层填充层两道焊缝的结合处,焊条与前进方向呈 80°~85°,与下板呈 85°~90°。第三道焊缝(最上侧焊缝)焊接时,焊条对准第一层填充层与上侧母材的结合处,焊条与前进方向呈 80°~85°角度,与下板呈 75°~85°。

填充层表面应控制在距离坡口表面 1~2 mm 范围,不得破坏上下坡口边缘线。

(4)盖面

盖面分四道进行,采用连弧法施焊,直线运条不做任何摆动,以保证各焊道平直。

由坡口下方开始第一道施焊,逐步向上排列,后一道焊缝压住前一道焊缝 1/2 左右,各道焊道应搭接平整。第一道焊道熔化下侧坡口边缘 1~2 mm,注意与坡口下侧的熔合。最后一道焊道熔化上侧坡口边缘 1~2 mm 为宜,注意推动熔池金属熔合坡口上侧被熔化的母材,避免咬边。

在距离端部约 10 mm 处引弧。

合理调整焊条角度。第一道焊缝(最下侧焊缝)焊接时,焊条与前进方向呈 80°~85°,与下板呈 80°~85°。第二道焊缝焊接时,焊条与前进方向呈 80°~85°,与下板呈 85°~90°。

第三道焊缝焊接时,焊条与前进方向呈 80°~85°,与下板呈 85°~90°。第四道焊缝(最上侧焊缝)焊接时,焊条与前进方向呈 80°~85°,与上板呈 100°~110°。

接头时应在弧坑向前 10 mm 处引弧,向回拉弧将弧坑添满后进行施焊。

2. E5015 焊条焊接

焊接时焊道可设计为三层六道进行。

(1)焊接参数选择

焊接工艺参数选择,可参照表 5-18 所示进行。

表 5 - 18　E5015 横焊焊接参数参考范围

焊条型号	焊接层	焊条直径/mm	焊接电流/A	焊接速度/(mm/s)	电源极性
E5015	打底	ϕ3.2	70 ~ 80	1 ~ 2	直流反接
	填充	ϕ3.2	115 ~ 125	2 ~ 2.5	直流反接
	盖面	ϕ3.2	105 ~ 115	2 ~ 2.5	直流反接

(2)打底

打底可采用灭弧法或连弧法施焊。

①灭弧法操作要领　焊接打底层时,由于过渡液态金属受重力影响,容易偏离焊条轴线,向下倾斜。因此,在短弧施焊的基础上,应保持 80° ~ 90°下倾角,以及与焊件水平轴线倾斜 70° ~ 80°,如图 5 - 48 所示。

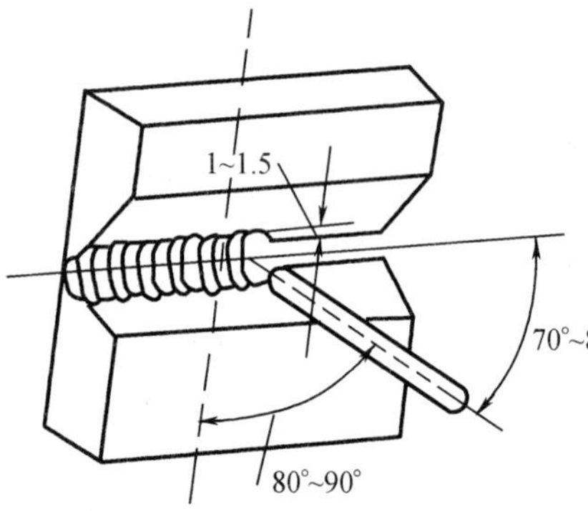

图 5 - 48　板对接横焊打底层灭弧焊的焊条倾角示意

因焊条角度倾斜及上、下坡口面角度的影响,导致电弧对上、下坡口面的加热不均匀,上坡口面受热较好,下坡口面受热较差。此外,熔池金属因受重力作用下坠,易造成下坡口面熔合不良。

故应先击穿下坡口面,后击穿上坡口面,并将击穿位置相互错开一定距离。

起焊时在定位焊缝前 10 ~ 15 mm 处坡口面上划擦引弧,然后将电弧迅速回拉到定位焊缝中心部位处加热坡口,坡口两侧金属即将熔化时,将熔滴金属送至坡口根部并压低电弧,熔滴与熔化的定位焊缝和母材金属熔合成第一个熔池。

当听到背面电弧穿透声时,表明已形成了明显可见的熔孔,控制焊条与焊件保持一定的倾角,依次在下坡口面和上坡口面上接近钝边处击穿施焊,如图 5 - 49 所示。

灭弧法操作手法可参照图 5 - 50 所示进行。

电弧穿透坡口根部时,应使每侧坡口面熔化 1 ~ 1.5 mm,且下坡口面的熔孔要比上坡口面的熔孔超前 0.5 ~ 1 个熔孔直径,以利于减小上部熔池金属的下坠倾向,防止熔合不良或冷接,如图 5 - 51 所示。

更换焊条熄弧前,应向熔池背面多补充几滴熔滴,然后将电弧拉到侧后方熄弧。更换焊条时速度要快,换好焊条后应在熔池尚处于红热状态下引弧施焊。接头位置应选在熔池前缘,利用电弧的加热和吹力,重新击穿坡口钝边,以保证根部焊透、接头光滑。

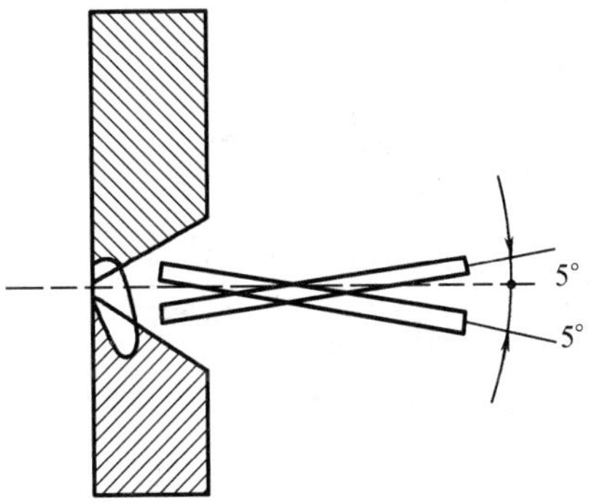

图 5－49　板对接横焊打底层灭弧焊击穿施焊的倾角示意

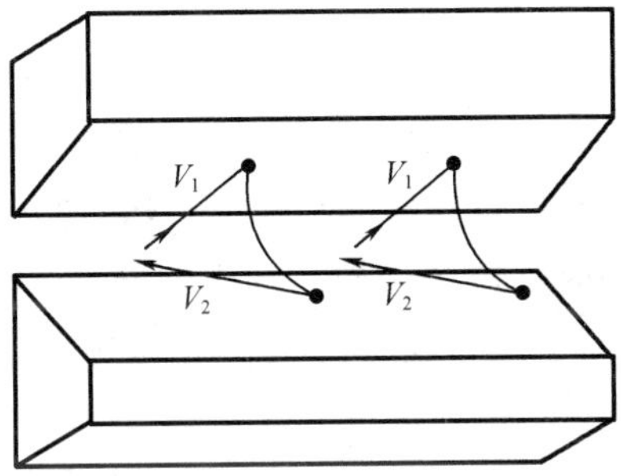

图 5－50　灭弧焊操作手法示意

V_1—引弧方向；V_2—灭弧方向；•—表示电弧稍停留

②连弧法操作要领　在始焊部位的上侧坡口面引弧，根部钝边熔化后，再将铁水带到下侧钝边，形成第一个熔池后再击穿熔池，并立即采用斜椭圆形手法运条，保持熔孔时刻存在，如图 5－52 所示。

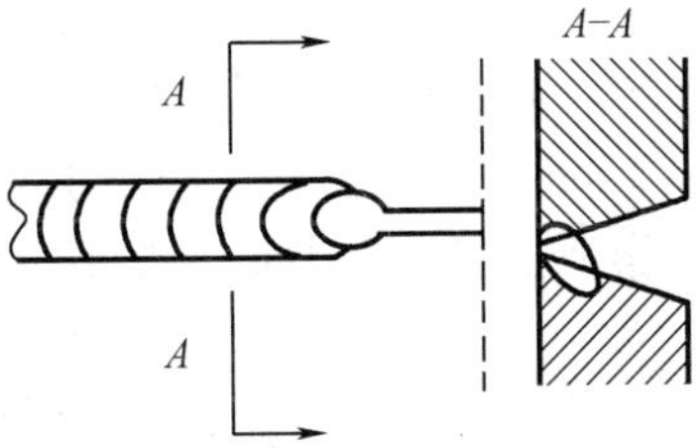

图 5－51　灭弧焊焊缝形状及熔孔控制示意

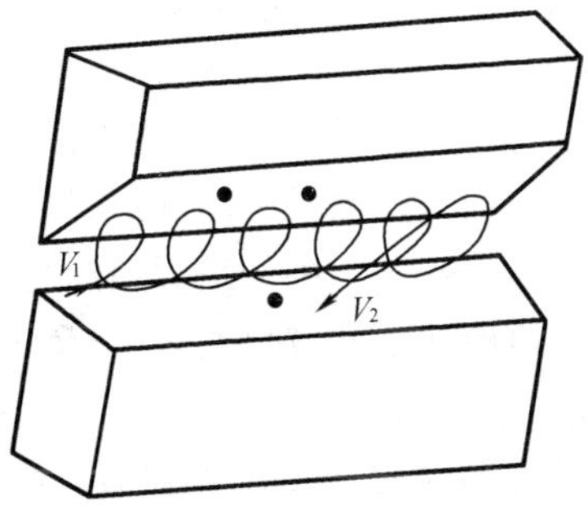

图 5－52　连弧焊斜椭圆形运条方法示意

从坡口上侧向下侧的运条速度应慢些，以防止夹渣和保证填充金属与工件熔合良好，从下侧向上侧的运条速度应快些，以防止铁水下淌。焊接过程应将铁水送到坡口根部，工件背面应该保持 2/3 弧柱。收弧时将电弧带到坡口上侧，向后方提起收弧。

焊条角度与前进方向成70°~80°，与下板成80°~90°，如图5-53所示。

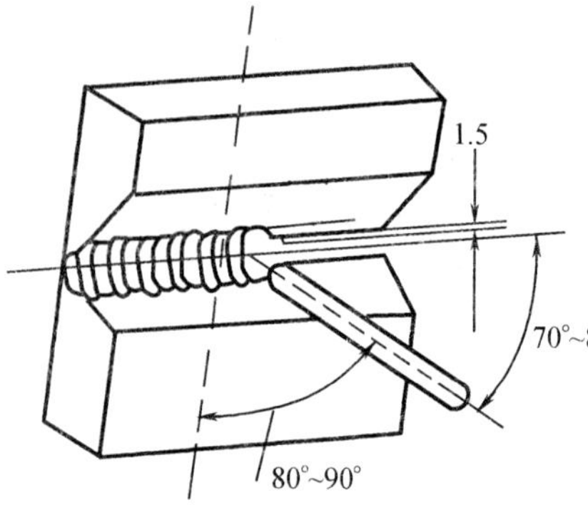

图5-53 连弧焊焊条角度示意

控制熔孔大小一致、均匀。熔孔变大时，可提高焊接速度、摆动频率，减小焊条前进方向的角度；熔孔缩小时压低电弧，降低焊接速度、摆动频率，同时增大焊条前进方向的角度。

更换焊条前，在收弧时将焊条下压，使熔孔变大。然后缓慢向前带弧使其形成坡口，为下一根焊条接头打基础。接头时在收弧熔池后约10 mm处引弧，引燃后慢慢向前拉弧，当电弧达到收弧熔池前端时，电弧下压形成熔孔，然后依次施焊。

（3）填充

施焊前先将打底层焊道的熔渣和飞溅清理干净，打磨平整接头凸起。

操作时短弧、连弧施焊，运用直线形运条方法多道焊接，由坡口下方开始逐道向上排列，每道焊缝压下侧道焊缝1/2至2/3左右，从左至右焊接。

在距离端部约10 mm处引弧。

填充层分两道进行，应保证打底焊道及上下坡口面处熔合良好，表面平整。第一道焊缝（下侧焊道）焊接时，焊条对准打底焊与下侧母材的结合处，焊条与前进方向成80°~85°，与上板成80°~85°。第二道焊缝焊接时，焊条对准打底焊与上侧母材的结合处，焊条与前进方向成80°~85°，与下板成75°~85°。

（4）盖面

盖面时分三道进行，采用连弧法施焊，直线运条法不做任何摆动以保证各焊道平直。

由坡口下方开始第一道施焊，逐步向上排列，后一道焊缝压住前一道焊缝1/2左右，各道焊道应搭接平整。第一道焊道熔化下侧坡口边缘1~2 mm，注意与坡口下侧的熔合。最后一道焊道熔化上侧坡口边缘1~2 mm为宜，注意推动熔池金属熔合坡口上侧被熔化的母材，避免咬边。

在距离端部约10 mm处引弧，合理调整焊条角度。

第一道焊缝（最下侧焊缝）焊接时，焊条与前进方向成80°~85°，与下板成80°~85°。第二道焊缝焊接时，焊条与前进方向成80°~85°，与下板成85°~90°。第三道焊缝（最上侧焊缝）焊接时，焊条与前进方向成80°~85°，与上板成100°~110°。

接头时可在弧坑后方10 mm处引弧，向回拉弧将弧坑添满后进行施焊。

3. 质量验收标准

执行中国船级社《材料与焊接规范》2012标准，具体要求见表5-19。

表5－19　焊缝质量检验项目及标准

检查项目		标准
外观检查	表面成形	成形良好，焊缝边缘应平顺过渡到母材，焊缝宽度均匀
	表面缺陷	焊缝表面应无裂纹、未熔合、夹渣、气孔和焊瘤等缺陷
	咬边	咬边深度应不大于0.5 mm 咬边长度 板试件：焊缝两侧咬边累计总长度应不超过焊缝全长10% 管试件：焊缝两侧咬边累计总长度应不超过焊缝全长的20%
	内凹	允许有深度不超过0.1 t(t为试件厚度)且不大于1.5 mm、累计长度不超过焊缝全长10%的局部内凹
	未焊透	无
	焊瘤	根部焊瘤应不大于3 mm
	焊缝余高	平焊位置的焊缝余高应不大于3 mm，其他位置应不大于4 mm
	焊缝宽度	每侧焊缝宽度应不大于坡口宽度2.5 mm
弯曲试验		在受拉面的任何方向上均不应有超过3 mm的裂纹和其他开口缺陷

任务四　板对接仰焊操作

【学习目标】

1. 掌握I形坡口对接仰焊技术。
2. 掌握板对接仰位单面焊双面成形焊接技术。

【工作任务】

焊条电弧焊板材对接仰焊操作。

【任务分析】

仰焊时焊缝位于燃烧电弧的上方，操作人员需在仰视位置进行焊接，劳动强度大。仰焊是最难焊的一种焊接位置，由于仰焊时熔化金属在重力的作用下，较易下淌，熔池形状和大小不易控制，容易出现夹渣、未焊透、凹陷等缺陷，运条困难，表面不易焊得平整。焊接时，必须正确选用焊条直径和适当的焊接电流，以便减少熔池的面积，尽量使用厚药皮焊条和维持最短的电弧，以有利于熔滴在很短时间内过渡到熔池中，促使焊缝成形。

【知识准备】

仰焊时的焊缝位于燃烧电弧的上方，操作者在仰视位置进行焊接。仰焊是最难焊的一种焊接位置和操作方式，具有以下特点：

1. 焊接熔滴因自重易往下滴落，不易控制熔池形状和大小，易出现未焊透、凹陷、夹渣等缺陷，应采用小直径的焊条和较小的焊接电流，采用短弧施焊。

2. 清渣困难，易产生层间夹渣，咬边严重。

3. 运条困难，焊缝外表不如平焊和立焊焊缝整齐美观。

仰焊操作时应使坡口两侧根部熔合良好，避免焊道过厚，以防止液态熔池金属过多而下淌。

焊接带坡口仰焊焊缝的第一层时，焊条与坡口两侧成 90°，与焊接方向成 70° ~ 80°，采用短弧进行前后推拉动作。熔池宜薄不宜厚，应确保与母材熔合良好。熔池温度过高时可以拉起电弧或短暂熄弧，使温度稍微降低。

焊接其余各层时，焊条横摆并在两侧进行稳弧动作。

【任务实施】

一、I 形坡口对接仰焊焊接技术

（一）设备、材料

1. 设备

交流弧焊机或直流弧焊机。

2. 焊接材料

E4303（J422），ϕ3.2 mm。

3. 工件

Q235 板材，300 mm × 100 mm × 4 mm，2 块一组。

4. 辅助工具

清渣锤、磨光机、纱布、錾子、手锤、钢丝刷、面罩及个人防护用品。

（二）焊接工艺参数选择

板对接 I 形坡口仰焊焊接工艺参数，可参照表 5 – 20 所示选择。

表 5 – 20　横焊对接焊接工艺参数参考范围

焊件厚度/mm	焊条直径/mm	焊接电流/A	电源极性
2	2	40 ~ 60	交流、直流正接或反接
2.5	3.2	80 ~ 110	
3 ~ 5	3.2	85 ~ 110	
	4	120 ~ 160	

（三）操作技能要点

选用直径为 3.2 mm 的焊条，焊条角度如图 5 – 54 所示。

接头间隙较小时可采用直线形运条方法，间隙较大时则采用直线往复形运条法焊接。

焊接电流选择应适中，若电流过小会导致电弧稳定性下降，影响焊缝熔深及焊缝成形；焊接电流过大，会导致熔化金属淌落。

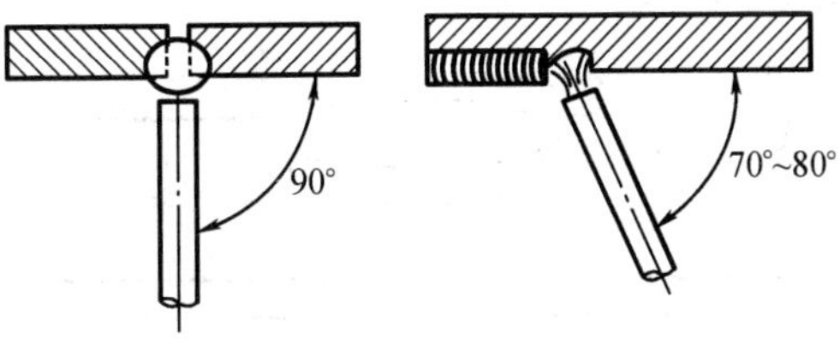

图 5-54　I 形坡口对接仰焊焊条角度示意

二、对接仰位单面焊双面成形焊接技术

(一)设备、材料

1. 设备

交流弧焊机或直流弧焊机。

2. 焊接材料

E4303(J422),ϕ3.2 mm,ϕ4.0 mm。

E5015(J507),ϕ3.2 mm,ϕ4.0 mm。

3. 工件

Q235 板材,300 mm×100 mm×12 mm,2 块一组。

4. 辅助工具

清渣锤、磨光机、纱布、錾子、手锤、钢丝刷、面罩及个人防护用品。

(二)焊前准备

1. 反变形控制

为保证焊后试件的平整度,焊前必须预置反变形,表 5-21 为板材试件仰位单面焊双面成形装配尺寸参考数据。

表 5-21　板材试件仰位单面焊双面成形装配尺寸参考数据

焊条型号	坡口形式	坡口角度	坡口间隙/mm	反变形	钝边/mm	错边量/mm
E4303	V 形对接	60°	始焊端 3.2、终焊端 4	3°	0~1	≤1
E5015	V 形对接	60°	(断弧法) 始焊端 3.2、终焊端 4 (连弧法) 始焊端 2.5、终焊端 3.2	3°	0~1	≤1

2. 其余要求同板材平位单面焊双面成形。

(三)焊接操作

试板仰位焊接时,熔池倒悬在工件下表面,受重力作用使熔滴过渡受到阻碍,熔池金属因自身重力下坠。另外,由于熔池温度高,导致表面张力下降,焊接时容易在焊缝背面产生凹陷、正面产生焊瘤,焊缝成形困难,在板材对接各空间位置中难度最大。

仰位试件水平固定在胎架上,坡口朝下、焊缝背面朝上,间隙小的一端放在左端。焊接时焊道可设置为四层四道进行，如图 5－55 所示。

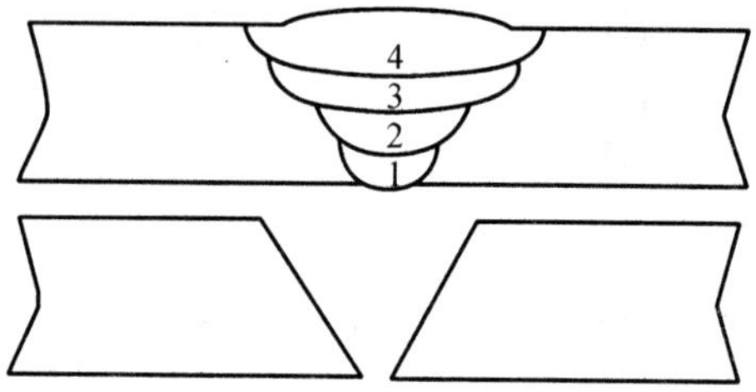

图 5－55　仰位焊道分布示意图

1. E4303 焊条操作

(1)焊接参数选择

焊接参数选择可参照表 5－22 所示进行。

表 5－22　E4303 仰焊焊接参数参考范围

焊条型号	焊接层	焊条直径/mm	焊接电流/A	焊接速度/(mm/s)	电源极性
E4303	打底	ϕ3.2	75～85	—	交流、直流正接或反接
	填充	ϕ4.0	145～155	2～2.5	
	盖面	ϕ4.0	140～150	1.5～2	

(2)打底

采用短弧、断弧法施焊。

在试件始焊端定位焊缝处引燃电弧，稍停顿预热 1～2 s，形成熔池后迅速压低电弧，做小锯齿摆动向前运条。

摆动至坡口根部时向上顶送焊条，保证电弧至少 3/4 在坡口背面燃烧。听到“噗”的声音，表明电弧已击穿试件背面。此时试件温度较低，容易产生偏吹，造成一侧熔孔打开，而另一侧未熔，应迅速将焊条拉向未熔的一侧或改变焊条的角度继续熔化。熔孔正常后，迅速将焊条向前方斜下快速运动以熄灭电弧。

当熔孔变暗红时，压着该熔池的 1/2 处重新引弧并上顶送电弧，打开熔孔，重复上述动作。

保持焊条角度与前进方向成 60°～70°，焊条的投影与焊缝重合，如图 5－56 所示。

控制熔孔大小和熔池均匀、一致，熔孔大小为深入坡口两侧各 0.5～1 mm 左右。如果出现溶孔过大或熔池铁水有下淌倾向，此时迅速灭弧，当温度稍微降低(熔池颜色变暗红之前)后引弧焊接。

更换焊条前，在收弧时将焊条下压，使熔孔变大。然后缓慢向前带弧使其形成坡口，为下一根焊条接头打基础。接头时在收弧熔池后约 10 mm 处引弧，引燃后慢慢向前拉弧，当电弧达到收弧熔池前端时，电弧上顶，形成熔孔然后依次施焊。

注意事项：

电弧穿透熔孔的位置必须准确，运条速度要快，手把要稳，坡口两侧钝边的穿透尺寸应一致，保持熔孔的大小一样。熔滴要小，电弧要短，焊层要薄，以加快熔池的冷却速度，防止

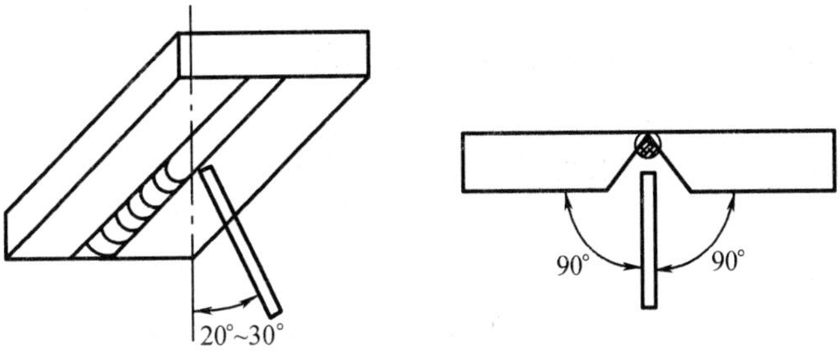

图 5-56　仰焊打底焊条角度示意

铁水下垂形成焊瘤、试板的背面凹陷过大。

(3)填充

填充应采用短弧、连弧施焊。

施焊前应将打底层焊道的熔渣和飞溅清理干净,打磨平整接头凸起。

距离端部约 10 mm 处引弧,焊条角度同打底焊。运条时可采用横向锯齿形、月牙形摆动或"8"字形方法,在坡口两侧稍停顿,保证工件两侧熔合良好,焊道平整。

图 5-57 为"8"字形运条手法示意。

保持焊条角度与前进方向成 70°~80°,焊条的投影与焊缝重合。

接头时,在弧坑前方 10~15 mm 处引弧,短弧拖向弧坑,沿弧坑的弧度运条,形成熔池,两边充分熔合后正常焊接。

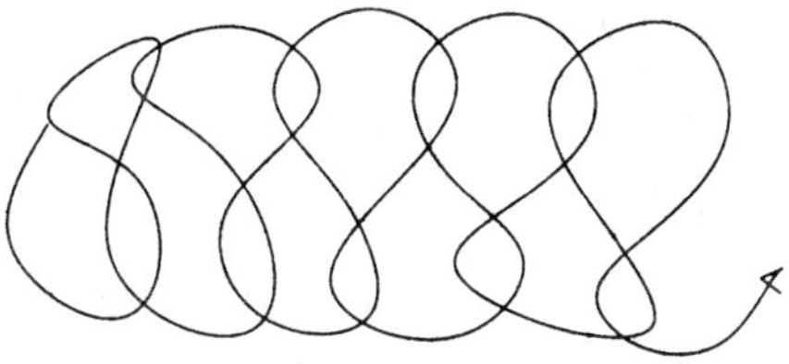

图 5-57　"8"字形运条手法

第二层填充焊缝应控制好熔池形状,保证焊缝平整,不得熔化坡口棱边。焊缝表面距离工件表面,控制在 1 mm 范围内。

(4)盖面

盖面层的焊接容易产生咬边、焊肉下坠及夹渣等缺陷,操作时应采用短弧焊实施、锯齿形或"8"字形运条方式。

盖面时焊条角度同打底焊,保证焊接电弧始终顶住熔池,使铁水与熔渣分离清楚,防止熔渣超越电弧而产生夹渣。

焊条摆动幅度比填充层略宽,摆动至坡口两侧时进一步压低电弧,并稍停顿使坡口边沿添足铁水。运条时应保持手法平稳,焊条摆动均匀。

2. E5015 焊条操作

(1)焊接参数选择

焊接参数选择,可参照表 5-23 所示进行。

表 5-23　E5015 仰焊焊接参数参考范围

焊条型号	焊接层	焊条直径/mm	焊接电流/A	焊接速度/(mm/s)	电源极性
E5015	打底	$\phi3.2$	95~105	—	直流反接
	填充	$\phi4.0$	135~145	2~2.5	直流反接
	盖面	$\phi4.0$	130~140	1.5~2	直流反接

(2)打底

E5015 仰焊分断弧和连弧两种方法,当采用断弧法施焊电流为 110 ~ 120 A 时焊接方法同 E4303。采用连弧法电流应为 95 ~ 105 A。

在试件始焊端定位焊缝处引燃电弧,稍停顿预热 1 ~ 2 s,形成熔池后迅速压低电弧,做小锯齿摆动向前运条。

摆动至坡口根部时向上顶送焊条,保证电弧至少 3/4 在坡口背面燃烧。听到“噗”的声音,表明电弧已击穿试件背面。此时试件温度较低,容易产生偏吹,造成一侧熔孔打开,而另一侧未熔,应迅速将焊条拉向未熔的一侧或改变焊条的角度继续。熔孔正常后,电弧托着熔池向前运用直线型方法焊接。

保持焊条角度与前进方向成 75° ~ 85°,焊条的投影与焊缝重合。

控制熔孔大小和熔池均匀、一致,熔孔大小为深入坡口两侧各 0.5 ~ 1 mm 左右。如熔孔过大或熔池铁水有下淌倾向,焊条应做锯齿形或者月牙形横向摆动。如熔孔过小,焊接速度应稍慢些。

更换焊条前,在收弧时将焊条下压,使熔孔变大。然后缓慢向前带弧使其形成坡口,为下一根焊条接头打基础。接头时在收弧熔池后约 10 mm 处引弧,引燃后慢慢向前拉弧,当电弧达到收弧熔池前端时,电弧上顶,形成熔孔然后依次施焊。

(3)填充与盖面

操作方法与 E4303 相同。

3. 质量验收标准

执行中国船级社《材料与焊接规范》2012 标准,具体要求见表 5 - 24。

表 5 - 24 焊缝质量检验项目及标准

<table>
<tr><th colspan="2">检查项目</th><th>标准</th></tr>
<tr><td rowspan="8">外观检查</td><td>表面成形</td><td>成形良好,焊缝边缘应平顺过渡到母材,焊缝宽度均匀</td></tr>
<tr><td>表面缺陷</td><td>焊缝表面应无裂纹、未熔合、夹渣、气孔和焊瘤等缺陷</td></tr>
<tr><td>咬边</td><td>咬边深度应不大于 0.5 mm
咬边长度
板试件:焊缝两侧咬边累计总长度应不超过焊缝全长 10%
管试件:焊缝两侧咬边累计总长度应不超过焊缝全长的 20%</td></tr>
<tr><td>内凹</td><td>允许有深度不超过 0.1 t(t 为试件厚度)且不大于 1.5 mm、累计长度不超过焊缝全长 10% 的局部内凹</td></tr>
<tr><td>未焊透</td><td>无</td></tr>
<tr><td>焊瘤</td><td>根部焊瘤应不大于 3 mm</td></tr>
<tr><td>焊缝余高</td><td>平焊位置的焊缝余高应不大于 3 mm,其他位置应不大于 4 mm</td></tr>
<tr><td>焊缝宽度</td><td>每侧焊缝宽度应不大于坡口宽度 2.5 mm</td></tr>
<tr><td colspan="2">弯曲试验</td><td>在受拉面的任何方向上均不应有超过 3 mm 的裂纹和其他开口缺陷</td></tr>
</table>

【思考与练习】

1. 平焊操作有哪些基本要求?
2. 试述薄板平对接焊接缺陷预防措施。
3. 试述 I 形坡口平对接双面焊焊接缺陷预防措施。
4. 试述 V 形坡口平对接焊接缺陷预防措施。
5. 说明薄板平对接操作技术要点。
6. 说明 I 形坡口平对接双面焊操作技术要点。
7. 说明 X 形坡口平对接操作技术要点。
8. 试述板平位单面焊双面成形焊接技术要点。
9. 什么是立焊,有何特点?
10. 试述立焊的操作姿势及基本要求。
11. 试述薄板立对接单面焊操作技术要点。
12. 试述板材 V 形坡口立对接双面焊操作要点。
13. 试述板立位单面焊双面成形焊接技术要点。
14. 试述 I 形坡口双面横焊操作要点。
15. 试述板横位单面焊双面成形焊接技术要点。
16. 试述 I 形坡口对接仰焊操作要点。
17. 试述板仰位单面焊双面成形焊接技术要点。
18. 说明板对接单面焊双面成形质量验收标准。

项目六　管对接焊条电弧焊技术

各船舶、海上设施或船用产品的制造厂的焊工，应按《材料与焊接规范》要求参加焊工资格考试。只有持有 CCS 颁发或承认的《焊工合格证书》的焊工，方可从事与其证书相应的焊接工作。

根据产品类型，焊工资格分为船舶与海上设施焊工、船用锅炉压力容器焊工两大类，其焊工等级根据焊接位置的不同来划分，对于管材分为ⅠP，ⅡP，ⅢP 和ⅢPR 级，具体见表 6－1所示。

表 6－1　不同焊工等级的考试科目

试件形式	焊工等级	常规焊工考试科目	水下焊工考试项目
管子对接焊	ⅠP	1G	2G
	ⅡP	2G 或 5G	5G
	ⅢP	2G＋5G 或 6G	6G
	ⅢPR	6GR	—

CCS 焊工证书考试项目位置及相应代号参见表 6－2。

表 6－2　考试科目代号

试件形式	考试科目(焊接位置)代号	焊接位置
管子对接焊	1G	管子水平滚动焊
	2G	管子垂直固定焊
	5G	管子水平固定焊
	6G	管子倾斜 45°固定焊
	6GR	带有限制环的管子倾斜 45°固定焊

任务一　管材水平滚动焊条电弧焊技术

【学习目标】

1. 熟悉管材水平滚动焊特点。
2. 掌握管材水平滚动焊操作技能。

【工作任务】

管材水平滚动焊条电弧焊操作。

【任务分析】

管材水平滚动对接焊是管子对接焊中最易操作的一种焊接位置，质量容易保证，生产率较高。由于受工件形式和施工条件的限制，应用范围较小，当管材长度较小且具备滚动条件时，可采用管子滚动的焊接方法。

【知识准备】

管材水平滚动对接焊的特点：

1. 管材水平滚动对接焊能够实现连续焊接，大大提高生产效率。

2. 滚动对接焊工作条件较好，焊接操作的位置固定，劳动强度降低，焊缝质量较好，不像全位置焊接时要随时调整焊接电流。

3. 管材水平滚动对接焊操作时应附加转动装置，常见的有焊接滚轮架和转动胎具。

【任务实施】

一、设备、材料

1. 设备

直流弧焊机。

2. 焊接材料

E5015(J507)，$\phi3.2$ mm，$\phi4.0$ mm。

3. 工件

20 号钢管材，$\phi159$ mm × 20 mm × 100 mm，2 块一组。

试件规格及坡口形式见图 6－1 所示。

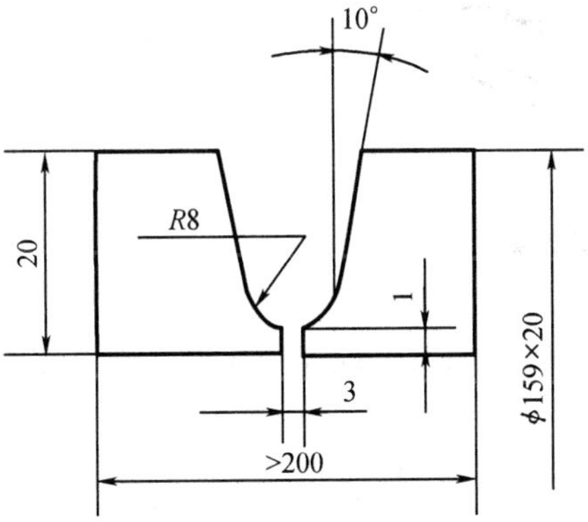

图 6－1　试件及坡口形式示意图

4. 辅助工具

清渣锤、磨光机、纱布、錾子、手锤、钢丝刷、面罩及个人防护用品。

可调速的转动装置或手动转动装置。

二、焊前准备

1. 焊机使用前检查

焊钳及各接线处连接是否良好。

选用直流电源时，检查电源极性是否符合要求，E5015 采用直流反接。

2. 工件清理

彻底清除工件一定范围内的油漆、锈、水分及氧化皮等杂质，至露出金属光泽，清理后应立即施焊。

如工艺无特殊要求，清理时可使用锉刀、角磨砂轮等工具。清理范围为坡口及距坡口两侧 20 mm。

3. 焊条烘干

E5015 烘干温度为 250 ℃ ~300 ℃，保温 2 h。焊条烘干规范，也可按焊条说明书执行。

烘干后的焊条应放入焊条保温筒内，随用随取，重复烘干次数不应超过三次。

4. 试件装配

(1)装配试件于图 6 -2 所示的装配胎具上进行装配、点焊。装配间隙为 3 mm，钝边为 1 mm。

(2)定位焊为两点定位，见图 6 -3 所示，采用与试件相同型号焊条进行定位焊，焊点长度为 10 ~15 mm，错边量≤2 mm。

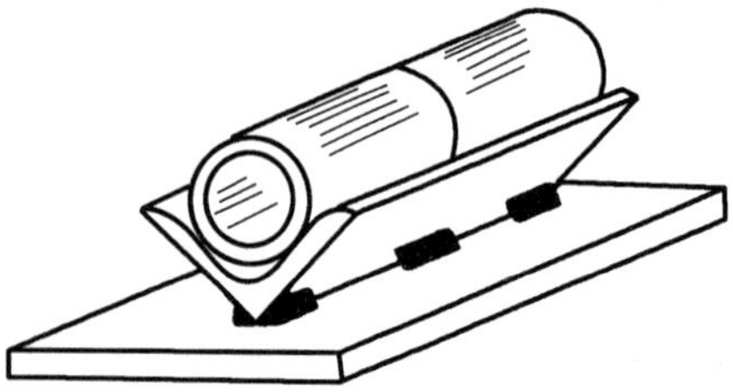

图 6 -2　装配胎具示意

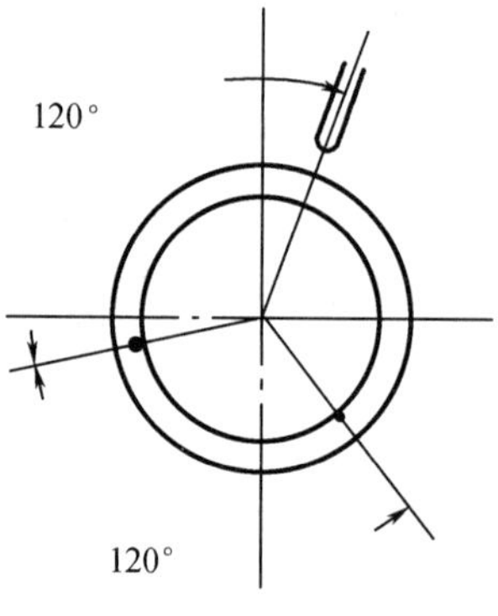

图 6 -3　定位焊缝示意

定位焊缝应保证焊透和无缺陷，其两端应预先打磨成斜坡以便接头。

三、焊接技术

(一)焊接工艺参数

焊接工艺参数选择，可参照表 6 -3 所示进行。

表 6－3　管材水平滚动对接焊焊接工艺参数参考范围

焊接层次	焊条直径/mm	焊接电流/A	电源极性
打底层	3.2	70～90	直流反接
填充层	4	130～160	
盖面层	4	160～200	

（二）焊接操作

1. 打底层

（1）基本操作要点

打底焊焊缝表面应平滑，不能过高及在两侧形成沟槽，背面成形好，保证根部焊透，防止烧芽和产生焊瘤。

借助于可调速的转动装置或手动转动装置实现管子转动，以保证管子外壁的线速度与焊接速度相同。

①起焊位置施焊时，焊接位置应为上坡焊，通常位于时钟 1 点 30 分位置（参照图 6－3），因其既具有立焊时铁水与熔渣容易分离的优点，又有平焊时易操作的优点。

②打底焊道可采用连弧法或断弧法焊接。采用断弧两点击穿法时，先在坡口内引弧，并用长弧对始焊部位稍加预热，然后压低电弧，使焊条在两钝边间做轻微摆动。当钝边熔化的铁水与焊条金属熔滴连在一起，并听到“噗噗”声响时，形成第一个熔池后灭弧。

在第一个熔池前端形成熔孔，并使其向坡口根部两侧各深入 0.5～1 mm。然后采用两点击穿法，给左侧钝边一滴铁水，再给右侧钝边一滴铁水，依次循环。

③更换焊条。换焊条收弧前，在熔池前方做一熔孔，然后回焊 10 mm 左右再收弧，以使熔池缓慢冷却。迅速更换焊条，在弧坑后部 20 mm 左右处起弧，用长弧对焊缝进行预热，在弧坑后 10 mm 左右处压低电弧，用连弧手法运条到弧坑根部，并将焊条往熔孔中压下，听到“噗噗”击穿声后，停顿 2 s 左右灭弧，即可恢复正常操作焊接。

④打底焊缝接头的封闭。应将焊缝的始端打磨成斜坡，当与焊缝末端封闭时，将电弧稍向坡口内压送并稍停顿，待根部熔透超过焊缝始端约 10 mm 左右，填满弧坑熄弧。

（2）操作注意事项

①一看：应注意观察熔池状态和熔孔大小，熔池应清晰明亮，熔孔大小应保持一致，并使熔孔向试件两侧各深入 0.5～1 mm。

②二听：应注意听有无电弧击穿发出的“噗噗”声，否则会产生未焊透。

③三准：接弧位置要准确，每次接弧时的焊条中心都应对准熔池前端与母材交界处，如图 6－4 所示。当听到“噗噗”声响时，向熔池后方迅速灭弧，灭弧应干脆利落，不要拉长弧，才能较好保护熔池，避免产生气孔。

④四短：灭弧与接弧的时间间隔要短，否则易产生冷气孔和熔合不良，灭弧频率以 50 次/分至 60 次/分为宜。

2. 填充焊

由于本试件厚度较大，焊接层数和道数较多，所以必须认真清除焊道间的熔渣和飞溅，修平凹凸处与接头处缺陷。

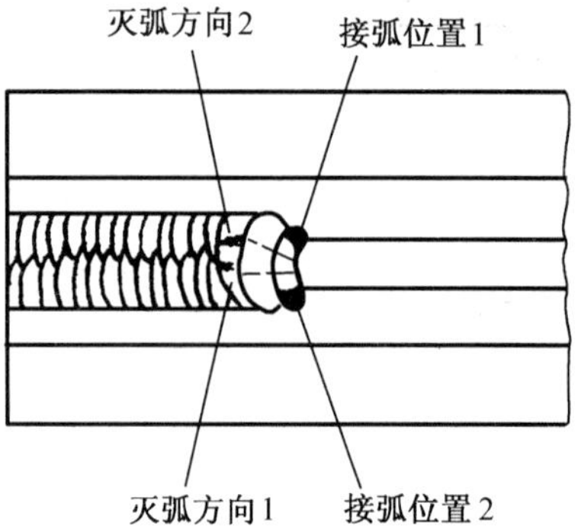

图 6－4　接弧位置与灭弧方向示意

可采用月牙形运条方法，焊条摆动至坡口两侧时，应稍停顿。整个填充层焊缝高度应低于母材，最好略呈凹形以利盖面层焊接。

3. 盖面焊

盖面焊接电流应小些，控制熔池大小和形状均匀一致。焊条摆动至坡口边缘时应稍停顿，避免产生咬边。

盖面层更换焊条收弧时应对熔池稍填熔滴铁水，迅速更换焊条，并在弧坑前约 10 mm 左右处引弧，然后将电弧退至弧坑的 2/3 处，填满弧坑后可正常进行焊接。若接头位置偏后，会使接头部位焊缝过高，若偏前则造成焊道脱节。

为使盖面层成形美观，也可采下坡焊的方法施焊。

（三）验收质量标准

焊条电弧焊对接单面焊双面成形应达到的技术标准：执行中国船级社《材料与焊接规范》2012 标准，具体要求见表 6－4。

表 6－4　焊缝质量检验项目及标准

检查项目		标准
外观检查	表面成形	成形良好，焊缝边缘应平顺过渡到母材，焊缝宽度均匀
	表面缺陷	焊缝表面应无裂纹、未熔合、夹渣、气孔和焊瘤等缺陷
	咬边	咬边深度应不大于 0.5 mm 咬边长度 管试件：焊缝两侧咬边累计总长度应不超过焊缝全长的 20%
	内凹	允许有深度不超过 0.1 t（t 为试件厚度）且不大于 1.5 mm、累计长度不超过焊缝全长 10% 的局部内凹
	未焊透	无
	焊瘤	根部焊瘤应不大于 3 mm
	焊缝余高	平焊位置的焊缝余高应不大于 3 mm，其他位置应不大于 4 mm
	焊缝宽度	每侧焊缝宽度应不大于坡口宽度 2.5 mm
弯曲试验		在受拉面的任何方向上均不应有超过 3 mm 的裂纹和其他开口缺陷

任务二　管材垂直固定焊条电弧焊技术

【学习目标】

1. 掌握垂直固定单面焊双面成形特点及基本要求。

2. 掌握管材垂直固定单面焊双面成形操作技能。

【工作任务】

管材垂直固定单面焊双面成形焊条电弧焊操作。

【任务分析】

管材垂直固定是将两直径相同的管件的中心线重合，开坡口一侧相对，且垂直于水平面叠放在一起，如图 6－5 所示。

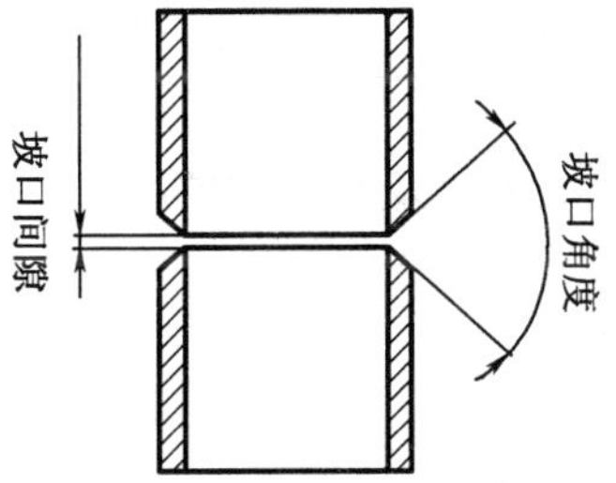

图 6－5　管材垂直固定试件

管材垂直固定的焊接位置为平焊，因管子有一定弧度且焊接时管子不允许转动，操作人员需要不断调整焊接位置和焊条角度。

【知识准备】

一、垂直固定单面焊双面成形特点

垂直固定管焊接即管子横焊，管件处于垂直或接近垂直位置，而焊缝则处于水平位置。

1. 焊缝处于水平位置，下坡口能托住熔化后的铁水，填充与盖面层焊接时均为叠加堆焊，熔池温度比水平管焊接易控制。

2. 铁水因自重而下淌，打底层焊接时比立焊困难。

3. 填充、盖面层的堆焊焊接，易产生层间夹渣及未熔合等缺陷。

4. 由于管子曲率的变化，盖面焊时如操作不当，易造成表面焊缝排列不整齐，影响焊缝外观质量。

二、管材垂直固定焊接基本要求

1. 施焊时管对接试样固定不得转动角度。

2. 由于熔化金属受重力的作用,容易下淌,而产生坡口上侧咬边,应严格采用短弧、细直径焊条施焊。

3. 清渣时待熔渣冷却后,要仔细清理熔渣,不得在高温时用尖锤敲击。

【任务实施】

一、设备、材料

1. 设备

交流弧焊机、直流弧焊机。

2. 焊接材料

E4303(J422),ϕ2.5 mm,ϕ3.2 mm。

E5015(J507),ϕ2.5 mm,ϕ3.2 mm。

3. 工件

20 号钢管材,ϕ108 mm×8 mm×100 mm,2 块一组。

4. 辅助工具

清渣锤、磨光机、錾子、钢丝刷、面罩及个人防护用品。

二、焊前准备

(一)焊机使用前检查

焊钳及各接线处连接是否良好。

选用直流电源时,检查电源极性是否符合要求。E4303 焊条应选择交流、直流正接或反接,E5015 采用直流反接。

(二)工件清理

彻底清除工件一定范围内的油漆、锈、水分及氧化皮等杂质,至露出金属光泽,并适当打磨出钝边,清理后应立即施焊。

如工艺无特殊要求,清理时可使用锉刀、角磨砂轮等工具。管材清理范围为管子坡口面及近坡口面两侧管壁,如图 6-6 所示。

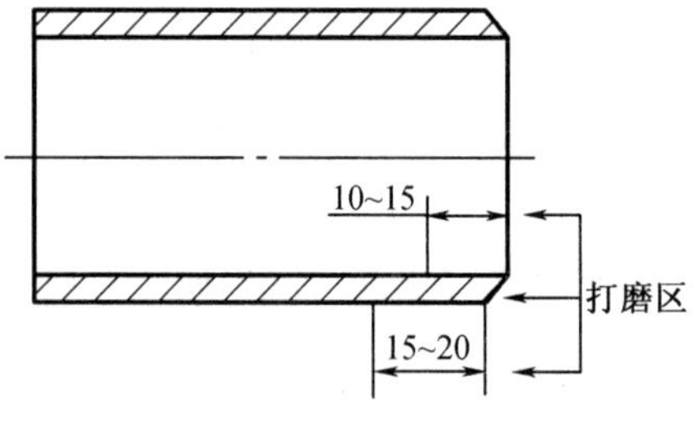

图 6-6 管材焊前清理区

(三)焊条烘干

E4303 烘干温度 100 ℃ ~150 ℃,保温时间为 1 h;E5015 烘干规范为烘干温度 250 ℃ ~300 ℃,保温 2 h。焊条烘干规范,也可按焊条说明书执行。

烘干后的焊条应放入焊条保温筒内,随用随取,重复烘干次数不应超过三次。

(四)定位焊

1. 必须按照焊接工艺规定要求焊接定位焊缝。

2. 定位焊缝必须保证熔合良好,焊道不能过高,起头和收尾处应圆滑过渡,以防止接头时焊不透。

3. 定位焊缝不能设置在焊缝交叉处或焊缝方向发生急剧变化处，通常应距离这些地方 50 mm 以上。

4. 为防止定位焊缝在焊接过程中裂开，应尽量避免强制装配，必要时可增加定位焊缝长度，并减小定位焊缝间距。

5. 定位焊完毕后，应及时焊接，避免中途停顿和存放时间过长。

6. 定位焊使用的焊接电流，可比正常焊接电流大 10% ~15% 左右。

7. 定位焊必须保证装配间隙。

8. 管材对接试件装配规范。

定位焊点按圆周方向均分三处，大管子可焊 2 ~3 处，小管子焊 1 ~2 处。每处定位焊缝长 10 ~15 mm。装配好的管子应预留间隙，并保证同心。

定位焊一般应在管子坡口内进行，也可使用连接板在坡口外进行装配点固。按装配位置，定位焊可分为三种方式，如图 6 –7 所示。

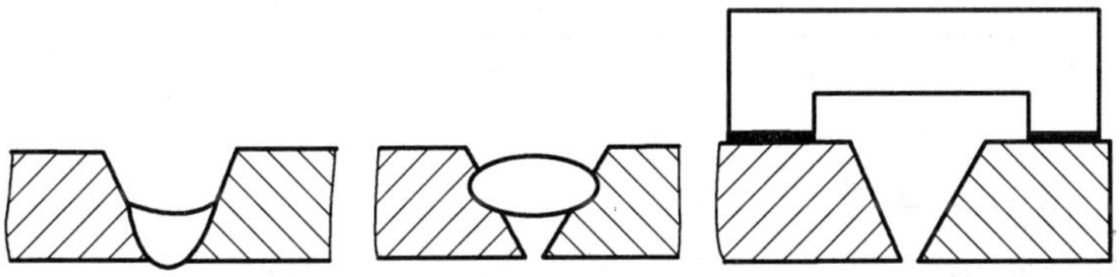

(a)　(b)　(c)

图 6 –7　管材定位焊缝形式

(a)正式定位焊；(b)非正式定位焊；(c)连接板定位焊

图 6 –7(a)为在坡口内进行定位焊，使用较普及。该定位焊缝是正式焊缝的一部分，应确保焊透、无缺陷。固定完毕后，将定位焊缝两端打磨成缓坡形状。

图 6 –7(b)所示为非正式定位焊，操作时应注意保持试件坡口根部棱边不被破坏。正式焊接至定位焊缝处时，将该定位焊缝打磨清除，然后继续焊接。

图 6 –7(c)为利用定位板进行装配固定，这种方法不会破坏试件坡口。焊接至定位板处应将其打掉，然后继续焊接。

(五)反变形

表 6 –5 为 ϕ108 ×8、长度 100 管状试件垂直固定的装配尺寸要求。

表 6 –5　管状试件垂直固定装配尺寸(ϕ108 ×8、长度 100)

焊条型号	坡口形式	坡口角度	坡口间隙/mm	定位焊点	钝边/mm	错边量/mm
E4303	V 形对接	60°	3.2	3 点	0 ~1	≤1
E5015	V 形对接	60°	3.0	3 点	0 ~1	≤1

三、焊接技术

试件对接接口在水平位置,俗称“横口”。焊接要领与板对接横焊基本相同,但焊接时电弧需沿管子周围均匀转动。

操作时,可将焊缝按图6-8所示设置为三层六道进行焊接。

(一)E4303焊条操作

1. 焊接工艺参数选择

焊接工艺参数选择,可参照表6-6所示进行。

表6-6 管材(φ108×8、长度100)垂直固定焊接参数参考范围

焊条型号	焊接层次	焊条直径/mm	焊接电流/A	焊接速度/(mm/s)	电源极性
E4303	打底层	φ2.5	80~85	—	交流、直流正接或反接
	填充层	φ3.2	115~125	2~2.5	
	盖面层	φ3.2	110~120	1.5~2	

2. 打底焊

采用短弧、断弧法施焊。

在管子上坡口处引弧,然后移向管子的下坡口,坡口两侧熔化后向坡口压送电弧,稍停顿,坡口根部熔化并被击穿形成熔孔。熔孔形成以后,焊条回到熔池中间位置迅速灭弧。当熔孔变成暗红色时,立即在熔孔的1/2至2/3处引燃电弧,形成新的熔孔、熔池后回到熔池中间位置熄灭电弧。

焊条与管切线方向成70°~80°,与下管成80°~85°,如图6-9所示。

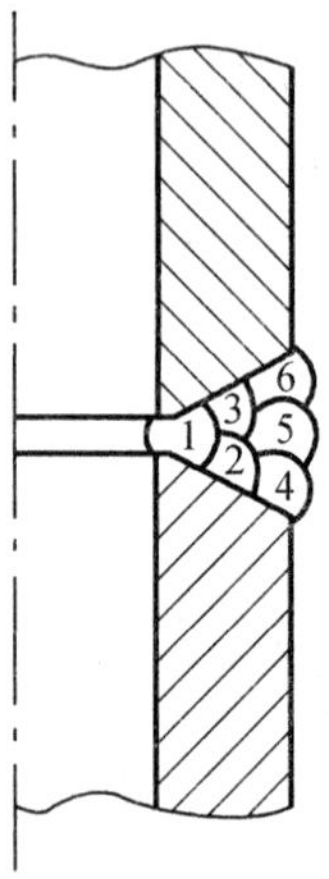

图6-8 管对接垂直固定焊缝布置示意

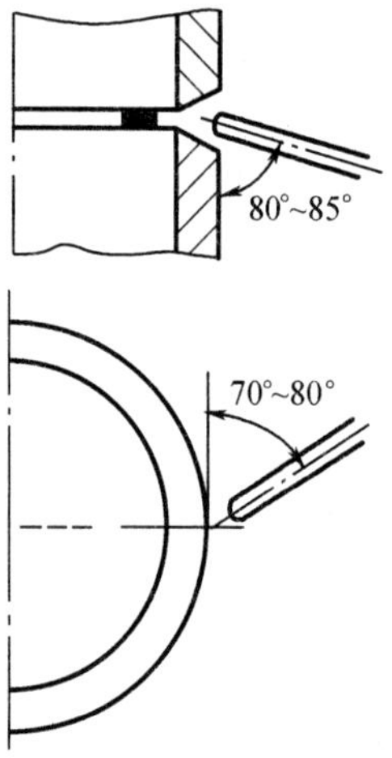

图6-9 打底层焊条角度示意

控制熔孔大小均匀、一致，深入上坡口 1 ~ 1.5 mm 左右，下坡口略小些。

收弧时焊条下压，慢慢向后方一侧带弧 10 mm 左右，使其形成一个缓坡。

接头时在原熔池后约 10 mm 处引弧，焊至原熔池前沿时向坡口根部压送焊条，稍停顿以形成新的熔池。

3. 填充

施焊前清理干净打底层焊缝的熔渣及飞溅，将焊缝接头处打磨平整。

填充层分上、下两道焊缝进行，运用直线型运条方法。第二道焊缝在第一道焊缝上方，覆盖住第一道焊缝的 1/3 至 1/2 施焊，避免焊缝表面出现凹槽、凸起。

第一道填充焊缝（下侧焊缝）焊接处时，焊条对准打底焊缝与下侧管材的结合处，焊条与管的切线方向成 80° ~ 85°，与下方管子成 90° ~ 100°。第二道填充焊缝焊接时，焊条对准打底焊道与上侧管材的结合处，焊条与管的切线方向成 80° ~ 85°，与下管成 60° ~ 70°。

接头时，迅速更换焊条。在弧坑前方 10 ~ 15 mm 引燃电弧，把焊条拉至收弧处焊道中间，压住收弧处 2/3 熔池稍加停顿，形成熔池后横向摆动，当收弧处完全熔化后，即可进行正常焊接。

填充焊应比母材表面低 1 ~ 1.5 mm，并且应平滑无夹渣。不得熔化坡口棱边，以保证盖面层焊缝平直。

焊接时，焊道与焊道之间清理要仔细，熔合要平滑、美观，不能有未熔合和焊接堆积现象。

4. 盖面

采用连弧法施焊，在上坡口处引弧，然后将电弧向下拉施焊。

盖面层分三道进行。第一道焊缝焊接时，焊条与管的切线成 80° ~ 85°，与下管成 75° ~ 85°。第二道焊缝焊接时，焊条与管的切线成 80° ~ 85°，与下管成 70° ~ 80°。第三道焊缝焊接时，焊条与管的切线成 80° ~ 85°，与下管成 60° ~ 70°。

接头时应在弧坑前 10 mm 处引弧，向回拉弧将弧坑填满后进行施焊。

（二）E5015 焊条操作

1. 焊接工艺参数选择

焊接工艺参数选择，可参照表 6 – 7 所示进行。

表 6 – 7　管材（ϕ108 × 8、长度 100）垂直固定焊接参数参考范围

焊条型号	焊接层次	焊条直径/mm	焊接电流/A	焊接速度/（mm/s）	电源极性	焊接方法	运条方式
E5015	打底层	ϕ2.5	75 ~ 80	—	直流反接	连弧焊	小椭圆运条
	填充层	ϕ3.2	115 ~ 125	2 ~ 2.5			直线运条
	盖面层	ϕ3.2	115 ~ 125	1.5 ~ 2			小椭圆运条

2. 打底焊

采用连弧、短弧法施焊。

在管子上坡口处引燃电弧，然后移向管子下坡口。坡口两侧熔化后压送电弧，稍停顿，管子坡口根部熔化并被击穿形成熔孔。熔孔形成以后，焊条回到熔池中间位置，然后运用连弧焊法采用横向锯齿形、月牙形或小椭圆形摆动,在摆动过程中坡口两侧应稍停顿,使坡口根部熔合。上坡口停留时间比下坡口停留时间稍长,焊条摆动向前移动的间距不宜过大。

焊接电弧的1/3保持在熔池前,2/3覆盖在熔池上,保持熔池大小一致。焊条与管的切线方向呈70°~80°,与下管呈80°~85°。

合理控制熔孔大小。上坡口面熔化为1~1.5 mm,下坡口略小些。

更换焊条时,将焊条向焊接相反方向拉回10~15 mm,并将电弧拉长至熄灭。接头时将收弧焊道端头打磨出10 mm的缓坡,然后在熔池后约10 mm处引燃电弧,焊条做上下摆动施焊。焊至收弧前沿时,将焊条向坡口根部压送并稍停顿,随后渐渐抬起焊条至正常焊接位置施焊。

先将始焊处焊缝端部打磨成缓坡,再进行接头封闭焊接。焊至缓坡前端,向坡口内压送焊条并稍停顿,然后继续向前焊过缓坡10 mm左右,填满弧坑后熄弧。

3. 填充焊

施焊前清理干净打底层焊缝的熔渣及飞溅,将焊缝接头处打磨平整。

填充层分上、下两道焊缝进行,运用直线形运条方法。第二道焊缝在第一道焊缝上方,覆盖住第一道焊缝的1/3至1/2施焊,避免焊缝表面出现凹槽、凸起。

第一道焊缝,焊条与管的切线方向呈80°~85°,与下管呈90°~100°。第二道焊缝,焊条与管的切线方向呈80°~85°,与下管呈60°~70°。

接头时,迅速更换焊条。在弧坑前方10~15 mm引燃电弧,把焊条拉至收弧处焊道中间,压住收弧处2/3熔池稍加停顿,形成熔池后横向摆动,当收弧处完全熔化后,即可进行正常焊接。

填充焊应比母材表面低1~1.5 mm,并且应该平滑、无夹渣。不得熔化坡口棱边,以保证盖面层焊缝平直。

焊接时,焊道与焊道之间清理要仔细,熔合要平滑、美观,不能有未熔合和焊接堆积现象。

4. 盖面焊

采用连弧法施焊,在上坡口处引弧,然后将电弧向下拉施焊。

盖面层分三道进行。第一道焊缝焊条与管的切线呈80°~85°,与下管呈70°~75°。第二道焊缝焊条与管的切线呈80°~85°,与下管呈65°~70°。第三道焊缝焊条与管的切线呈80°~85°,与下管呈60°~65°。

接头时应在弧坑前10 mm处引弧,向回拉弧将弧坑添满后进行施焊。

(三)质量验收标准

焊条电弧焊对接单面焊双面成形应达到的技术标准:执行中国船级社《材料与焊接规范》2012标准,具体要求见表6-8。

表6－8　焊缝质量检验项目及标准

检查项目		标准
外观检查	表面成形	成形良好，焊缝边缘应平顺过渡到母材，焊缝宽度均匀
	表面缺陷	焊缝表面应无裂纹、未熔合、夹渣、气孔和焊瘤等缺陷
	咬边	咬边深度应不大于0.5 mm 咬边长度 管试件：焊缝两侧咬边累计总长度应不超过焊缝全长的20%
	内凹	允许有深度不超过0.1 t（t为试件厚度）且不大于1.5 mm、累计长度不超过焊缝全长10%的局部内凹
	未焊透	无
	焊瘤	根部焊瘤应不大于3 mm
	焊缝余高	平焊位置的焊缝余高应不大于3 mm，其他位置应不大于4 mm
	焊缝宽度	每侧焊缝宽度应不大于坡口宽度2.5 mm
弯曲试验		在受拉面的任何方向上均不应有超过3 mm的裂纹和其他开口缺陷

任务三　管材水平固定焊条电弧焊技术

【学习目标】

1. 掌握水平固定单面焊双面成形特点。
2. 掌握管材水平固定单面焊双面成形操作技能。
3. 掌握螺旋管单面焊双面成形操作技能。
4. 掌握管材水平固定单面焊双面成形下向焊技术。

【工作任务】

管材水平固定单面焊双面成形焊条电弧焊操作。

【任务分析】

管材水平固定焊是指被焊管件固定安装在水平位置或接近水平位置进行焊接，如图6－10所示。

管材水平固定施焊中包括仰、立、平三种空间位置，也称全位置焊接，是难度最大的焊接操作技术之一。

【知识准备】

管材水平固定焊特点：

1. 对焊接质量都有较高的技术要求，对施焊人员要求也高。

2. 由于管接头曲率的存在，焊接位置不断变化，焊工的站立位置及焊条的运条角度必须适应变化的要求。

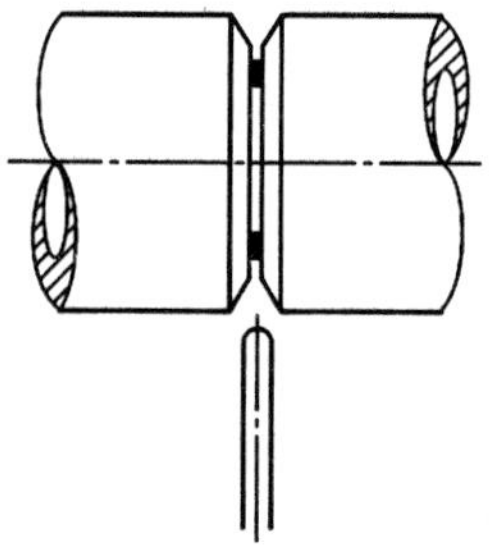

图 6－10　管材水平固定试件

3. 较小管径时，焊接所产生的热量上升快，焊接熔池温度不易控制，在焊接电流不能随时调整的情况下，主要靠焊工摆动焊条来控制热量，因此，要求焊工应具有较高的操作技术水平。

【任务实施】

一、管材水平固定单面焊双面成形焊接

（一）设备、材料

1. 设备

交流弧焊机、直流弧焊机。

2. 焊接材料

E4303（J422），ϕ2.5 mm，ϕ3.2 mm。

E5015（J507），ϕ2.5 mm，ϕ3.2 mm。

3. 工件

20 号钢管材，ϕ108 mm × 8 mm × 100 mm，2 块一组。

4. 辅助工具

清渣锤、磨光机、錾子、钢丝刷、面罩及个人防护用品。

（二）焊前准备

1. 反变形

表 6－9 为 ϕ108 × 8、长度 100 管状试件水平固定的装配尺寸要求。

表 6－9　管状试件水平固定装配尺寸（ϕ108 × 8、长度 100）

焊条型号	坡口形式	坡口角度	坡口间隙/mm	定位焊点	钝边/mm	错边量/mm
E4303	V 形对接	60°	仰焊端 2.5、平焊端 3.0	3 点	0～1	≤1
E5015	V 形对接	60°	仰焊端 2.0、平焊端 2.5	3 点	0～1	≤1

2. 其余同垂直固定焊。

（三）焊接技术

管材试件水平固定，对接接口垂直于水平面，俗称“吊口”，也可称之为管材全位置焊。焊接过程中要经过仰焊、立焊、平焊等位置，焊条角度变化较大，如图 6－11 所示。

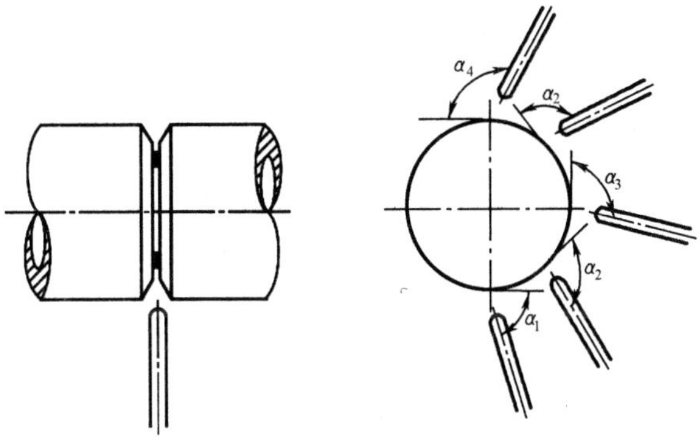

图 6－11　焊条角度

$\alpha_1=80°\sim85°, \alpha_2=100°\sim105°, \alpha_3=100°\sim110°, \alpha_4=110°\sim120°$

操作时，可将焊道设置为三层三道（如图 6－12），并沿垂直中心线将管件圆周分为两个半圆，分别进行焊接。

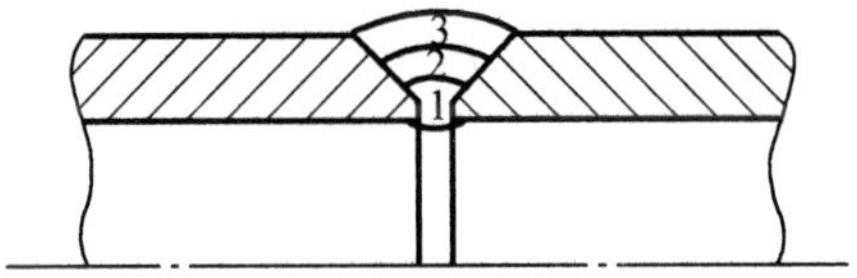

图 6－12　焊道布置示意

焊接顺序一般是先焊右半周，再焊左半周。

1. E4303 焊条操作

(1) 焊接工艺参数选择

焊接工艺参数选择，可参照表 6－10 所示进行。

表 6－10　管材（ϕ108×8、长 100）水平固定焊接参数参考范围

焊条型号	焊接层次	焊条直径/mm	焊接电流/A	焊接速度/(mm/s)	电源极性
E4303	打底层	ϕ2.5	60～70	—	交流、直流正接或反接
	填充层	ϕ3.2	85～95	2～2.5	
	盖面层	ϕ3.2	80～90	1.5～2	

(2) 打底层

①右半周打底焊接　采用短弧、断弧法施焊。

焊接过程为“仰焊→立焊→平焊”，逆时针方向焊接，在仰焊位置的起焊点和平焊位置的终焊点都必须超过试件半周（超越中心线 5～10 mm），如图 6－13 所示。

从底部偏左 5～10 mm（“时钟 7 点”）处采用引弧。

电弧引燃后，将焊条送到坡口根部一侧预热，形成局部焊缝。然后将焊条向另一侧坡口进行搭焊，两个焊点充分熔合到一起形成一个完整的熔池。当管内发出电弧穿透声时，熔孔即形成，然后将焊条接回到熔池中间位置迅速灭弧。

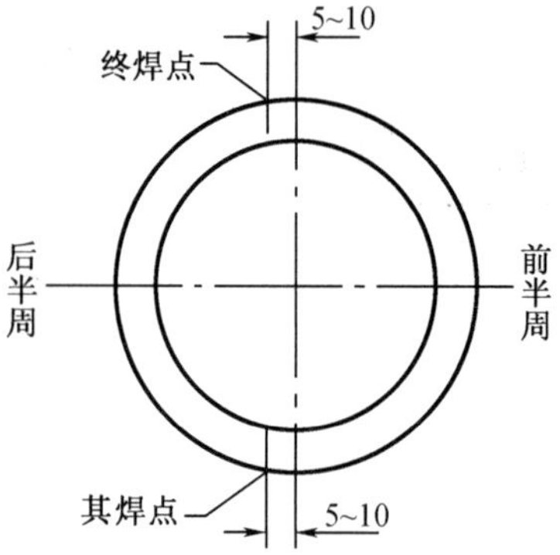

图 6－13　右半周焊缝的起点和终点

当熔孔变成暗红色时，立即在熔孔的 1/2 至 2/3 处引燃电弧，形成新的熔孔后，电弧回到熔池中间位置熄灭。

在仰焊区段内焊接时，焊条要顶住坡口钝边内沿，尽量压低电弧使弧柱透过内壁 1/2 左右，保证管内金属饱满，防止产生内凹。立焊位施焊时，应适当减少焊条向坡口内的给送，控制电弧弧柱透过内壁 1/3 左右。平焊位时焊条的给送应比立焊位更浅些，控制弧柱透过内壁 1/4 左右。

更换焊条前，在收弧时将焊条下压，使熔孔变大。然后缓慢向前带弧使其形成坡口，为下一根焊条接头打基础。

焊至定位焊缝时，可将定位焊缝打磨掉，并在端头打磨出 10 mm 的缓坡。

②左半周打底焊　采用短弧、断弧法施焊，焊接过程为“仰焊→立焊→平焊”，顺时针方向焊接。

将右半周起弧处及水平位置的收弧处焊缝打磨成缓坡。

焊缝仰焊位置下接头。在右半周焊缝前 10 mm 处引弧，焊至缓坡末端时将焊条向上顶送。接头封闭焊接时，将电弧稍向坡口内压送，并稍停顿。

(3)填充焊

施焊前清理干净打底层焊缝的熔渣及飞溅，将焊缝接头处打磨平整。

采用锯齿形运条法，摆动幅度比打底层稍宽。焊接时，电弧在坡口两侧应稍停留，中间快速过渡，焊条角度与打底焊相同。

填充焊道表面与工件表面距离，仰焊部位、平焊部位应控制在 0.5 mm 左右，立焊部位约为 1 mm。

接头时，迅速更换焊条。在弧坑上方 10～15 mm 引燃电弧，将焊条拉至收弧处焊道中间，压住收弧处 2/3 熔池稍加停顿，形成熔池后横向摆动，当收弧处完全熔化时，即可进行正常焊接，应保证坡口表面棱边不受破坏。

(4)盖面焊

盖面时焊条仍采用锯齿形运条方法，摆动速度稍快，前进速度不变，两边稍停留。

2. E5015 焊条操作

(1)焊接工艺参数选择

焊接工艺参数选择,可参照表 6－11 所示进行。

表 6－11　焊接工艺参数参考范围

焊接层次	焊条直径/mm	焊接电流/A	电源极性	焊接方法	运条方式
打底层	2.5	65～75	直流反接	连弧焊	锯齿形或月牙形
填充层	2.5	70～75			“8”字形
盖面层	3.2	115～120			“8”字形

(2)打底层

水平固定管的打底、填充、盖面焊接均分两半圈进行,焊接顺序详见图 6－14。

从超过管的“6 点”10～15 mm 处起弧,电弧稳定燃烧后,待熔化的铁水将坡口根部两侧连接上以后,应立即压低电弧,使电弧 2/3 以上作用于管口内,同时沿两侧坡口钝边处做锯齿形和月牙形小幅摆动,控制熔孔大小一致(电弧熔化每侧坡口钝边 1.5 mm 左右),并听到电弧击穿坡口钝边的“噗噗”声,连弧向上焊接,电弧每运动到坡口一侧,应有稍停顿的稳弧动作。

需要注意的是,焊第一根焊条如果电弧向管内送进深度不够,将产生焊缝背面的内凹缺陷,锯齿形或月牙形向上运条的幅度不宜过大,否则将会产生焊缝背面未熔合及咬边等缺陷。

当打底焊施焊超过 9 点(3 点)到 10 点半(1 点半)位置时,电弧的深度(穿过坡口间隙)应以 1/2 为宜,而 10 点半(1 点半)到 12 点位置时,电弧的穿透深度(穿过坡口间隙)以 1/3 为宜,同时应加快焊接速度,否则将容易产生烧穿、背面产生焊瘤。

施焊时,焊条应随管子的曲率变化而变化,焊条角度变化如图 6－15 所示。

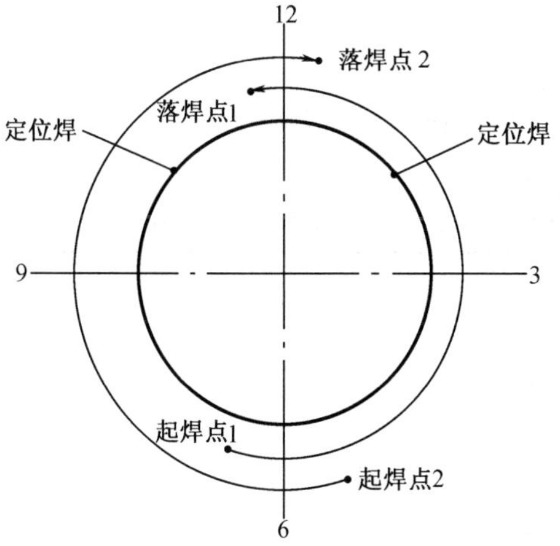

图 6－14　焊接顺序示意图

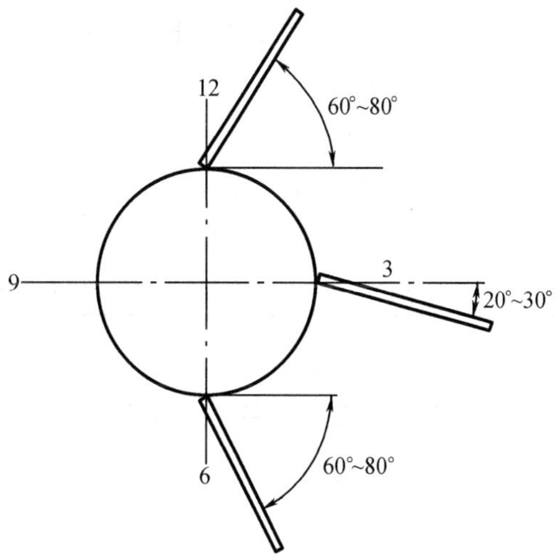

图 6－15　焊条角度变化示意图

另一半圈的焊接方式与上半圈相同。

(3)填充层

由于管试件升温快、散热慢,所以要保持熔池温度均衡,主要利用调整运条方法和焊接速度控制。

采用"8"字形向上摆动运条,焊条倾角变化与打底焊相同。焊条运动到坡口两侧时必须有稳弧动作,并有往下挤压的动作,以将坡口两侧夹角中的杂质熔化,随熔渣一起浮起,避免夹渣缺陷。

填充焊层应平整,高低一致,控制比管平面低 1.5 mm 左右,并保持两侧坡口边沿完好无损,为盖面焊层焊接打下良好的基础。

(4)盖面层

盖面焊时采用"8"字运条方式,电弧尽量压低,摆动动作要适中。"8"字往上运条的幅度不宜太大,电弧在管的坡口两侧各 2 mm 处稍停留,避免产生咬边及焊肉下坠等缺陷。

焊条倾角与打底、填充层时相同。

3. 质量验收标准

焊条电弧焊对接单面焊双面成形应达到的技术标准:执行中国船级社《材料与焊接规范》2012 标准,具体要求见表 6-12。

表 6-12　焊缝质量检验项目及标准

检查项目		标准
外观检查	表面成形	成形良好,焊缝边缘应平顺过渡到母材,焊缝宽度均匀
	表面缺陷	焊缝表面应无裂纹、未熔合、夹渣、气孔和焊瘤等缺陷
	咬边	咬边深度应不大于 0.5 mm 咬边长度 管试件:焊缝两侧咬边累计总长度应不超过焊缝全长的 20%
	内凹	允许有深度不超过 0.1 t(t 为试件厚度)且不大于 1.5 mm、累计长度不超过焊缝全长 10% 的局部内凹
	未焊透	无
	焊瘤	根部焊瘤应不大于 3 mm
	焊缝余高	平焊位置的焊缝余高应不大于 3 mm,其他位置应不大于 4 mm
	焊缝宽度	每侧焊缝宽度应不大于坡口宽度 2.5 mm
弯曲试验		在受拉面的任何方向上均不应有超过 3 mm 的裂纹和其他开口缺陷

二、螺旋管单面焊双面成形焊接技术

(一)设备、材料

1. 设备

交流弧焊机或直流弧焊机。

2. 焊接材料

E4303(J422)焊条,ϕ3.2 mm,ϕ4.0 mm。

2. 工件

Q235 螺旋焊管，ϕ820 mm×10 mm。

3. 辅助工具

清渣锤、磨光机、錾子、钢丝刷、面罩及个人防护用品等。

（二）焊前准备

1. 焊条烘干

使用前进行 150 ℃烘干、1 h 保温处理，随用随取。

2. 工件清理

施焊前应将坡口两侧表面的油污、铁锈及水分等污物清理干净，至露出金属光泽及时焊接。

3. 装配

组对定位焊是保证焊接质量及管接头背面成形良好的关键，如果坡口形式、组对间隙、钝边大小不合适，易造成内凹、焊瘤及未焊透等缺陷。

装配组对形式见图 6－16 所示。

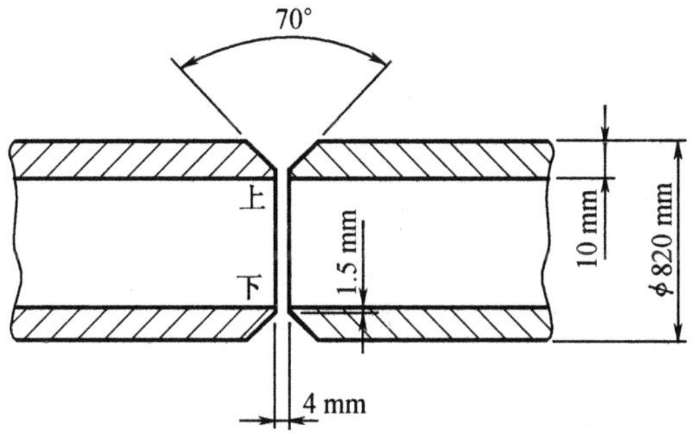

图 6－16　装配形式示意图

定位焊时，根据钢管接头情况，用 8～10 块定位板（200 mm×80 mm×10 mm）均布于管周，组对间隙均为 4 mm。定位时应保证接管间的同心，焊接定位板时，应焊管板角焊缝的同一方向，以方便取下。

（三）操作技能要点

1. 操作基本要求

打底层、填充层、盖面层的焊条角度基本相同，如图 6－17 所示。电弧长度及运条方式不同，熔池的形状主要由电弧的长短及运条形式来控制。

2. 打底层

采用电弧焊单面焊双面成形操作方法，利用断弧击穿法焊接，焊接电流为 115～125 A。

施焊时焊条在坡口间隙中心起弧后，迅速横摆至坡口左侧再摆回坡口右侧，向下熄弧，每完成这一动作过程，间隔时间大约为 1.5 s。施焊时保证坡口两侧边缘充分熔合，控制熔池间隙，管接头的 12 点处为 5 mm，6 点处为 4 mm。

焊接过程中，随焊缝延伸将定位板逐个打掉。

焊接分两个半周完成，引弧、收弧处均设置在管半周中心前 10 mm，参见图 6－17。

选用直径为 3.2 mm 焊条，焊接电流 115～125A。

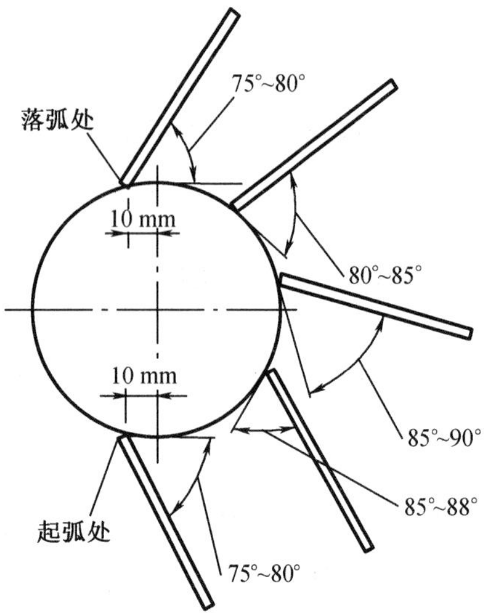

图 6－17　焊条角度及引弧、收弧位置示意图

施焊时先用长弧将起焊点(6 点前 10 mm)进行预热,当坡口内出现似汗珠状铁水时,迅速压低电弧,先从右侧横摆到左侧,再从左侧摆到右侧,向下灭弧,形成第一个熔池座。

再起弧时,为避免在管壁背面产生凹陷,将电弧对准坡口内角,焊条尽量向上顶送,使电弧完全作用于管壁内。从 3 点到 1 点或 9 点到 11 点属立焊和上爬坡位置,电弧长度应改为 2 ~ 3mm(距坡口内表面),否则管壁内会形成焊瘤过大缺陷。从 11 点到 12 点(从 1 点到 12 点)已接近平焊位置,施焊操作应为左右交替断弧焊,即先在左侧起弧,当左侧坡口熔合好后,立即在左侧向上灭弧,然后在右侧起弧,当右侧坡口熔合好后,立即在右侧灭弧,保持熔孔的大小基本一致(坡口两边各熔化 2 mm 左右为佳)。

更换焊条接头时,速度要快,先将电弧拉长预热管件,当熔池处有冒汗现象时,迅速压低电弧进行焊接。焊条摆动至坡口中心时,将电弧往里压送并停留 2 s 左右,听到“噗噗”声后,再恢复正常断弧焊接,以避免管接头内焊缝出现凹坑或接头不良等缺陷。

封口接头时应将环缝的起焊处磨成斜坡状,避免在距封口接头 20 mm 左右处再出现另一个接头。

3. 填充层

选用直径为 3.2 mm 焊条,焊接电流 115 ~ 130 A,连弧焊接。

施焊前先将打底层焊渣清理干净,然后将焊接位置以转动管件的方式保持在 9 点至 11 点(3 点至 1 点)位置。施焊时以两侧稍慢、中间稍快的原则,用“8”字形运条摆动,使填充层焊道平坦,坡口两侧不出现深沟(夹角),防止层间夹渣等缺陷。

施焊电弧要短,焊条摆动要均匀,以提高熔池温度,以避免夹渣、气孔等缺陷,有利于表面层的焊接。

控制填充层焊道的上表面低于管表面 0.5 ~ 1.5 mm,并保留坡口轮廓。

4. 盖面层

选用直径为 4 mm 焊条,焊接电流为 150 ~ 160 A。

操作方法与填充层相同,焊条摆动应均匀,以保证焊缝成形美观。

盖面焊道两侧应超过坡口边缘 2 mm,焊缝余高为 2 mm 左右。

5. 封底层

采用直径为 4 mm 的电焊条,焊接电流 160 ~ 180 A。

将管内焊道重新熔化,进行封底焊,使管内焊缝宽窄、高低一致,成形美观,圆滑过渡。

三、管材水平固定单面焊双面成形下向焊技术

(一)工具、材料

1. 焊接材料

E7010 纤维素下向焊条,ϕ3.2 mm,ϕ4.0 mm。

2. 工件

X60H 管材,ϕ230 mm × 8 mm。

3. 辅助工具

清渣锤、磨光机、錾子、钢丝刷、面罩及个人防护用品。

(二)焊前准备

1. 焊条烘干

使用前进行 80 ℃烘干、1 h 保温处理,随用随取。

2. 工件清理

施焊前应将坡口两侧表面的油污、铁锈及水分等污物清理干净,至露出金属光泽及时焊接。

3. 焊前预热

施焊前在管接头坡口两侧进行火焰预热,预热温度应均匀上升,预热温度 100 ℃ ~120 ℃为宜。

4. 装配

装配形式参照图 6 - 18 进行,管对接应在专用对管器上进行。

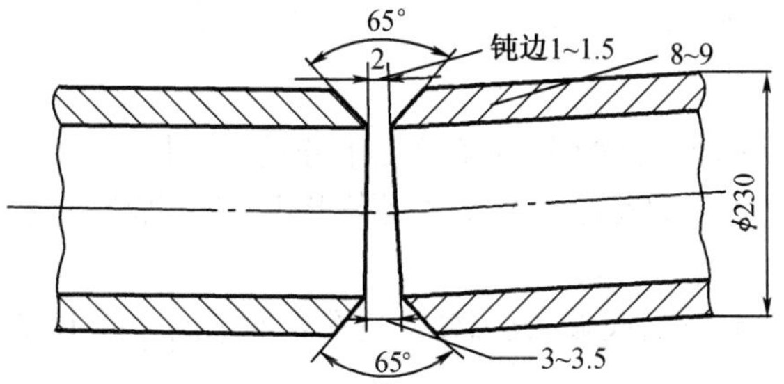

图 6 - 18 装配示意

定位焊的长度≤20 mm,高度以 3 mm 为宜,可采用两点定位,如图 6 - 19 所示。

定位焊缝的两侧应打磨成缓坡状,以利于接头,组对时应将钢管垫平,不得悬空。

(三)操作技能要点

1. 焊接工艺参数确定

焊接工艺参数选择,可参照表 6 - 13 所示进行。

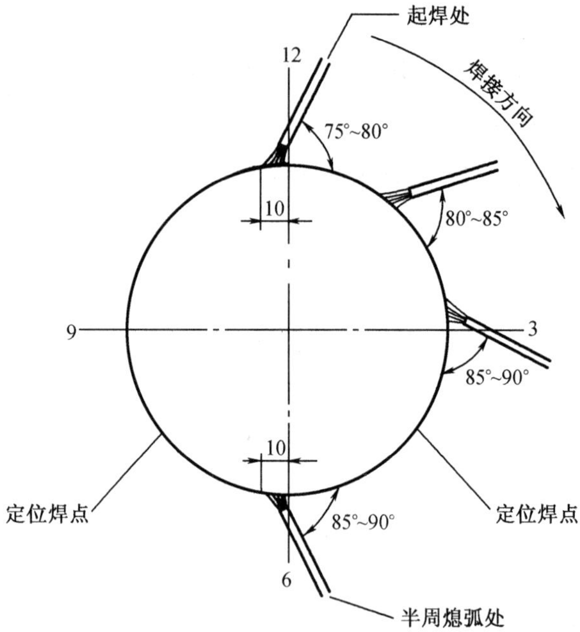

图 6－19　定位焊布置及焊条角度示意

表 6－13　下向焊焊接工艺参数参考范围

焊接层次	焊条直径/mm	焊接电流/A	电弧电压/V
定位焊	3.2	100～120	21～22
打底层	3.2	90～120	21～22
填充层(2 层)	4.0	130～180	24～28
盖面层	4.0	120～150	22～26

2. 操作基本要求

为保证焊接质量，下向焊正确运用焊条角度十分重要。打底焊、填充焊、盖面焊的焊条角度基本相同（见图 6－19），只是电弧长度及运条形式不同，焊缝的宽窄主要由电弧的长短及运条形式来控制。

管的焊接分两个半周完成，起弧、收弧处均选在管的半周之前 10 mm 处。

3. 打底层

(1)起弧

施焊时从管接头的 12 点往 10 mm 处引弧形成第一个熔孔后，焊条迅速压低，采用短弧焊接，焊条做直线或往复小动作，快速、均匀、平稳地下向运条。

(2)接头

在熔池下方做一个比正常焊时略大些的熔孔，并迅速用磨光机将“下向焊”造成的溢流凸起的焊道端头磨成缓坡状，使接头处变薄。接头时，焊条运动到弧坑边缘根部时，将电弧尽量往里压送，听到“噗噗”声后略停顿，随后恢复正常焊接。

(3)注意事项

①“听”　注意听是否有电弧击穿管坡口钝边发出的“噗噗”响声。

②“看”　注意观察熔池温度和熔孔形状大小,熔孔形状大小应保持基本一致,熔孔大小应控制在每侧坡口钝边熔化1.5mm左右为好。

熔孔过大,表明焊接速度慢,熔池温度高,容易烧穿、形成焊瘤;熔孔过小,表明焊接速度过快,焊接电流小或焊条角度不当,易造成未熔合缺陷。

③“送”　根据坡口间隙、钝边大小,通过合适的电弧长度、焊条角度、焊接速度及运条方式控制熔池温度和熔孔大小,将铁水准确送到坡口的根部。

4. 填充层

用角向磨光机将焊缝打磨干净,不得有夹渣、气孔、弧坑及焊瘤等缺陷。

电弧长度应控制在1.5倍焊芯直径左右,焊接速度稍快且保持均匀,控制熔池成圆片状为宜。

避免电弧过低或焊条角度不当造成“顶弧”,导致铁水与熔渣分离不清,铁水或焊渣倒流严重,造成夹渣和未熔合等缺陷。

填充焊时管上部(12点处)容易凹陷、缺焊肉,管下部(5~6点、7~6点处)铁水容易下坠,应将其填起、磨平,以填满坡口并低于管平面1 mm左右为宜,并留有坡口边缘轮廓,以利于盖面层的焊接。

5. 盖面层

焊条应沿坡口两侧稍做横向摆动或反月牙形运条向下焊接,要求表面焊缝圆滑过渡、成形美观,焊缝余高比管平面高出1 mm为好。

如焊接电流过大、焊条角度不规范或焊接速度不当,仰焊盖面处易下坠形成焊瘤和咬边现象。运行至该位置时,焊条应尽量垂直于管平面,利用电弧的喷射力和电弧轮廓的覆盖面积,利用适当的焊接速度和运条方式将铁水喷射过渡上去。

任务四　管子倾斜45°固定焊技术

【学习目标】

1. 掌握管子倾斜45°固定焊特点。
2. 掌握管子倾斜45°固定焊操作技能。

【工作任务】

管子倾斜45°固定焊操作。

【任务分析】

管子倾斜45°固定焊接,是介于水平固定和垂直固定之间的焊接位置,如图6－20所示。

管子倾斜45°固定焊具有平、立、横、仰全位置的焊接特点,其操作技术与水平固定焊、垂直固定焊相比,既有共同之处,又有特殊的地方,操作难度较大。

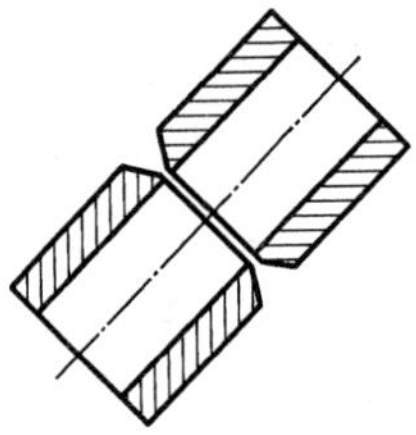

图 6－20　管子倾斜 45°固定试件

【知识准备】

管子倾斜 45°固定焊特点：

1. 焊缝的几何尺寸不易控制，焊缝外观成形不美观，波纹粗糙等。
2. 上侧焊缝容易产生咬边，下侧焊缝容易产生夹渣。
3. 盖面层焊缝的接头容易出现接合不良的现象。
4. 运条方法要随着焊接位置的不同及时进行调整。

【任务实施】

一、设备、材料

1. 设备

交流弧焊机、直流弧焊机。

2. 焊接材料

E4303(J422)，ϕ2.5 mm，ϕ3.2 mm。

E5015(J507)，ϕ2.5 mm，ϕ3.2 mm。

3. 工件

20 号钢管材，ϕ108 mm × 8 mm × 100 mm，2 块一组。

4. 辅助工具

清渣锤、磨光机、錾子、钢丝刷、面罩及个人防护用品。

二、焊前准备

1. 焊机使用前检查

焊钳及各接线处连接是否良好。

选用直流电源时，检查电源极性是否符合要求，E5015 采用直流反接。

2. 工件清理

彻底清除工件一定范围内的油漆、锈、水分及氧化皮等杂质，至露出金属光泽，清理后应立即施焊。

如工艺无特殊要求，清理时可使用锉刀、角磨砂轮等工具。清理范围为坡口及距坡口两侧 20 mm。

3. 焊条烘干

E4303 烘干温度为 100 ℃ ~ 150 ℃，保温 1 h；E5015 烘干规范中的烘干温度为 250 ℃ ~ 300 ℃，保温 2 h。焊条烘干规范，也可按焊条说明书执行。

烘干后的焊条应放入焊条保温筒内，随用随取，重复烘干次数不应超过三次。

4. 试件装配

定位焊间隙为 2.5 mm，定位焊缝长度为 5 ~ 10 mm。采用 ϕ3.2 mm 焊条进行，焊接电流比正式焊接时要大些，以保证焊透。

定位焊中一般以两点为宜，分别处于管道钟点位置 2 点和 10 点处，管子直径增大时应适当增加定位焊缝数量。组对后，检查定位焊缝是否存在爆裂等缺陷，确认无缺陷后，将定位焊缝两端打磨成缓坡状。

三、焊接操作

（一）E4303 焊条操作

1. 焊接参数选择

焊接参数确定，可参照表 6 – 14 所示进行。

表 6 – 14　管材（ϕ108 × 8、长 100）倾斜 45°固定焊接参数参考范围

焊条型号	焊接层	焊条直径/mm	焊接电流/A	焊接速度/（mm/s）	电源极性
E4303	打底	ϕ2.5	55 ~ 65	—	交流、直流正接或反接
	填充	ϕ3.2	85 ~ 95	2 ~ 2.5	
	盖面	ϕ3.2	80 ~ 90	1.5 ~ 2	

2. 打底

采用断弧法逐点进行焊接。在仰焊位置引弧。引燃电弧后，立即压低电弧，将焊条移动到起焊点。焊条前端对准坡口中心，将焊条向上顶送，并左右摆动，借助电弧吹力击穿坡口钝边，形成熔池并听到管内发出电弧穿透声，熔孔形成。

熔孔形成后，焊条回到熔池中间位置迅速灭弧。当熔孔变成暗红色时，立即在熔孔的 1/2 至 2/3 处引燃电弧，形成新的熔孔、熔池后，回到熔池中间位置熄灭电弧。

在仰焊区段内焊接时，焊条要顶住坡口钝边内沿，尽量压低电弧，确保管内金属饱满，防止产生内凹。在立焊位、平焊位焊接时，焊条应浅些并向坡口里面压送，防止产生焊瘤。

焊条与管切线反方向呈 70° ~ 80°，与焊缝所成的平面垂直。

收弧时焊条下压，慢慢向后方一侧带弧 10 mm 左右，使其形成一个缓坡。焊至定位焊时应将定位焊打磨掉，且应在端头打磨出 10 mm 的缓坡。

3. 填充焊

采用锯齿形或月牙形运条，坡口两侧稍停留，在上端的停留时间应长于下端，中间过渡应迅速。焊条与管切线夹角，应比打底时大 5°左右。

填充层与管表面间的距离，应控制在侧仰焊部位及平焊部位约为 0.5 mm，侧立焊部位约为 1 mm。

接头时，迅速更换焊条。在弧坑上方 10 ~ 15 mm 引燃电弧，将焊条拉至收弧处焊道中间，压住收弧处2/3熔池稍加停顿，形成熔池后横向摆动，当收弧处完全熔化时，即可进行正常焊接。

填充层焊接时，层与层之间应仔细清理，焊接时焊条角度应随工件空间位置变化，最后一层焊缝应保证坡口表面不受破坏。

4. 盖面焊

采用锯齿形或月牙形运条方法，摆动速度应稍快些。

（二）E5015焊条操作

1. 焊接参数选择

焊接参数确定，可参照表6－15所示进行。

表6－15 管材（ϕ108×8、长100）倾斜45°固定焊接参数参考范围

焊条型号	焊接层	焊条直径/mm	焊接电流/A	焊接速度/（mm/s）	电源极性
E5015	打底	ϕ2.5	50～60	—	直流反接
	填充	ϕ3.2	90～100	2～2.5	直流反接
	盖面	ϕ3.2	85～95	1.5～2	直流反接

2. 打底

采用连弧法施焊。

在侧仰焊位置引弧，引燃电弧后，立即压低电弧，将焊条移动到起焊点。焊条前端对准坡口中心，将焊条向上顶送，左右摆动，借助电弧吹力击穿坡口钝边。形成熔池听到管内发出电弧穿透声，熔孔形成。熔孔形成后，运用锯齿或月牙横向摆动方法向上焊接，焊接过程中保证熔孔时刻出现。

在侧仰焊区段内焊接时，焊条要顶住坡口钝边，尽量压低电弧，保证管内金属饱满，防止产生内凹。在侧立焊位、侧平焊位焊接时，焊条向坡口里面压送应浅些，防止产生焊瘤。

焊条与管的切线反方向呈70°～80°，焊条与焊缝所成的平面垂直。

收弧时焊条下压，慢慢向后方一侧带弧10 mm左右，使其形成一个缓坡。可将定位焊打磨掉，且应在端头打磨出10 mm的缓坡。

3. 填充焊

采用锯齿形运条，坡口两侧稍停留，在上端停留时间应长于下端。

焊条与管切线夹角应比根部大5°，填充层与管表面间的距离，侧仰焊部位及平焊部位约为0.5 mm，侧立焊部位约为1 mm。

接头时，迅速更换焊条。在弧坑上方10～15 mm引燃电弧，将焊条拉至收弧处焊道中间，压住收弧处的2/3，稍加停顿，形成熔池后横向摆动。收弧处完全熔化时，即可进行正常焊接。

层与层之间仔细清理，焊接时焊条角度应随着工件空间位置变化，最后一层焊缝应保证坡口表面不受破坏。

4. 盖面

采用锯齿形运条方法，摆动速度稍快些。

（三）质量验收标准

焊条电弧焊对接单面焊双面成形应达到的技术标准：执行中国船级社《材料与焊接规范》2012 标准，具体要求见表 6－16。

表 6－16　焊缝质量检验项目及标准

检查项目		标准
外观检查	表面成形	成形良好，焊缝边缘应平顺过渡到母材，焊缝宽度均匀
	表面缺陷	焊缝表面应无裂纹、未熔合、夹渣、气孔和焊瘤等缺陷
	咬边	咬边深度应不大于 0.5 mm 咬边长度 管试件：焊缝两侧咬边累计总长度应不超过焊缝全长的 20%
	内凹	允许有深度不超过 0.1 t（t 为试件厚度）且不大于 1.5 mm、累计长度不超过焊缝全长 10% 的局部内凹
	未焊透	无
	焊瘤	根部焊瘤应不大于 3 mm
	焊缝余高	平焊位置的焊缝余高应不大于 3 mm，其他位置应不大于 4 mm
	焊缝宽度	每侧焊缝宽度应不大于坡口宽度 2.5 mm
弯曲试验		在受拉面的任何方向上均不应有超过 3 mm 的裂纹和其他开口缺陷

【思考与练习】

1. 管材水平滚动对接焊有什么特点？
2. 试述管材水平滚动焊条电弧焊操作技能要点。
3. 什么是管材垂直固定焊？
4. 管材垂直固定焊有什么特点？
5. 管材垂直固定焊有哪些基本要求？
6. 试述管材垂直固定焊条电弧焊操作技能要点。
7. 什么是管材水平固定焊？
8. 管材水平固定焊有什么特点？
9. 管材水平固定焊有哪些基本要求？
10. 试述管材水平固定单面焊双面成形操作技能要点。
11. 试述螺旋管单面焊双面成形操作技能要点。
12. 试述管材水平固定单面焊双面成形下向焊操作技能要点。
13. 什么是管子倾斜 45°固定焊？
14. 管子倾斜 45°固定焊有哪些特点？
15. 试述管子倾斜 45°固定焊条电弧焊操作技能要点。
16. 说明管对接质量验收标准。

项目七　管板焊条电弧焊技术

管板接头是焊接结构的基本形式之一，是船舶生产领域及锅炉压力容器行业焊工证书考取的基本形式。

任务一　T 形接头焊条电弧焊

【学习目标】

1. 掌握 T 形接头的类型。
2. 掌握焊条电弧焊船形角焊操作技能。
3. 掌握焊条电弧焊平角焊操作技能。
4. 掌握焊条电弧焊立角焊操作技能。
5. 掌握焊条电弧焊仰角焊操作技能。

【工作任务】

T 形接头焊条电弧焊操作。

【任务分析】

T 形接头焊接操作是管板焊接的基础，是操作人员必须掌握的焊接技能之一。

T 形接头是指一工件端面和另一工件表面构成 90°或近似直角的接头。中国船级社《材料与焊接规范》2012 中，按构件的空间位置及焊接方向将 T 形接头分为船形角焊、平角焊、立向上角焊、立向下角焊和仰角焊五种形式，如图 7－1 所示。

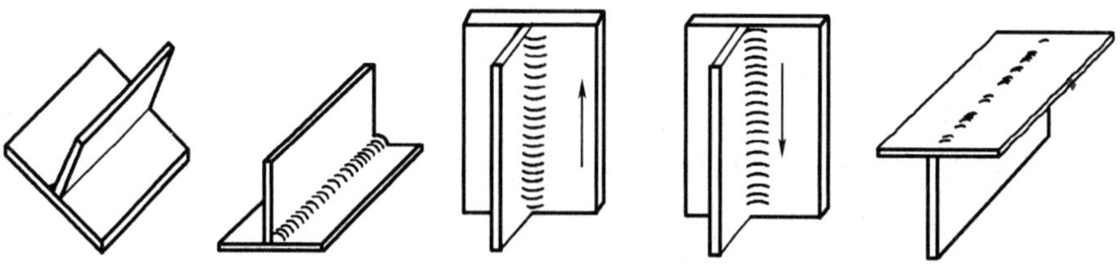

(a)　(b)　(c)　(d)　(e)

图 7－1　T 形接头结构示意

(a)船形角焊(FF)；(b)平角焊(FH)；(c)立向上角焊(FVu)；(d)立向下角焊(FVd)；(e)仰角焊(FO)

【知识准备】

一、T 形接头基本知识

T 形接头角焊缝名称如图 7－2 所示。

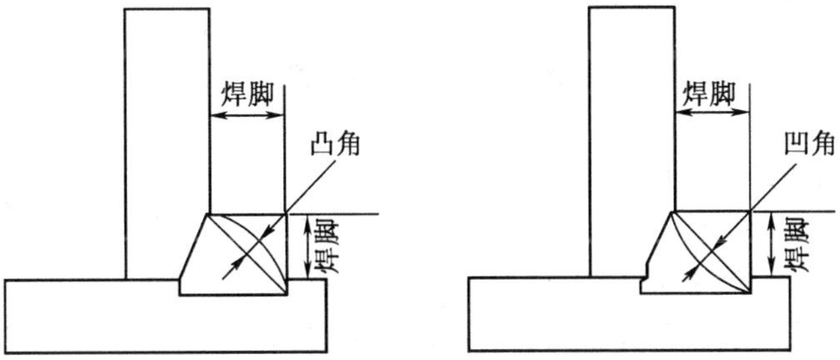

图 7－2　角焊缝部位名称

二、T 形接头类型及特点

（一）船形角焊

船形焊是将 T 形、十字形和角接接头处于平焊位置进行的焊接，即将平角焊转动 45°，如图 7－3 所示。

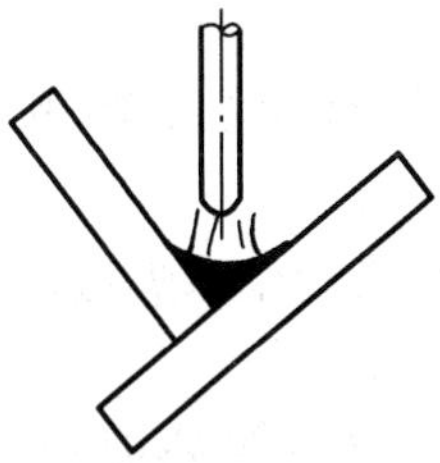

图 7－3　船形角焊示意图

船形角焊操作简单，可保证焊缝成形美观、焊脚尺寸均匀。焊接时可采用较大热输入焊接以提高生产率，一次焊成的焊脚尺寸范围较宽。

船形角焊熔池处于水平位置，可避免咬边及焊脚下偏等缺陷。

（二）平角焊

平角焊主要是指 T 形接头和搭接接头平焊，操作时易产生咬边、未焊透、焊脚下偏（下垂）及夹渣等缺陷，如图 7－4 所示。

角焊缝尺寸决定焊接层次与焊缝道数。

一般焊脚尺寸在 6 mm 以下时，多采用单层焊，如图 7－5（a）所示。选用直径为 4 mm 的焊条，采用直线形或斜圆圈形运条法，焊接时保持短弧。

焊脚尺寸为 6～10 mm 时采用两层两道焊，如图 7－5（b）所示。焊接第一层时，选用直径为 3.2～4 mm 的焊条，采用直线形运条法，必须将顶角焊透。之后各层可选用直径 4 mm

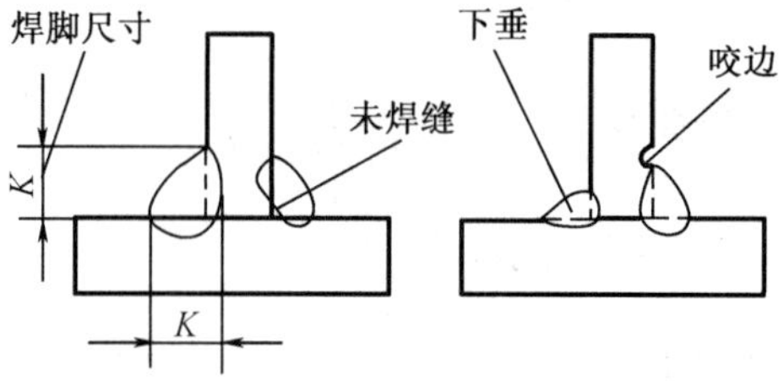

图7-4　缺陷示意图

的焊条,采用斜圆圈运条法,并防止焊偏及咬边。

焊脚尺寸大于10 mm时,采用多层多道焊,如图7-5(c)所示,可选用直径大于4 mm的焊条。焊接第一道焊缝时,应使用较大的焊接电流,以获得较大的熔深。焊接第二道焊缝时,因工件温度升高,可用较小焊接电流及较快焊接速度施焊,避免垂直板产生咬边。

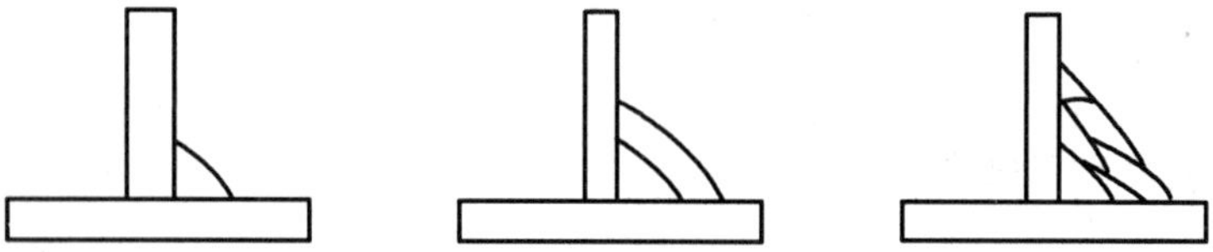

图7-5　焊道布置示意图

(三)立角焊

T形接头焊缝处于立焊位置的焊缝称为立角焊,按其焊接方向又可分为立向上角焊和立向下角焊。

立角焊焊接时焊缝根部(角顶)容易产生未焊透,焊缝两侧容易出现咬边,焊缝中间容易出现夹渣等焊缝缺陷。

焊接时焊条在焊缝两侧应稍停顿,尽可能缩短电弧长度,焊条摆幅应不大于焊缝宽度,根据焊缝具体情况选择合适的运条方法。常用的运条方法包括跳弧法、三角形运条法、锯齿形运条法和月牙形运条法,如图7-6所示。

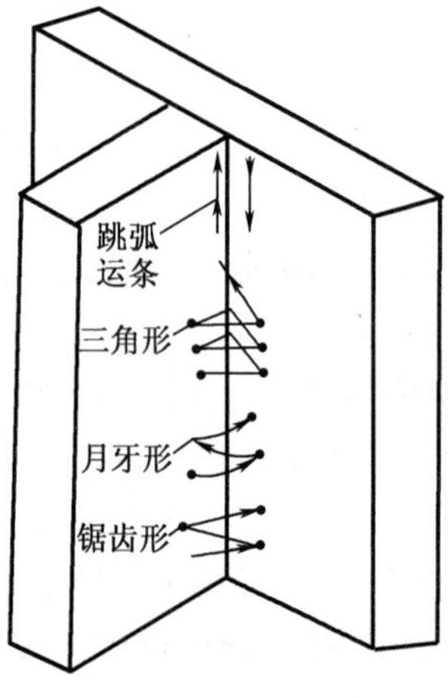

图7-6　T形接头立焊运条方法示意图

(四)仰角焊

仰角焊是各种焊接位置中,操作难度最大的焊接位置。

由于熔池倒悬在焊件下面,受重力作用而下坠,同时熔滴自身的重力不利于熔滴过渡,并且熔池温度越高,表面张力越小,所以仰焊时焊缝背面易产生凹陷,正面易出现焊瘤,焊缝成形较为困难。

仰角焊焊脚尺寸小于8 mm时,宜采用单层焊。

仰角焊焊脚尺寸大于 8 mm 时，则采用多层多道焊。焊条角度和运条方法见图 7－7 所示，焊接第一层时，采用直线形运条法，之后各层可采用斜圆圈形或三角形运条法。

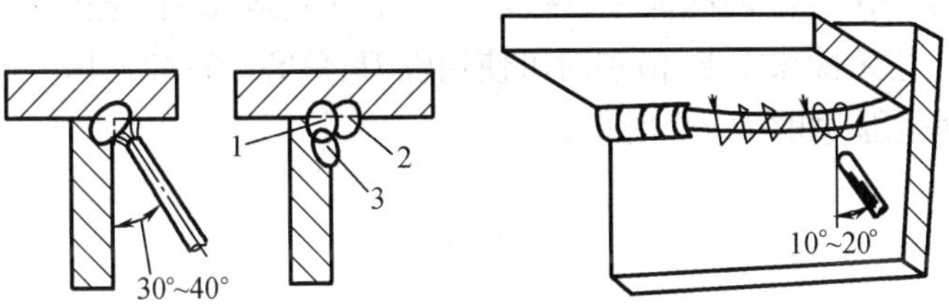

图 7－7　仰角焊运条方法及焊道布置示意图

【任务实施】

一、焊条电弧焊平角焊操作

（一）实作准备

1. 设备

交流弧焊机或直流弧焊机。

2. 焊接材料

E4303（J422），ϕ4.0 mm。

E5015（J507），ϕ4.0 mm。

3. 工件

Q235 板材，300 mm×200 mm×16 mm，2 块一组，试件装配见图 7－8（a）所示（E4303 焊条焊接）。

Q235 板材，300 mm×150 mm×12 mm，300 mm×75 mm×12 mm，试件规格及装配见图 7－8（b）所示（E5015 焊条焊接）。

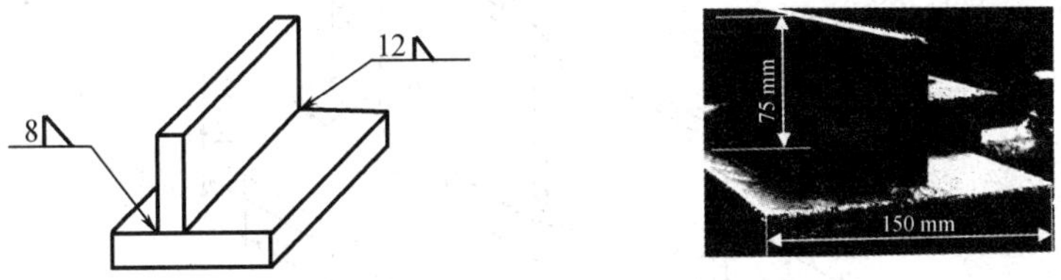

(a)　(b)

图 7－8　平角焊试件装配示意图

4. 辅助工具

清渣锤、磨光机、錾子、手锤、钢丝刷、直角尺、面罩及个人防护用品。

（二）焊前准备

1. 焊机使用前检查

焊钳及各接线处连接是否良好，选用直流电源时，检查电源极性是否符合要求。E4303

焊条选择交流、直流正接或反接，E5015 采用直流反接。

2. 工件清理

彻底清除工件一定范围内的油漆、锈、水分及氧化皮等杂质，至露出金属光泽，清理后应及时施焊。如工艺无特殊要求，清理时可使用锉刀、角磨砂轮等工具。

T 形接头清理范围，如图 7－9 所示。

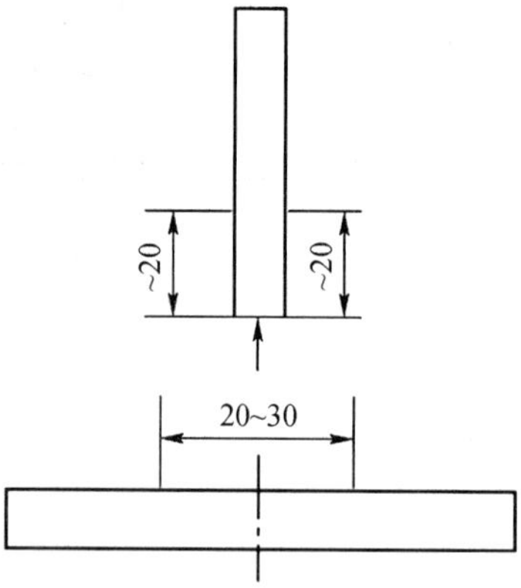

图 7－9　焊前清理区

3. 焊条烘干

E4303 烘干温度为 100 ℃～150 ℃，保温时间为 1 h；E5015 烘干规范中的烘干温度为 250 ℃～300 ℃，保温 2 h。焊条烘干规范，也可依照焊条说明书规定执行。

烘干后的焊条应放入焊条保温筒内，随用随取，重复烘干次数不应超过三次。

4. 装配与定位焊

单层焊和多层焊定位焊缝位置和尺寸，可参照图 7－10、图 7－11 所示进行。

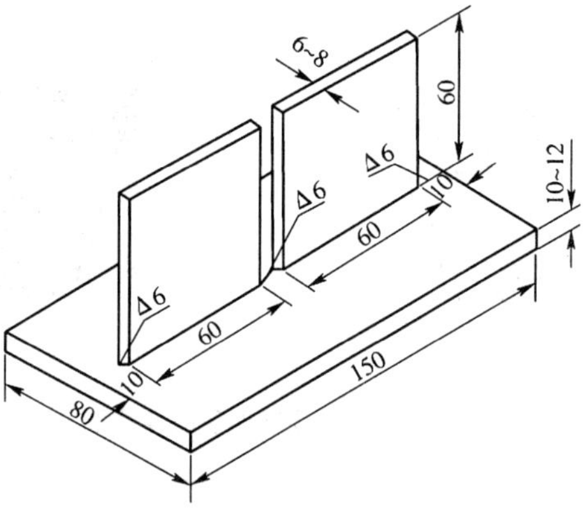

图 7－10　单层焊装配示意

定位焊点长度控制在 5～10 mm 范围，点焊位置如图 7－12(a)所示，点焊顺序如图 7－12(b)所示。

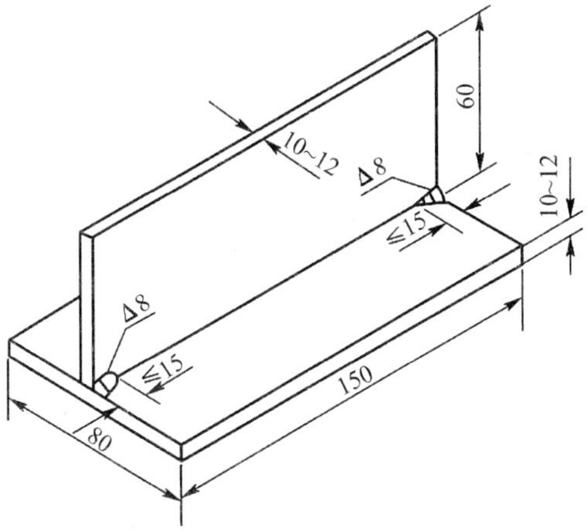

图 7－11　多层焊装配示意

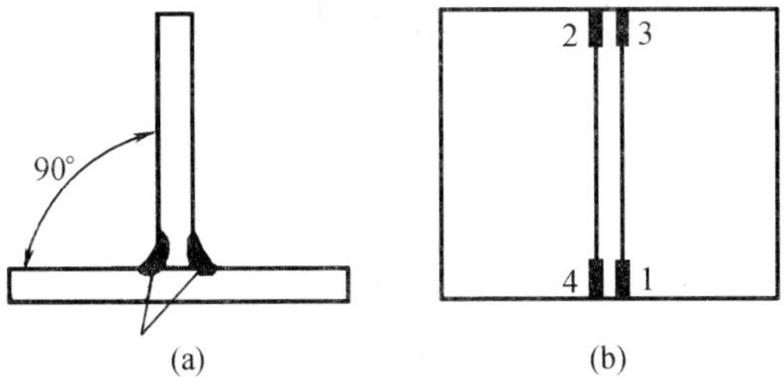

图 7－12　平角焊定位焊

(三)操作

1. E4303 焊条操作

(1)操作步骤

清理工件→装配、固定焊→选择焊接工艺参数→施焊→焊接清理→检查。

(2)焊接工艺参数确定

焊接工艺参数选择,可参照表 7－1 所示进行。

表 7－1　(E4303)平角焊焊接参数参考范围

焊接层次	焊脚尺寸/mm	焊条直径/mm	焊接电流/A	电源极性	焊条角度
一层一道	＜8	3.2	100～130	交流、直流正接或反接	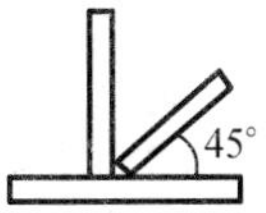
二层二道	8～10	3.2	100～130		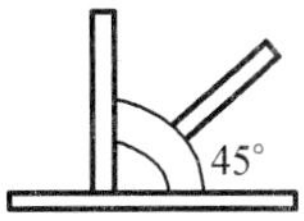
		4.0	180～190		
二层三道	＞10	3.2	100～130		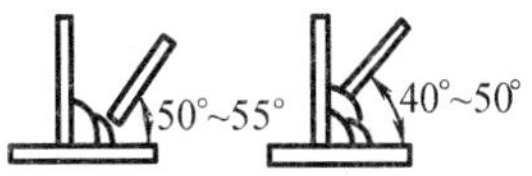
		4.0	180～190		
三层六道	＞12	3.2	100～130		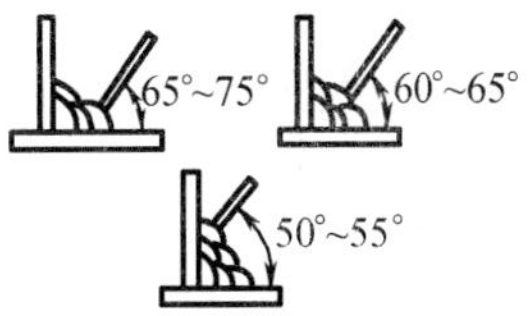
		4.0	180～200		

(3)焊接

①焊条夹角的大小应根据两板厚度来决定,焊条角度大则焊角尺寸大,反之焊条角度小则焊角尺寸就小,如图 7－13 所示。

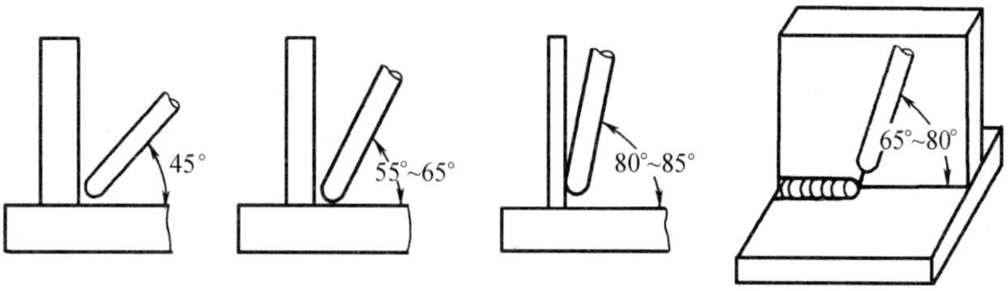

图 7-13　平角焊焊条角度示意

②运条方法焊脚尺寸较小时可选用直线形运条法,操作时将焊条套管边缘靠在焊缝上,轻轻下压,焊条熔化时会逐渐沿焊接方向移动。

焊角尺寸较大时,可采用斜圆圈形或反锯齿形运条方法,操作方法见图 7-14 所示。

由 a 进入 b 时应放慢速度,以保证水平焊件的熔深;由 b 进入 c 时稍快些,以防熔化金属下淌;在 c 处需停留片刻,以保证垂直焊件的熔深,避免咬边;由 c 进入 d 时稍慢,保证根部焊透和水平焊件的熔深,防止夹渣;由 d 进入 e 时应稍快,到 e 处应停留片刻。

依次反复,直至焊完为止。

③起头时要拉长电弧做预热动作,接头时需要清渣,收尾时应填满弧坑。

④焊脚尺寸在 8~10 mm 时,需采用两层两道焊法。

焊接第一层时采用小直径焊条、稍大电流,以获得较大的熔深。选用直线形运条方法,焊条角度如图 7-15 中 1 所示。

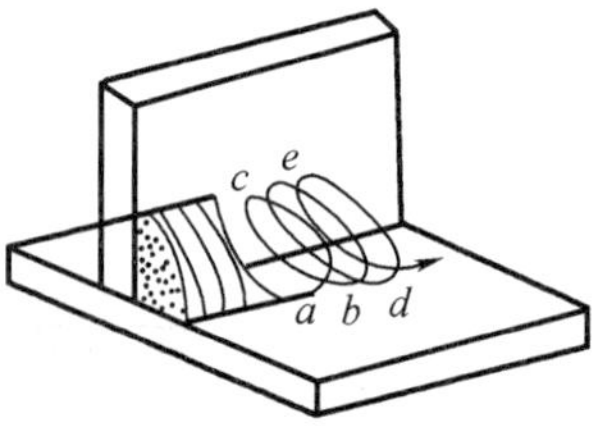

图 7-14　斜圆圈运条法示意

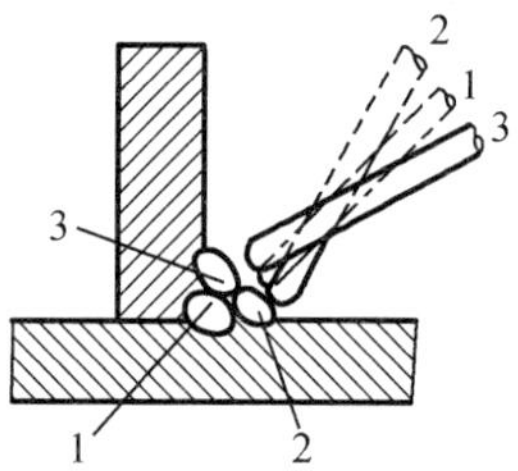

图 7-15　多层多道焊焊条角度示意

焊接第二层之前应彻底清理第一层的熔渣,若有缺陷需进行修整,第二层采用斜圆圈或反锯齿形运条法焊接。

⑤焊脚尺寸大于 10 mm 时,应采用多层多道焊。多道焊焊接第二层的第一道焊缝时,应覆盖在第一层焊缝 2/3 上,焊条与水平焊件的角度应稍大些,如图 7-15 中 2 所示,以使熔化金属与水平焊件很好熔合。焊条与焊接方向夹角不变,运条方法可采用直线形、小斜圆圈形或小反锯齿形。焊接第二层第二道时,对第二层第一道焊缝的覆盖应有 1/3 至 1/2,焊条与水平焊件的角度减少,如图 7-15 中 3 所示。采用直线形方法运条,速度不宜太慢,保持均匀,否则会产生下垂现象,造成焊缝成形不美观。

⑥注意事项

焊接时注意观察熔池,避免产生咬边、夹渣、下塌等不良现象。

正确选择焊条角度,太小会造成根部熔深不够,太大熔渣易跑到熔池前面造成夹渣。

正确选择运条方法,运条要有规律、速度均匀,否则易出现下垂、咬边等焊缝缺陷。

焊接时应采取有效防止焊接变形的方法，焊接过程中应注意对焊道合理安排。

注意焊缝的起头、接头不能过高，上道焊缝接头与下一道焊缝接头不应相重叠，收尾填满弧坑。

每焊一道焊缝都必须认真清渣后方可焊下一道焊缝。

2. E5015 焊条操作

(1)焊接工艺参数确定

焊接工艺参数选择，可参照表 7 – 2 所示进行。

表 7 – 2　(E5015)平角焊焊接参数参考范围

焊接层次	焊接道数	焊脚尺寸/mm	焊条直径/mm	焊接电流/A	电源极性
第一层	1	5	4.0	120 ~ 130	直流反接
第二层	2	6	4.0	140 ~ 160	
第三层	3	6	4.0	140 ~ 160	

(2)焊接

①第一层焊接　在距离定位焊点前方 10 ~ 15 mm 处引弧，然后回拉至试件前端，压低电弧，焊芯对准垂直板和水平板的交界线开始焊接。

焊条前倾角为 80° ~ 90°，焊条下倾角为 40° ~ 45°。

接头时从焊缝前方 10 ~ 15 mm 引弧，回拉至收弧弧坑处，电弧沿弧坑边缘画圆圈开始接头，然后进行直线运弧向前焊接。第二层、第三层焊缝接头工艺相同。

焊缝收弧可采用回焊收弧法或反复断弧收弧法。

②第二层焊接　共分两道进行，焊条倾角见图 7 – 16 所示。

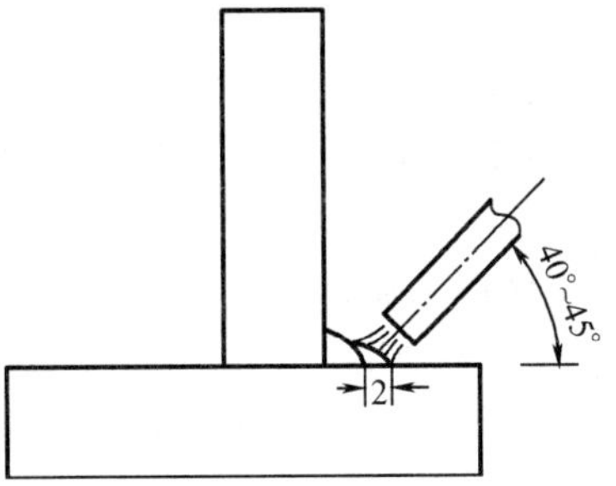

图 7 – 16　第二层焊条角度示意

第一道焊接时比第一层焊道熔池下边缘增宽 2 ~ 3 mm 为宜，且以平行于第一层焊道下边缘线为基准。

第二道焊接时，焊芯中心对准第一层焊道上边缘，焊接过程中注意观察焊道下边缘，焊缝成形以第二道压住第一道中线或距离 1 mm 为最好。

③第三层焊接　分三道进行。

第一道焊缝、第三道焊缝与第二层焊缝操作方法基本相同。

第二道焊缝焊条前倾角为 60° ~ 70°。

二、焊条电弧焊船形角焊操作

(一)实作准备

1. 设备

交流弧焊机或直流弧焊机。

2. 焊接材料

E4303(J422),ϕ3.2 mm,ϕ4.0 mm。

3. 工件

Q235 板材,300 mm×200 mm×10 mm,2 块一组,试件装配参见图 7-3 所示。

4. 辅助工具

清渣锤、磨光机、錾子、手锤、钢丝刷、直角尺、面罩及个人防护用品。

(二)焊前准备

同平角焊。

(三)操作

1. 焊接工艺参数确定

焊接工艺参数选择,可参照表 7-3 所示进行。

表 7-3 (E4303)焊接参数参考范围

焊条型号	焊接层次	焊条直径/mm	焊接电流/A	焊接速度/(mm/s)	电源极性
E4303	打底	ϕ3.2	130~140	1.5~2	交流、直流正接或反接
	填充	ϕ4.0	175~185	2~2.5	
	盖面	ϕ4.0	165~175	1.5~2	

2. 打底层

采用直线形运条方法、短弧施焊。

(1)在距离端部约 10 mm 处引弧,然后将电弧拉回开头处施焊。

(2)焊接时焊条角度与前进方向成 70°~80°,焊条与两工件平面成 45°夹角。

(3)焊缝应平滑,无夹渣和未熔合等缺陷。

(4)如果出现熔池和铁水超过焊条,应减小焊条与焊接方向的角度以增大电弧吹力,并适当提高焊接速度。至熔池铁水恢复到正常位置后,再将焊条调整回正常的焊接角度。

(5)接头时应在弧坑前 10 mm 处引弧,然后向回拉弧将弧坑添满后进行施焊。

3. 填充层

施焊前先将前一道焊缝的熔渣及飞溅清除干净,并对焊缝过高或凹处进行修正。

焊接时采用短弧、连弧施焊。

(1)在距离端部约 10 mm 处引弧,然后将电弧拉回开头处施焊。

(2)运条时采用横向锯齿形或月牙形摆动,在坡口两侧稍加停顿,其摆幅应逐层加大。焊接时,焊条角度与前进方向成 75°~85°,焊条的投影与焊缝重合。

(3)接头时应在弧坑前 10 mm 处引弧,然后向回拉弧将弧坑添满后进行施焊。

4. 盖面

盖面层与填充层操作手法基本一致。盖面层时应控制好焊接速度、焊条角度以及焊条在工件两侧的停留时间，避免出现未熔合和内凹等缺陷。

三、焊条电弧焊立角焊操作

（一）实作准备

1. 设备

交流弧焊机或直流弧焊机。

2. 焊接材料

E4303（J422），ϕ3.2 mm。

E5015（J507），ϕ3.2 mm，ϕ4.0 mm。

3. 工件

Q235 板材，300 mm × 150 mm × 10 mm，2 块一组（E4303 焊接）。

Q235 板材，300 mm × 150 mm × 12 mm，300 mm × 75 mm × 12 mm（E5015 焊条焊接）。

试件装配见图 7－17 所示。

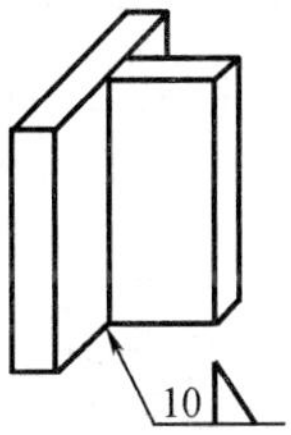

图 7－17　立角焊试件装配示意图

4. 辅助工具

清渣锤、磨光机、錾子、手锤、钢丝刷、直角尺、面罩及个人防护用品。

（二）焊前准备

同平角焊。

（三）操作技术

1. 立向上角焊

（1）E4303 焊条操作

①操作步骤　清理工件→组装工件→定位焊→清渣→选择焊接工艺参数→焊接→清渣、检验。

②焊接工艺参数确定　可参照表 7－4 所示选择。

表 7－4　（E4303）焊接参数参考范围

焊接层次	焊接道数	焊条直径/mm	电弧长度/mm	运条方法	焊接电流/A	电源极性	焊条角度
打底	1	ϕ3.2	2～3	锯齿形 三角形 月牙形	90～110	交流、直流正接或反接	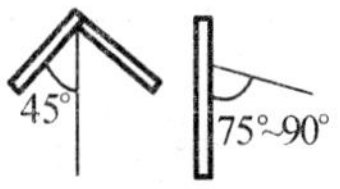
盖面					100～120		

③焊接步骤　焊接从工件下端定位焊缝处引弧，引燃电弧后拉长电弧做预热动作，当达到半熔化状态时，将焊条开始熔化的熔滴向外甩掉，勿使这些熔滴进入焊缝，立即压低电弧至 2 ~ 3 mm，使焊缝根部形成一个椭圆形熔池，随即迅速将电弧向上提高 3 ~ 5 mm。当熔池冷却为一个暗点，直径约 3 mm 时，将电弧下降到引弧处，重新引弧焊接，新熔池与前一个熔池重叠 2/3，然后再提高电弧，即采用跳弧操作手法进行施焊。

第二层焊接时可选用连弧焊，但焊接时应控制好熔池温度。若出现温度过高时应随时灭弧，降低熔池温度后再起弧焊接，以避免焊缝过高或焊瘤的出现。

焊缝接头宜采用热接法，做到快、准、稳。若采用冷接法应彻底清理接头处焊渣，操作方法与起头一致。

焊后应对焊缝进行质量检查，发现问题应及时处理。

④注意事项　焊接电流可稍大些，以保证焊透。

焊条角度应始终保持与焊件两侧板获得一致温度为标准。若达不到即会出现夹渣、咬边现象。

焊接时应特别注意对熔池形状、温度及大小的控制，一旦出现异样，立即采取措施。后一个熔池与前一个熔池相重叠 2/3 为佳，接头时要注意接头位置，避免脱节现象发生。

焊条摆动应有规律、均匀，运条方法可依照图 7 – 18 所示选择。

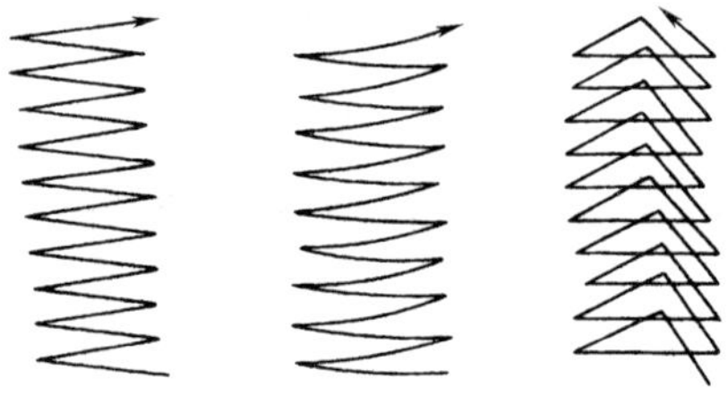

(a)　(b)　(c)

图 7 – 18　立焊运条方法示意

(a)“之”字形；(b)月牙形；(c)三角形

当焊条摆至工件两侧时，应稍停顿，且压低电弧，以防止夹渣及咬边产生，并可得到均匀、美观的焊缝成形。

(2) E5015O 焊条操作

①焊接工艺参数确定　可参照表 7 – 5 所示选择。

表 7 – 5　(E5015)焊接参数参考范围

焊接层次	焊接道数	焊条直径/mm	焊接方法	焊接电流/A	焊脚高度/mm	电源极性
打底层	1	ϕ3.2	断弧焊	110 ~ 130	5	直流反接
填充层		ϕ3.2	连弧焊	100 ~ 120	5	
盖面层		ϕ4.0	连弧焊	140 ~ 160	5	

②打底层焊接　采用断弧法施焊，在起焊点上方 10 ~ 15 mm 处引弧，将电弧下拉至起焊点，做直线形或“之”字形运条。

焊条角度控制为与焊接反方向成 50°~70°，左右倾角均为 45°。

接头时在距离收弧点上方 10~15 mm 处引弧，将电弧下拉至收弧弧坑处，焊条药皮边缘压住弧坑边缘，焊条做“一”字形或三角形摆动，然后开始焊接。

③填充层、盖面层焊接　采用连弧焊，焊条角度同打底层。为保证焊缝左右两侧熔合良好，避免咬边，运条至两边时应稍停顿，中间摆动稍快些。

焊接时应时刻注意控制熔池形状、大小，观察焊缝两边是否平齐。

2. 立向下角焊操作技术

一般 T 形接头 K 值要求在 4 mm 以下时可采用下行焊，适用于薄板、不重要焊接结构，以及焊接变形要求特别小的结构。

采用纤维素焊条（如 J425），焊接电流可稍大些，采用 145~150 A（ϕ4.0 焊条）。

焊条角度控制在与焊缝前进方向成 65°左右，采用直线运条方法，必须保持短弧焊接。为防止变形，可以采用分段焊接、跳焊法或逐步退焊法。

焊缝成形一般不要求凸出，而略成凹形即可。

四、焊条电弧焊仰角焊操作

（一）实作准备

1. 设备

交流弧焊机或直流弧焊机。

2. 焊接材料

E4303（J422），ϕ3.2 mm。

3. 工件

Q235 板材，300 mm×200 mm×10 mm，2 块一组。

4. 辅助工具

清渣锤、磨光机、錾子、手锤、钢丝刷、直角尺、面罩及个人防护用品。

（二）焊前准备

同平角焊。

（三）操作技术

焊接时可将焊缝设置为二层三道施焊，如图 7-19 所示。

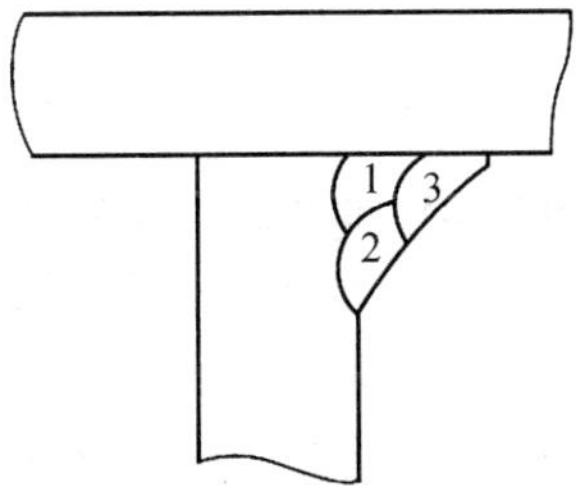

图 7-19　仰焊焊道分布示意

1. 焊接工艺参数确定

焊接工艺参数选择，可依照表 7-6 所示进行。

表 7－6　T 形接头仰焊焊接参数参考范围

焊接层次	焊条型号及规格	焊接电流/A
打底	E4303　φ3.2	110～130
盖面	E4303　φ3.2	100～120

2. 打底焊

采用直线运条法，焊条角度如图 7－20 所示。

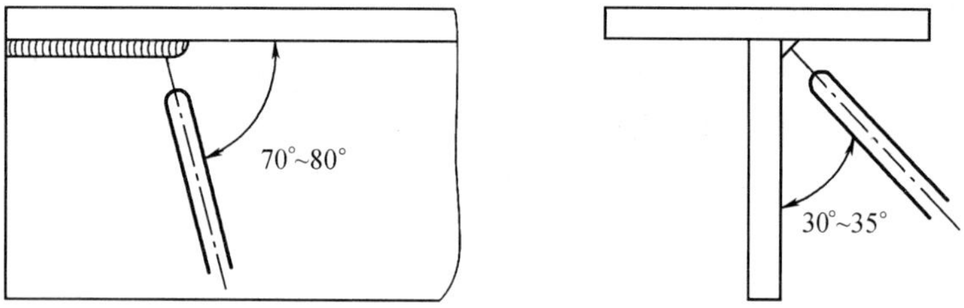

图 7－20　焊条角度示意

在试板左端引弧，电弧始终对准顶角，尽可能压低电弧。应确保熔池两侧与试板熔合良好，焊脚对称、无咬边。

当单层焊焊脚要求较大时，可适当摆动焊条，但熔池不能过大，否则焊缝表面将严重下凸。

3. 盖面焊

盖面层分两道进行，先焊下侧焊道，后焊上侧焊道。

焊条角度如图 7－21 所示。

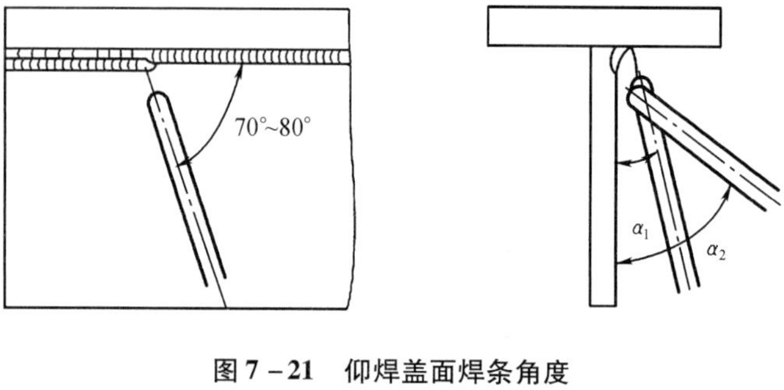

图 7－21　仰焊盖面焊条角度

$\alpha_1 = -35° \sim 45°$；$\alpha_2 = -45° \sim 60°$

下侧焊道焊接时，电弧应对准打底焊道的下沿，焊条做直线运动或稍加横向摆动，控制熔池的上沿在打底焊道的 1/2 至 2/3 处。上侧焊道焊接时，焊条应对准打底焊道的上沿，加大横向摆动幅度。

控制熔池上沿与顶板较好熔合，保证熔池下沿与下方盖面焊道表面熔合良好，盖面焊道表面应平整。

任务二 管板焊条电弧焊

【学习目标】

1. 掌握插入式管板和骑坐式管板焊接的基本要求。
2. 掌握管板焊条电弧焊垂直固定平焊操作技能。
3. 掌握管板焊条电弧焊垂直固定仰焊操作技能。
4. 掌握管板焊条电弧焊水平固定焊操作技能。
5. 掌握管板焊条电弧焊倾斜45°固定焊操作技能。

【工作任务】

管板焊条电弧焊操作。

【任务分析】

根据接头结构形式不同,可将管板接头分为插入式管板和骑坐式管板两类。中国船级社《材料与焊接规范》2012中,根据空间位置将管板分为垂直固定平焊、垂直固定仰焊、水平固定焊及倾斜45°固定焊四种类型,如图7-22所示。

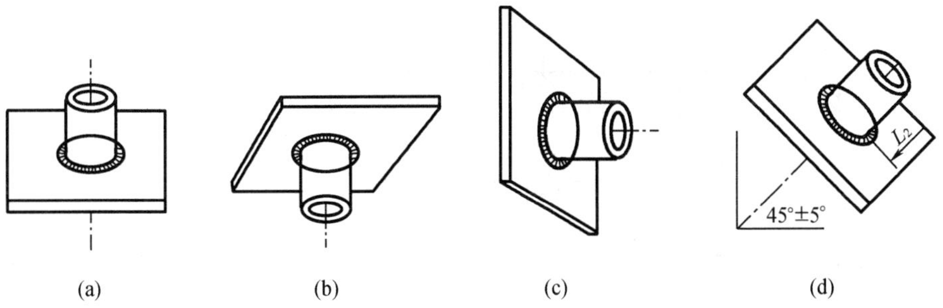

图7-22 管板接头形式示意图

(a)垂直固定平焊(2FG);(b)垂直固定仰焊(4FG);(c)水平固定焊(5FG);(d)倾斜45°固定焊(6FG)

【知识准备】

插入式管板一般单层、单道施焊,只需保证根部焊透、焊脚对称及无缺陷,较容易焊接。骑坐式管板除需保证焊缝外观外,还需要保证背面成形,通常采用多层多道焊。焊接时利用打底焊完成焊缝背面成形及焊透,其余焊道控制焊脚尺寸和焊缝外观。

插入式管板和骑坐式管板焊接要领和焊接参数基本相同,所以插入式管板可按骑坐式打底焊工艺焊接。

插入式管板和骑坐式管板属于T形接头特例,操作要领和板式T形接头相似。不同点在于管板焊缝分布在管子根部,焊接时需要不断转动手臂和手腕位置。

【任务实施】

一、管板焊前准备

（一）焊机使用前检查

检查焊钳及各接线处连接是否良好，选用直流电源时，检查电源极性是否符合要求。E4303焊条选择交流、直流正接或反接，E5015采用直流反接。

（二）工件清理

彻底清除工件相应范围内的油漆、锈、水分及氧化皮等杂质，至露出金属光泽，清理后应立即施焊。如工艺无特殊要求，清理时可使用锉刀、角磨砂轮等工具。

清理范围如图7－23所示，图中标有尺寸及箭头所指的表面均需要清理。

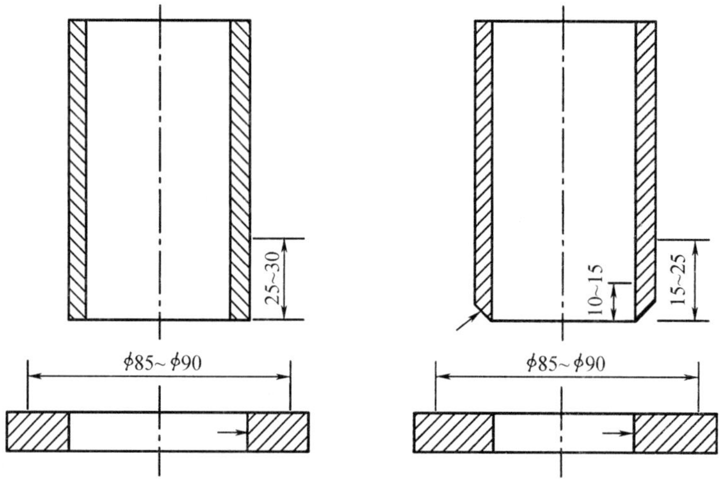

图7－23　管板试件清理区

（三）焊条烘干

E4303烘干温度为100 ℃～150 ℃，保温时间为1 h；E5015烘干规范中的烘干温度为250 ℃～300 ℃，保温2 h。焊条烘干规范，也可依照焊条说明书规定执行。

烘干后的焊条应放入焊条保温筒内，随用随取，重复烘干次数不应超过三次。

（四）装配与定位焊

1. 焊材选用

试件装配定位焊所用的焊条，应与正式焊接时的焊条相同。

2. 装配定位

（1）插入式试件

可采用一点定位，定位焊缝长度为10～15 mm，焊角不应过高，必须焊透，管子应垂直于孔板。

（2）骑座式试件

通常采用三点定位焊，但可只焊两点，第三点作为引弧开始焊接的位置。

定位焊接布置见图7－24所示。

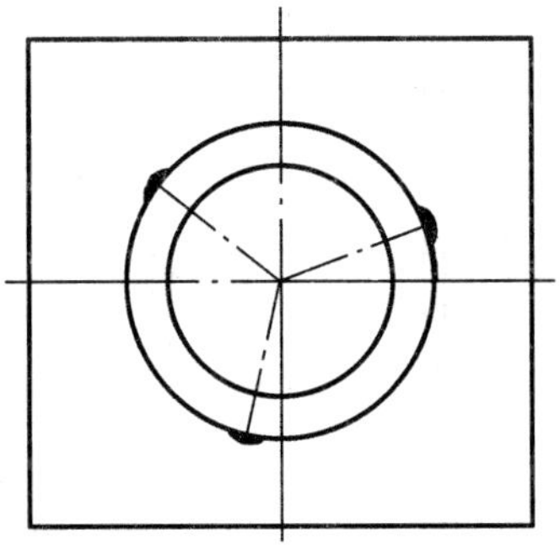

图 7－24　定位焊位置示意

定位焊长度为 10 mm 左右，焊缝厚度为 2～3 mm，必须保证焊透、无缺陷。定位焊缝两端应预先打磨或铣削成斜坡，以方便接头。

装配定位后，试件管子内壁与板孔应保证同心、无错边。

(3)装配尺寸

管板状试件各空间位置的装配尺寸要求，可参照表 7－7 所示。

表 7－7　管板试件装配尺寸参考数据

结构形式	空间位置	坡口角度/(°)	装配间隙/mm	钝边/mm	允许错边量/mm
骑坐式	垂直固定平焊	50	始焊端 3.0 终焊端 3.5	0～1.0	≤0.5
骑坐式	水平固定焊	50	始焊端 3.0 终焊端 3.5	0～1.0	≤0.5
骑坐式	垂直固定仰焊	50	始焊端 3.0 终焊端 3.5	0～1.0	≤0.5

二、焊接操作

(一)实作准备

1. 设备

交流弧焊机或直流弧焊机。

2. 焊接材料

E5015(J507)，ϕ2.5 mm，ϕ3.2 mm。

3. 辅助工具

清渣锤、磨光机、錾子、手锤、钢丝刷、直角尺、面罩及个人防护用品。

(二)骑坐式管板垂直固定平焊

垂直固定平焊管板试件，孔板置于水平位置，管子朝上，如图 7－25 所示，一个定位焊缝位于左侧。

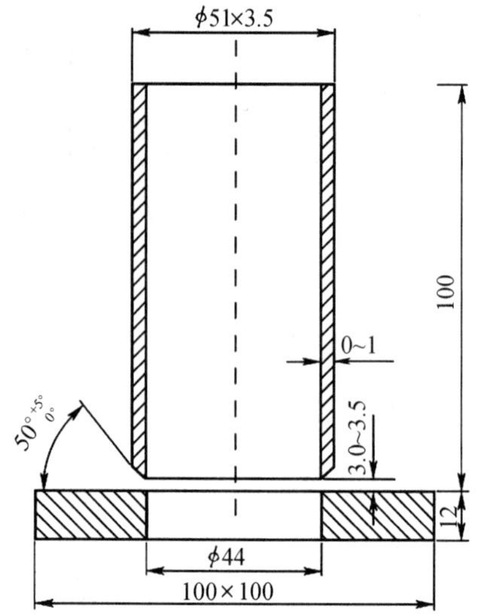

图 7－25　管板垂直固定俯位试件及坡口尺寸

焊接时可将焊缝设置为二层三道，焊道分布如图 7－26 所示。

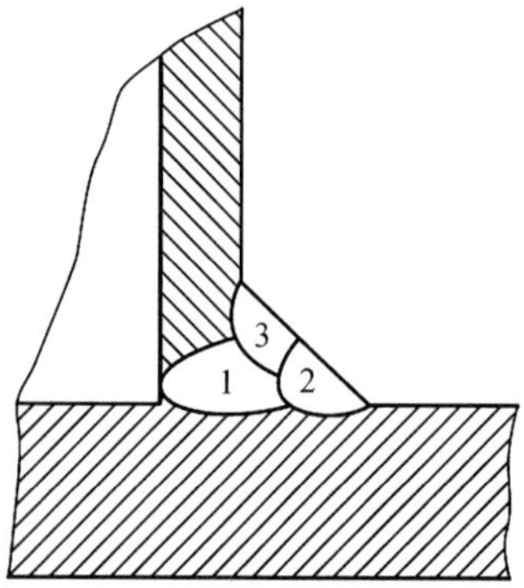

图 7－26　管板垂直固定俯位焊道分布

1. 焊接工艺参数确定

焊接工艺参数的选择，可参照表 7－8 所示进行。

表 7－8　垂直固定平焊焊接参数参考范围

焊接层次	焊条型号及规格	焊接电流/A	电源极性
打底	E5015　ϕ2.5	70～80	直流反接
盖面	E5015　ϕ3.2	100～120	直流反接

2. 打底焊

采用连弧法、短弧施焊，应保证根部焊透，防止烧穿和产生焊瘤。

在定位焊缝对称位置坡口内的孔板上引弧，预热使孔板上形成熔池，然后向管一侧移动。待与孔板熔池相连后,压低电弧将管子坡口击穿形成熔孔,然后采用直线形或小锯齿形运条法焊接。

运条速度应保持均匀、平稳,电弧在坡口根部与孔板边缘稍停留。焊接过程中,焊条角度基本保持不变,焊接方向和焊条角度如图 7－27 所示。

控制电弧 1/3 在熔池前以击穿及熔化坡口根部,2/3 覆盖在熔池上。注意熔池温度,保持熔池形状、大小基本一致。

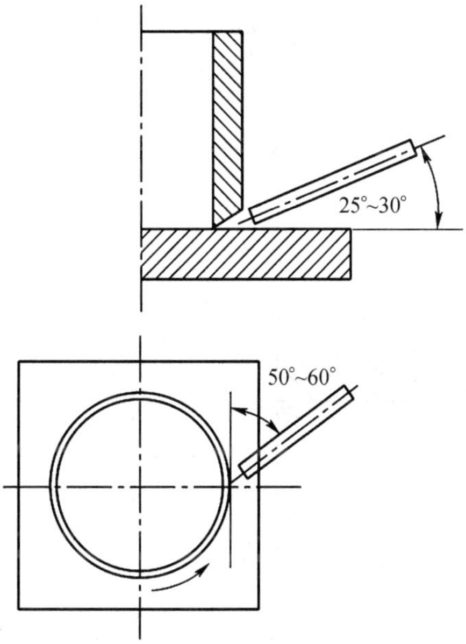

图 7－27　打底焊焊条角度示意

更换焊条可在熔池尚未冷却时,在原熔池前方 10 ~ 15 mm 处引弧,稍做摆动退至原弧坑处时压低电弧,当根部被击穿形成熔孔后转入正常焊接。

接头封闭时,应先将焊缝始焊端修磨成斜坡状,焊至斜坡前沿时压低电弧并稍做停顿,然后恢复正常电弧长度。焊至与始焊缝重叠 10 mm 左右时,填满弧坑熄弧。

焊接过程中,应根据实际位置不断转动手臂和手腕,并保持均匀的移动速度。

3. 盖面

先清除打底焊道表面的熔渣和飞溅,将局部凸起打磨平整。

焊条角度如图 7－28 所示。

焊接分两道进行,先焊下侧焊缝,上侧焊道应覆盖下侧焊缝 1/2 至 2/3,应避免两焊道间形成沟槽、焊缝上凸。

焊接时控制熔合良好,保证管子不咬边和焊脚对称,必要时可采用 $\phi2.5$ 焊条在上侧加焊一圈,避免咬边。

(三)骑坐式管板垂直固定仰焊

管板垂直固定仰焊管子垂直朝下放置,孔板与之垂直位于水平面位置,如图 7－29 所示。焊接时熔池被管子坡口面托浮,难度并不太大。

管板垂直固定仰焊可将焊缝设置为三层四道,如图 7－30 所示。

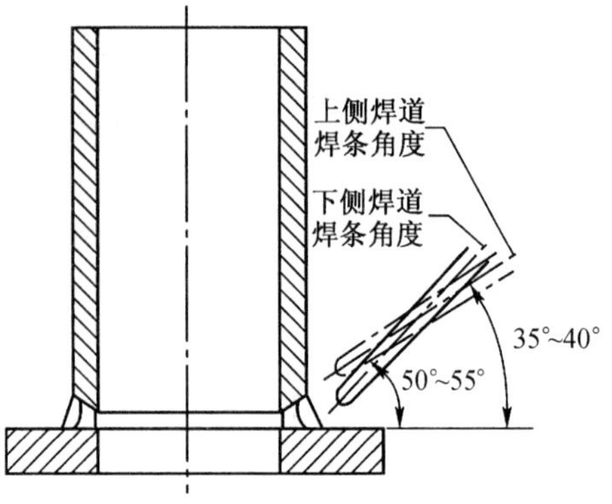

图 7 – 28　焊条角度示意

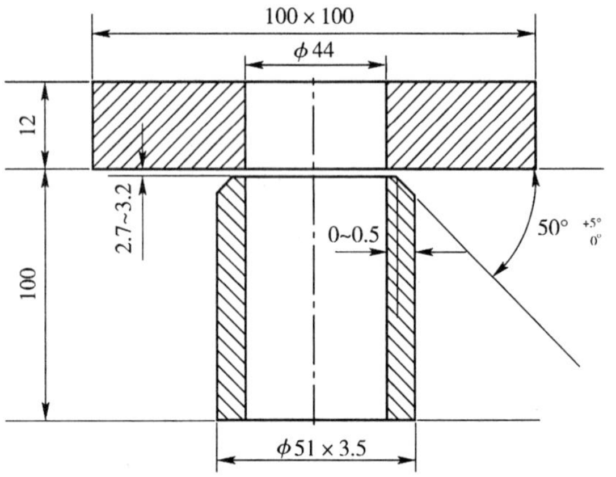

图 7 – 29　管板垂直固定仰焊试件及坡口尺寸

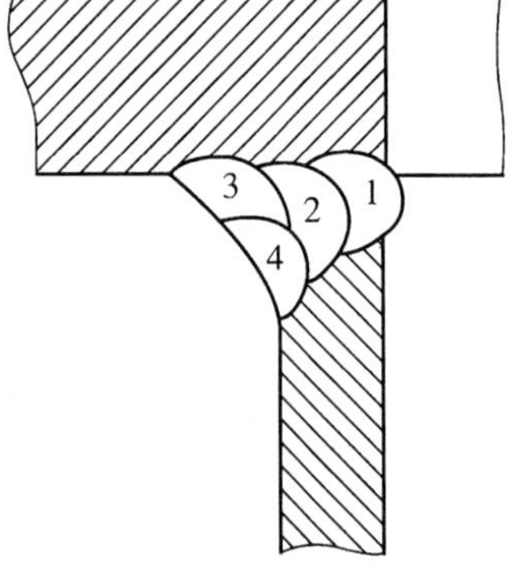

图 7 – 30　焊道分布示意

1. 焊接工艺参数确定

焊接工艺参数的选择,可参照表 7 - 9 所示进行。

表 7 - 9　管板垂直固定仰焊焊接参数参考范围

焊接层次	焊条型号及规格	焊接电流/A	电源极性
打底	E5015　ϕ2.5	60 ~ 80	直流反接
填充	E5015　ϕ2.5	70 ~ 90	直流反接
盖面	E5015　ϕ2.5	70 ~ 80	直流反接

2. 打底焊

应采用短弧、连弧施焊,保证根部熔合良好。

可在左侧定位焊缝上引弧,稍做预热后将焊条向背部压送,形成熔孔后,开始小幅度锯齿形横向摆动,转入正常焊接。

电弧摆动至两侧时稍做停顿,保证孔板与坡口根部完全熔合。电弧应偏向孔板一侧,避免烧穿小管。

焊条角度如图 7 - 31 所示。

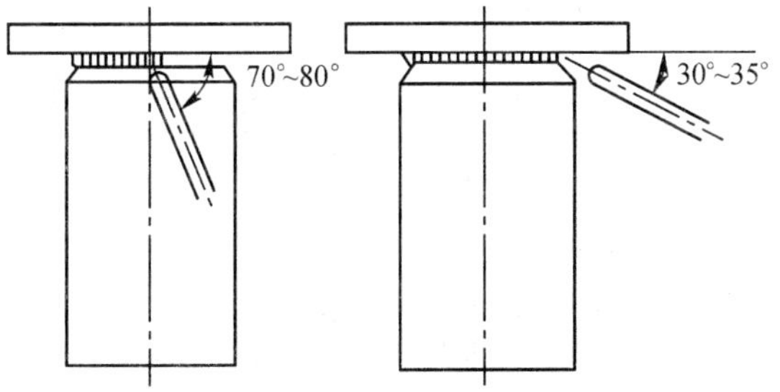

图 7 - 31　管板垂直固定仰焊打底、填充时焊条角度示意

封闭焊缝焊接前,应将原焊缝接头处磨成斜面。

3. 填充

施焊前,清除干净打底焊道表面的熔渣及飞溅,将局部凸起打磨平整。

焊条角度及操作要领与打底焊相同,焊条摆动幅度、焊接速度应稍大于打底焊。保证焊道两侧良好熔合,焊缝表面平整。

4 盖面

分两道焊接,先焊上侧焊道,然后焊接下侧焊道。

上侧焊道焊接时,适当增大摆动幅度和间距,焊道下沿应压住填充焊道 1/2 至 2/3,控制孔板处焊脚在 9 ~ 10 mm。下侧焊道焊接时,控制管子上焊脚在 9 ~ 10 mm,保证焊道上沿与上侧焊道熔合。

焊条角度如图 7 - 32 所示。

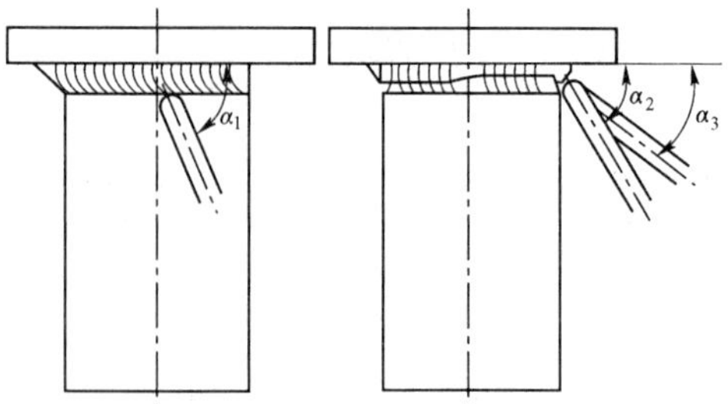

图 7－32　盖面焊条角度示意

$\alpha_1=70°\sim85°$；$\alpha_2=60°\sim70°$；$\alpha_3=50°\sim60°$

(四)骑坐式管板水平固定焊

骑坐式管板水平固定焊是指管子水平放置，孔板与之垂直，如图 7－33 所示，可将焊缝设置为二层二道。施焊时分两半圈分别进行，每个半圈均包括仰、立及平三种不同位置焊接。

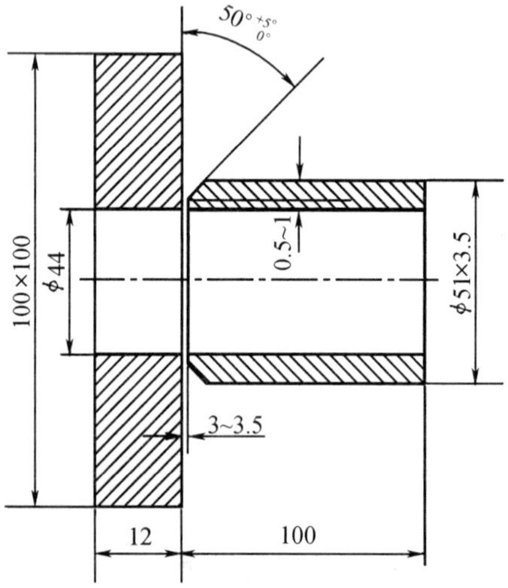

图 7－33　管板水平固定试件及坡口尺寸

1. 工件安置

可将定位焊位布置在“时钟 3 点”和“时钟 9 点”位置。

2. 焊接工艺参数确定

焊接工艺参数的选择，可参照表 7－10 所示进行。

表 7－10　管板水平固定焊接参数参考范围

焊接层次	焊条型号及规格	焊接电流/A	电源极性
打底	E5015　φ2.5	70～80	直流反接
盖面	E5015　φ3.2	100～120	直流反接

3. 打底焊

可以采用连弧焊手法,也可采用断弧焊手法进行。

在仰焊位置("时钟6点")前5~10 mm处的坡口内引弧。电弧引燃后稍做预热,然后向上顶送焊条,当孔板边缘与管子坡口根部熔化并形成熔孔后,稍退出焊条。

焊条在坡口根部管与板之间做小幅横向摆动,沿逆时针方向施焊。连弧焊焊条可采用月牙形或锯齿形摆动。因管与板厚差异较大,焊接电弧应偏向孔板,使管、板温度均匀,并保证板孔边缘熔化良好。焊接时,电弧在管子和孔板上应稍停留,在孔板侧的停留时间略长些。

一般焊条与孔板的夹角为15°~20°,与焊接前进方向的夹角随焊接位置改变。

采用断弧焊时,灭弧动作要快,不要拉长电弧。灭弧与接弧时间间隔应短些,灭弧频率控制在每分钟50~60次。每次重新引燃电弧时,焊条中心要对准熔池前沿焊接方向的2/3处,每接弧一次,焊缝应增长2 mm左右。

焊接过程中,熔池中的铁水应清晰、明亮,始终保持熔池的形状和大小基本一致,控制熔孔深入每侧母材0.5~1 mm。

操作过程中,应始终伴有电弧击穿根部所发出的"噗噗"声,以保证根部焊透。运条至定位焊缝根部时,焊条应向管内压送,听到"噗噗"声后,连弧快速运条到定位焊缝另一端。再次将焊条向下压送,听到"噗噗"声后稍停顿,之后恢复原来的操作手法。

收弧时,将焊条逐渐引向坡口斜前方,或将电弧向回拉一小段,再慢慢提高电弧,使熔池逐渐变小,填满弧坑后熄弧。

接头时,可采用热接法或冷接法。

热接:迅速更换焊条,当弧坑尚保持红热状态时,在熔孔下面10 mm处引弧。然后将电弧拉到熔孔处,焊条向里推送,听到"噗噗"声后稍停顿,恢复原来的手法焊接。

冷接:当熔池冷却后,将收弧处打磨出斜坡方向接头。更换焊条后在打磨处附近引弧,运条到打磨斜坡根部时,焊条向里推送,听到"噗噗"声后稍停顿,恢复原来手法焊接。

后半圈打底焊。焊接方法与前半圈基本相同。

可在上、下两接头处,均打磨出斜坡。引弧后在斜坡后端起焊,运条到斜坡根部时,焊条向上顶送,听到"噗噗"声后稍停顿,再按正常手法施焊。当焊缝即将封闭收口时,焊条向下压送,听到"噗噗"声后稍停顿,然后继续向前焊接10 mm左右,填满弧坑、收弧。

打底焊道应尽量平整,并保证坡口边缘清晰,以便盖面。

4. 盖面焊

首先,应清除打底焊道特别是死角处熔渣、飞溅。焊接时,可采用连弧手法或断弧手法施焊。

连弧焊时,应采用月牙形横拉短弧施焊。在仰焊部位前10 mm左右焊趾处引弧,保持熔池呈椭圆形,上、下廓线基本处于水平位置。

焊条摆动至管与板侧时应稍停留,而且在板侧停留的时间略长些,以避免咬边。焊条与孔板的夹角,从仰焊部位的45°逐渐过渡到平焊部位的60°左右,焊接前进方向夹角随焊接位置变化。焊缝收口时,应填满弧坑后收弧。

断弧焊时,在仰焊部位前10 mm左右的第一道焊缝上引弧。将铁水从管侧带到钢板上,向右推动铁水,形成第一个浅的熔池。之后均应从管向板做斜圆圈运条,电弧在板侧上停留时间应稍长些。

焊至上坡焊时,电弧从钢板向管侧做斜圆圈形运条。焊缝收口时,应和前半圈收尾焊道吻合好,并填满坑后收弧。

(五)插入式管板倾斜45°固定焊

由于施焊位置为45°固定,熔化金属不易控制。此外插入对接,板厚相差悬殊,焊缝的几何尺寸不易控制。如操作不当,极易产生焊缝夹渣、咬边、未焊透、焊瘤等缺陷。

试件形式见图7－34所示。

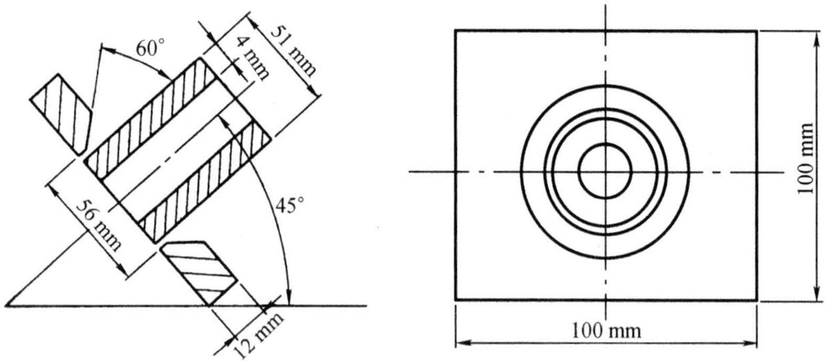

图7－34 插入式管板倾斜45°固定焊试件及坡口尺寸

1. 焊接工艺参数确定

焊缝设置为三层,均采用连弧法施焊,焊接工艺参数选择可参照表7－11所示选择。

表7－11 管板倾斜45°固定焊接工艺参数参考范围

焊接层次	焊条直径/mm	焊接电流/A	电源极性	运条方法
打底层	2.5	70～80	直流反接	斜锯齿形运条法
填充层	3.2	90～105		“8”字形运条法
盖面层	3.2	90～105		“8”字形运条法

2. 打底层焊接

将管板焊缝分为左右两个半圈分别焊接,按管时钟钟面位置的6点半→3点→11点半为一半圈,另一半圈为时钟5点半→9点→12点半。

打底层焊接,平衡钢板坡口侧与钢管壁的加热温度是关键,应通过合适的焊条角度,控制焊条左右平行运动,并通过焊条摆动到管壁侧或钢板坡口侧的电弧停顿时间解决。

在管板焊缝的6点半(或5点半)处引弧,电弧引燃后,稍拉长电弧在坡口钝边间隙处,电弧应主要预热管壁侧根部。2～3s后,立即压低电弧,将坡口根部击穿,并形成第一个熔池和熔孔。

在保证坡口根部熔合良好的情况下,焊接速度尽量快些以防烧穿。操作时焊条采用斜拉锯齿形运条法,沿管板坡口的曲率平行向上运动,控制电弧在管壁侧的停留时间比在钢板坡口内的停留时间稍长些,以平衡钢管与钢板接口的焊接温度,保持熔池形状为椭圆形以及熔孔大小基本一致,以免造成未焊透、烧穿、焊瘤、未熔合、夹渣等缺陷。

焊条与钢板侧的夹角为55°左右,见图7－35所示。

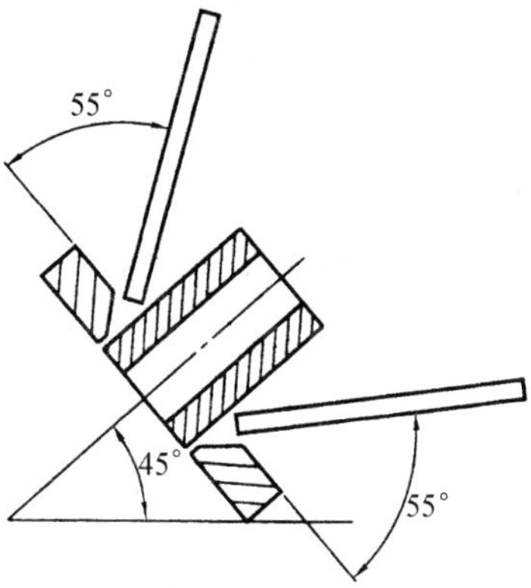

图7－35　焊条角度示意

3. 填充层的焊接

填充层焊接焊条角度与打底焊时基本相同,采用"8"字形运条法向上摆动焊接,焊条摆动至管壁一侧的停留时间应比在钢板坡口侧的停顿时间稍长些,使管壁侧填充铁水避免出现焊缝死角,防止夹渣和未熔合缺陷。此外也可保证与铁板侧形成一圈管壁侧稍高、钢板坡口侧稍低的自然坡形,有利于盖面层焊缝的成形及圆滑过渡,如图7－36所示。

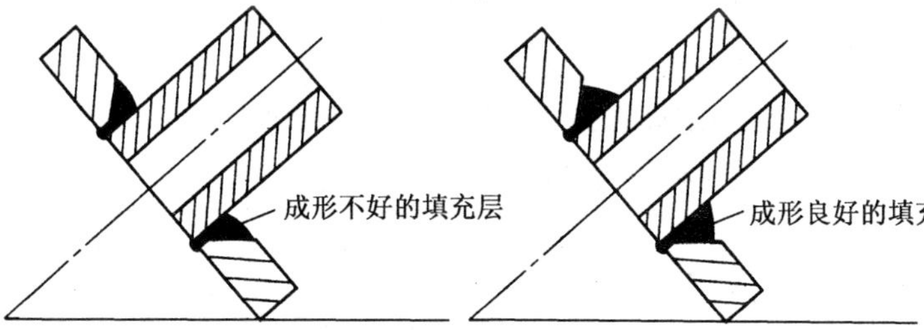

图7－36　填充层形状控制

4. 盖面层的焊接

盖面层的焊接,焊条角度、运条方法与填充层焊时相同,采用斜拉"8"字形运条法,使焊接熔池保持平行,托住铁水,防止"混渣"现象。焊条摆动至管壁侧时停留的时间比板侧要稍长些,电弧应在压过坡口边缘1～1.5 mm处适当停留,填足铁水后再摆到管壁侧,防止产生咬边现象。

操作时手把要稳,运条均匀,控制熔池形状为椭圆形。

三、管板焊接质量验收标准

管板焊条电弧焊应达到的技术标准见表7－12所示。

表 7-12　管板焊缝的质量检验项目及标准

检验项目			标准
外观检验	焊脚尺寸/mm		6~8
	咬边	深度/mm	≤0.5
		累计长度/mm	≤15
	裂纹、未熔合、夹渣、气孔和焊瘤		无
	焊缝表面		焊缝边缘应平顺过渡到母材,焊缝宽度均匀
宏观金相检验			焊透,无裂纹、未熔合缺陷

【思考与练习】

1. 中国船级社《材料与焊接规范》中将管板分为哪几种类型?
2. 什么是T形接头,中国船级社《材料与焊接规范》将其分为哪些类型,如何表示?
3. 什么是船形角焊,有何特点?
4. 什么是平角焊,操作有哪些基本要求?
5. 试述立角焊的特点。
6. 试述仰角焊的特点。
7. 试述管板垂直固定平焊焊条电弧焊操作技能要点。
8. 试述管板垂直固定仰焊焊条电弧焊操作技能要点。
9. 试述管板水平固定焊条电弧焊操作技能要点。
10. 试述管板倾斜45°固定焊焊条电弧焊操作技能要点。
11. 试述管板焊条电弧焊质量验收标准。

参 考 文 献

[1] 张连生. 金属材料焊接[M]. 北京:机械工业出版社,2010.
[2] 王鸿斌. 船舶焊接工艺[M]. 北京:人民交通出版社,2007.
[3] 李荣雪. 金属材料焊接工艺[M]. 北京:机械工业出版社,2012.
[4] 雷世明. 焊接方法与设备[M]. 北京:机械工业出版社,2010.
[5] 曾平. 船舶材料与焊接[M]. 哈尔滨:哈尔滨工程大学出版社,2006.
[6] 龙进军. 船舶检验[M]. 哈尔滨:哈尔滨工程大学出版社,2006.
[7] 饶小江. 船体检验[M]. 北京:人民交通出版社,2007.
[8] 邓洪军. 焊接结构生产[M]. 北京:机械工业出版社,2009.
[9] 曾乐. 现代焊接技术手册[M]. 上海:上海科学技术出版社,1993.
[10] 施可非. 船体装配工[M]. 北京:国防工业出版社,2013.
[11] 曾平. 船舶气体保护焊工艺设计与实作[M]. 哈尔滨:哈尔滨工程大学出版社,2011.
[12] 侯德政. 熔焊原理[M]. 北京:机械工业出版社,2009.
[13] 邱葭菲. 焊接方法与设备使用[M]. 北京:机械工业出版社,2013.
[14] 王宗杰. 熔焊方法及设备[M]. 北京:机械工业出版社,2007.
[15] 李莉. 焊接结构生产[M]. 北京:机械工业出版社,2012.